人文社科

十万个为什么

主编

李伟国

哲　学

本册主编

陈泽环

编写人员

吴晓番　罗富尊
叶　子　孔庆典

华东师范大学出版社
·上海·

图书在版编目（CIP）数据

哲学 / 陈泽环等主编. — 上海: 华东师范大学出版社, 2017

（人文社科. 十万个为什么）

ISBN 978-7-5675-6443-5

Ⅰ.①哲… Ⅱ.①陈… Ⅲ.①哲学-青少年读物 Ⅳ.①B-49

中国版本图书馆CIP数据核字（2017）第093825号

人文社科·十万个为什么

哲　学

主　　编　陈泽环
项目编辑　宋坚之
审读编辑　朱华华
责任校对　陈　易
插图绘制　袁　帅
装帧设计　宁成春

出版发行　华东师范大学出版社
社　　址　上海市中山北路3663号　邮编 200062
网　　址　www.ecnupress.com.cn
电　　话　021－60821666　　行政传真 021－62572105
客服电话　021－62865537　　门市（邮购）电话 021－62869887
地　　址　上海市中山北路3663号华东师范大学校内先锋路口
网　　店　http://hdsdcbs.tmall.com/

印 刷 者　常熟市文化印刷有限公司
开　　本　890×1240　32开
印　　张　9.25
字　　数　223千字
版　　次　2018年7月第1版
印　　次　2021年2月第2次
书　　号　ISBN 978－7－5675－6443－5
定　　价　32.00元

出 版 人　王　焰

总　序

李伟国

上世纪 60 年代由少年儿童出版社出版的主要以小学生为读者对象的《十万个为什么》，是一套传播自然科学知识的科普读物，对小读者的影响深远；但在人文社会科学领域，至今尚缺乏系统、精当的类似读本。华东师大出版社试图填补这一空白，着手打造一套向中学生普及人文社科知识的新的品牌图书，这是一件好事情。

作为一个系列，这套书涵盖了人文社科的主要领域，近期将出版的有中国历史、世界历史、中国文学、世界文学、哲学、经济学、法律、心理学、音乐、美术等分册，可以让中学生比较全面地了解、学习人文和社会科学领域的基本知识。

我们认为，中学生是一个很大的群体，各个年级，乃至每个孩子的阅读兴趣和理解能力都存在差异，他们对知识的渴求度也不尽相同。大人常常会低估孩子而过于强调青少年读物的趣味性。直觉的趣味对孩子（也包括一般读者）自然有吸引力，但有时图书中适度的"理论"甚至"学术"的表达会让年轻而好学的读者正襟危坐，产生对学问的敬畏感和获得较深程度知识的快感。让孩子们的阅读面和接触的知识稍稍超出自己的学业水平甚至年龄段，是培养其兴趣，激发其更上一层楼的求知欲望的有效途径。基于这一想法，我们在策划这套丛书时，既注意照顾中学生以及中等文化程度读者的阅读兴趣，又着力体现各学科框架体系的完整性，均衡分布其主要的知识点。比如经济学分册中含有微观经济学、宏观经济学、政治经济学、国际贸易、金融学、管理学等内容；美术分册中讲述了绘画、书法、雕塑、篆刻印章、工艺美术设计等知识；中国历史和世界历史分册则按照时序，介绍各时期、各民族和地区对历史发展的进程产生过重要影响的事件和人物……当然，本套丛书不同于传统的教科书和"小百科"之类的工具书，它以一问一答的形式提取并讲解各学科的基本知识点；由于篇幅所限，丛书各分册中只含两三百道题，自然不是面面俱到，也远未能反映相关学科知识的全貌。如小读者在阅读中产生联想，希望求得更多的相关知识，可以继续查找其他图书和资料作进一步探究，这也是我们编写这套书的目的之一。

这套丛书的编者，主要为国内研究机构和高校相关学科（如南京大学中文系、上海师范大学历史系、上海社科院经济研究所、华东师范大学心理学系、华东政法大学等）的研究人员。他们熟稔本学科的知识架构，具有准确并深入浅出地讲解这些知识的能力，因而保证了书中内容的科学性、准确性和客观性。

可以想象，读者阅读这套书时，大多是先浏览目录中的设问，找到自己感兴趣的问题，然后再翻阅相关的解答；如果他在读完这些内容后觉得有意思，则可能会从头开始阅读全书。所以，我们对书中设问的设计倾注了大量的心力，力求让每一道题都能化虚为实、以小见大、问在点子上，或能从一个吸引人的事例和现象切入，较自然地引出要介绍的知识。至于正文中的解说文字，我们追求的是准确、通俗、流畅、有一定的可读性，在行文上注意借助举例、比喻、讲故事等手法，让读者能在轻松阅读中汲取知识。

如前所述，目前图书市场上向青少年讲解人文社科知识的普及类读物还很缺乏，我们这套容量有限的丛书，想必难以充分满足小读者的求知欲望；而且，由于我们的水平和能力所限，书中的内容表述可能也难尽如人意。我们不奢望每位读者都既能从本套丛书中获得知识，又由此激发起对某一学科的浓厚兴趣；但我们想，也许有读者能从书中一条或若干条"为什么"开始，找到某个求知的起点或触发点，有如发现一把小钥匙，可用它来开启自己心灵上通向人文社科知识殿堂之窗，欣赏到殿堂内的美丽风光，并由此扩大视野，增长见识。若能如此，作为出版人，吾愿足矣。

哲学是能提高人的认知水平和德性修养的智慧之学

陈泽环

上海师范大学哲学与法政学院教授

青少年学一点哲学是一件很有意义的事情，因为哲学不仅作为一种知识，能够提高人的认知水平，而且作为一种超越常识的"智慧"，带有某种"定位宇宙"和"安排人生"①的功能，能够开启人的理智思维、孕育人的丰饶心灵，有助于青少年在变化万千的缤纷世界中确立"以天下为己任"的远大和崇高的理想。

学习哲学既然有这么大的意义，那么，青少年如何才能学好哲学呢？我认为，这就要从把握哲学这门学科的特点开始。同一般定义和研究对象相对明确的自然科学与社会科学的其他学科相比，哲学似乎没有一个明确的定义和研究对象；而且，不仅中国哲学和西方哲学有极大的不同，在对"哲学"本义的理解方面，哲学家们也是各持己见，众说纷纭。

例如，在比较中国哲学和西方哲学之间的差别时，中国近代思想家梁启超（1873—1929）曾经指出："'哲学'二字，是日本人从欧文翻译出来的名词。我国人沿用之，没有更改。原文为 philosophy，由希腊语变出，即爱智之意。因为语原为爱智，所以西方人解释哲学，

---

① 邬昆如主编:《哲学入门》，序言，上海古籍出版社，2006 年。

为求知识的学问。求的是最高的知识，统一的知识。"①这样，一般可以说，西方哲学起于人类的好奇心，经历了从宇宙论、本体论、逻辑学到认识论的发展。而与西方哲学相比较，中国哲学与其说是知识的学问，毋宁说是行为的学问。基于这一理解，梁启超接着强调："中国先哲虽不看轻知识，但不以求知识为出发点，亦不以求知识为归宿点。直译的 philosophy，其含义实不适于中国。若勉强借用，只能在上头加上个形容词，称为人生哲学。"②这就是说，中国哲学以研究人为出发点，最主要的关切是：人之所以为人之道，即怎样才算一个人？人与人之间有什么关系？中国古代的一切学问，无论哪一时代、哪一派别，都聚焦于这一点，其中尤以儒家最为博深切明。

今天，我们相距梁启超这样理解中西哲学差别的年代已经近100年了。在这约一个世纪的发展中，虽然世界范围内的哲学思想异彩纷呈，各派哲学家对哲学的新见层出不穷，但有一个共识正在逐步形成："自柏拉图起，传统西方哲学的主流具有认知的性质"③；"中国哲学的旨趣不是获取关于对象的客观知识，……而是……将'知'、'行'与'修身养性'作为一个关联整体来考量"。④此时，我们再回顾一下梁启超对哲学的定义，虽说不太精确、有些夸张，但其基本理解还是合理的——他在《孔子和儒家哲学》一书中指出："孔子尝说：'知（智）仁勇，天下之达德也。'……西方所谓爱智，不过儒家三德之一，即智的部分。所以儒家哲学的范围，比西方哲学的范围，阔大得多。"⑤而本书的编写，就是基于上述先贤和专家对"哲学"的理解。

---

① 梁启超：《孔子与儒家哲学》，第 93 页，中华书局，2016 年。
② 同上书，第 94—95 页。
③ 潘德荣主编：《哲学导论》，第 6 页，华东师范大学出版社，2016 年。
④ 同上书，第 9 页。
⑤ 梁启超：《孔子与儒家哲学》，第 96 页，中华书局，2016 年。

作为面对青少年读者的常识读本，本书力图涵盖哲学各主要领域，解读这门学科的基本知识点。全书以中国哲学开篇，接着介绍西方哲学、马克思主义哲学和科学哲学，最后以逻辑学殿军。如果本书能够让青少年和其他读者朋友产生进一步了解和探究哲学的兴趣，对大家在提高德性修养、增强思维能力、提升认知水平、激发创新动力等方面有所帮助，那么，我们所有为本书付出心力的编者、作者将深感欣慰。

　　本书是集体劳动的成果，其中中国哲学篇的编写者是吴晓番，西方哲学和马克思主义哲学篇的编写者是罗富尊，科学哲学篇的编写者是叶子，逻辑学篇的编写者是孔庆典。在此，谨向他们表示衷心的感谢。

目 录

中 国 哲 学

1

西 方 哲 学

马克思主义哲学

科 学 哲 学

逻 辑 学

中 国 哲 学

1 为什么《论语》的开篇是《学而》？

《论语》，是孔子应答弟子、时人及弟子相与言而接闻于夫子之语。当时弟子各有所记，如《论语》中就有子张把孔子的话记录在腰带上的记录。孔子死后，"门人相与辑而论纂，故谓之《论语》"，其中最为重要的编纂者可能是有子、曾子及其门人后学。《论语》不是一本专著，而是一本对话集，原本的内容很是芜杂，经过孔门弟子及后学的整理编排，才有了现在的通行本。《论语》现在的通行本是西汉时期形成的。它是儒家最重要的经典，也是中国古典思想最重要的典籍。《论语》的注释本非常多，据说有两千多种。其中特别重要的有曹魏何晏的《论语集解》、南宋朱熹的《论语集注》和清代刘宝楠的《论语正义》等。现行本《论语》共二十篇，依次是《学而》《为政》《八佾》《里仁》《公冶长》《雍也》《述而》《泰伯》《子罕》《乡党》《先进》《颜渊》《子路》《宪问》《卫灵公》《季氏》《阳货》《微子》《子张》《尧曰》。多以每篇首章前二字为篇名。这些篇章的编排是杂乱无章的还是用心布局的，向来争议甚大，但是一般认为《论语》以《学而》为首，是有深意的。

《学而》篇首章："学而时习之，不亦说乎？有朋自远方来，不亦乐乎？人不知而不愠，不亦君子乎？"实是孔子毕生为学的自述。孔子之学，不仅是学习知识，而且有提高修养和完善人格之义；"习"字兼有效行和学习二义，"学而时习之"，一方面可以说是对于经典知识的学习，另一方面也可以指培养理想人格之实践。学而习之，是讲初学事，乃孔子十五有志于学以后事。"有朋自远方来"，则意味着学有所获，同道者"从远方来"，证实了自己知识的增长和德性的成长。有朋远来，当是孔子三十而立后的境界。"人不知而不愠"，意思是即便自己学问深造日进，但若别人不能理解，自己也不愠怒。不知不愠，是自己深造达到至高境界，当为孔子五十知天命后的境界。《学而》首章实际上讲述的是成为君子的历程，它既是孔子的自况，同时也是儒学培养君子的标准。

古代文献中，大凡居首者，多被赋予特殊之意义。《学而》篇各章，多是务本之义，是学者必须先行之事，故而《论语》编者将之列于全书之首。由此亦可见，儒学乃是成人之学。孔子一生重在教，孔子之教重在学。孔子之教人以学，重在学为人之道。

2 为什么孔子不轻易赞许谁做到了"仁"？

"仁"是《论语》中出现频率最高的词之一，有人统计过，全书共出现 109 次。它是孔子思想中的核心概念，也是后代儒家思想的核心概念。"仁"的概念并不是孔子首倡的，而是春秋时期流行的观念，它是人所具有的德性，是跟智、勇、惠等其他德性并列的概念。孔子对这个旧有的概念加以改进，赋予了它新的意义，将它视作最高的道德标准。

孔门弟子曾多次向孔子问"仁"。像《论语》中提到的其他许多情形一样，在面对同样的问题时孔子的回答往往不同。颜渊问"仁"，孔子说，约束自我来践行礼就是"仁"。仲弓问"仁"，孔子说，平常出门像见贵客一样地恭敬，居上位对待老百姓如祭祀一样地谨慎，自己不想要的，莫要施加给别人。在邦国中，在家族中，能做到无所怨，这就是"仁"。多话舌燥的司马牛问"仁"，孔子回答说，仁人说话常迟钝，话不多就是"仁"。樊迟问"仁"，孔子说爱人就是"仁"。从这些对话中，我们看到孔子所说的"仁"具有多重意思，既指人们内在的心理意识，又指人们基本的行为规则和道德规范。

孔子在与弟子和时人的对话中也经常提到"仁"，从这些对话的具体内容来看，做到"仁"似乎不难，孔子还说过"为仁由己"、"我欲仁，斯仁至矣"，但是孔子却很少称赞有人做到了"仁"。孔子对"仁"的谈论，大致可以分为四类。一是"仁"的基础，即"为仁"的人所必须有的素质。孔子认为，人必须有真性情，有真情实感。他说"刚毅木讷，近仁"，又说"巧言令色，鲜矣仁"。孔子反对虚伪，认为有真情实感的人才有可能成为仁人。这种观点后来被子思、孟子以及宋明道学家等发展成为"诚"的观念。二是"为仁"的方法，即"己所不欲，勿施于人"的忠恕之道。三是"仁"的内容。孔子认为"爱"是"仁"的主要内容，即所谓"仁者爱人"。当然，这种爱必须是一种真情实感。仁爱是处理人与人之间关系的基本准则。四是"为仁"的成就。"仁"并不仅仅局限于孝悌之完成，它的最终成就是"泛爱众而亲仁"，也就是后来孟子所明确的"亲亲仁民爱物"。

就"仁"的成就意义来说，儒家不仅着眼于德性完善的修身，而且要求以修身为本进而推展到齐家治国平天下，这种完成当然不是一件简单的事情，所以，孔子轻易不赞许人"仁"。另外，孔子轻易不赞许人"仁"，也意味着人的德性成长是无止境的，有鼓励人"自强不息"之义。

3　为什么孔子用山水来比拟智者之乐和仁者之乐？

《论语》中有一句非常著名的话："知者乐水，仁者乐山"。知，通智。智者，指的是那些有智慧、聪明的人。仁者，指的是那些有宽大胸怀、仁爱之心的人。仁者、智者是精神品质不同的人，他们对于自然美的欣赏也各有偏好。为什么这么说呢？

《韩诗外传》记载了一种解释。智者之所以乐水，是因为智者具有水的特性。水总是按照一定的路线流淌，凡所经过的地方都能覆盖到，就如同考虑周全心思细密的智者；水往下流，犹如通礼之人，谦虚处下；水流行进，一往无前，类似于勇士；遇到堤防围坝，又能够澄净下来，安静如同知命者；水流经过各种险阻，流向大海，不中途而废，如同具有恒心和坚毅德性的人一样。群物因为水而生，国家因为水而宁，万事因为水而平衡，品物因为水而各得其正。从这里的解释来看，智者乐水的缘故在于智者具有明智的特征。

仁者之所以乐山，是因为仁者具有山的特性。山是万民所瞻仰的对象。因为山中生机勃勃：草木生长，万物茂盛，飞禽走兽集聚，四方之民也能在山中获得资源得以生存。山给予人类与万物以生机，这类似于爱。正是因为这种爱，天地才得以存在，国家才得以安宁。从这里的解释来看，仁者乐山的缘故在于仁者具有仁爱的特征。

中国古代哲人讲理，多以日常生活中的常见之物作比。孔子用山水来比拟仁智之乐，丰富了后人的山水审美情感。比如，中国有举世闻名的山水画，我们在欣赏美丽的山水画卷时，也应该联想到画家在山水画中寄寓了更高的精神境界，即智者乐水、仁者乐山的境界。

4 儒家为什么把"孝弟"视作"仁"的基础？

在《论语》最重要的《学而》篇中，除了孔子的语录外，还记载了有子、子夏和曾子的话，有人据此认为，《论语》应该是有子和曾子的门人编纂的。《论语》中被称为"子"的弟子地位都比较高，除孔子之外，曾子和有子的地位显然是不同于其他弟子的。

有子的地位比较特殊。据说孔子去世后，儒家群龙无首，有子状若孔子，弟子们因此准备让他代替孔子，成为儒家的首领。但是，这一提议最终因曾子不同意而作罢。即便如此，有子在孔门的地位还是很高的，在一些大家都难以决断的问题上，有子的见解甚至比曾子还高明。有子在孔门之所以重要，还在于他对儒家思想作了总结性的断言："孝弟为仁之本。"儒家思想特别注重孝弟，孝是指对父母的尊敬，弟是指对兄长的爱戴。儒家思想认为，人只要具有这两种基本德性，他就不会不是一个好人。有子的原话是："其为人也孝弟，而好犯上者，鲜矣！不好犯上，而好作乱者，未之有也。君子务本，本立而道生。孝弟也者，其为仁之本与！"意思是：为人孝弟，就不会去犯上，不犯上意味着对尊长的顺从；而具有了顺从的美德，自然不会去"作乱"。孝弟为仁之本，本就是基础的意思。孝弟是家庭伦理规范，而犯上作乱显然是涉及政治领域的活动，这段话表明，儒家认为家庭伦理是社会政治活动原则的基础。

说家庭伦理是政治伦理的基础，常常被理解为要把家庭伦理中的规则应用到社会政治领域中，其实这种理解是不正确的。在先秦儒家看来，家庭领域和社会政治领域有内外之别，所谓"门内之治恩掩义，门外之治义断恩"，意思是社会政治领域的核心是"义"，不能以家庭伦理原则来处理；而家庭领域的核心是"恩"，因此不能够以寻求"公正"的方式来管理家庭事务。在先秦儒家看来，家庭伦理的核心是孝弟，是基于血缘关系的自然法则，它的核心概念是"仁"。仁是基于亲亲之爱的，但是，仁不能只是照顾到"家庭"，更要扩展到全社会乃至全宇宙。这也就是孟子所说的"亲亲仁民而爱物"。儒家认为，不孝敬父母、不敬重尊长的人肯定不能成为社会政治领域中的杰出者，但他们并不认为要如孝敬父母一样地忠诚于君王。然而，汉代以后的政治发展的趋势是"移孝为忠"，这也算是对先秦儒家思想的一种误读。

5 什么是"克己复礼"？

据说孔子弟子三千，其中卓出的有七十多人。孔门弟子按其各自擅长的领域被分为德行、言语、政事和文学四科；又按照进门先后被分为先进和后进。从《论语》中的相关记载来看，在孔子早年的先进弟子中，颜渊、子贡和子路经常向孔子请教学问。总体来看，在《论语》中，颜渊得到孔子的褒奖最多，子贡对孔子的发问最勤快，而子路受到的斥责最多。颜渊是先进，是孔子最欣赏的弟子，但不幸早逝。孔子在颜渊逝世时连呼："天丧予！天丧予！"颜渊死后，鲁哀公、季康子问孔子哪个弟子好学，孔子每次的回答都是颜渊，可见孔子对颜渊是偏爱的。故而说孔门之中以颜渊为首，是很自然的事。

颜渊跟孔子的对话很多，其中最著名的一则是关于"克己复礼"的讨论。在《颜渊》一篇中，颜渊向孔子请教什么是"仁"。孔子说："克己复礼为仁。一日克己复礼，天下归仁焉。为仁由己，而由人乎哉？"孔子对颜渊说"克己复礼为仁"，并且克己复礼可以把天下都归入自身之仁，可见境界之大；孔子还特别提到"为仁由己"，即想不想成为仁人是由自己决定的，而不是由别人决定的。颜渊当然想成为仁人，故而追问孔子"为仁"的具体做法。孔子回答说："非礼勿视，非礼勿听，非礼勿言，非礼勿动。"孔子的意思是遵循礼的要求，视听言动都遵循礼，就可以成为仁人。颜渊听到老师的教诲之后，谦虚地表示自己虽然资质愚钝，但还是要遵照老师的教导切实努力。

据《左传·昭公十二年》记载，孔子曾经说过"古也有志：克己复礼，仁也"，可见"克己复礼"并不是孔子的发明。但是，孔子对于这一古语作了较为详细的解释。后代的诠释者对于"颜渊问仁"这一章的理解产生了重大分歧，既涉及对"礼"的认识，也涉及对"己"的解释。对于前者，争论的关键在于"礼"是压制还是顺从人的本性，"五四"之后，对于儒家的"礼"的负面认识占了主导地位。对于后者，宋明理学的杰出代表朱熹把"己"解释为"私"，认为"克己复礼"的意思就是要"存天理，灭人欲"。他所说的"人欲"是指人的过度的欲望，对于人的正常的欲望他并不否定，"存天理，灭人欲"的意思就是克制人的过度的欲望，因为过度的欲望会妨碍人追求天理（更高的人生境界）。但后来有的诠释者将"克己复礼"片面地理解为对人性的压制，因此后世对朱子的解释颇有歧见。清代的学者大多反对朱子的说法，他们根据"为仁由己"与"克己复礼"的语境相同故而意蕴相同的规则，把"己"理解为"己身"，把"克己复礼"理解为一种积极地实现自身的过程。对"克己复礼"的两种解释也引起了对"仁"的不同解释。前者把"仁"更多地理解为一种内在的自省慎独过程，后者则把"仁"更多地理解为用外在的行为方式表现出对于礼的实现。这两种解释各有侧重，前者注意到内心约束对于德性完善的作用；后者则注意到外在行动对于德性落实的作用。通俗来说就是，我们不能只想着要做好事，也应该实际上去做好事，用外在的行为去印证内在的德性的真实性。

6 为什么孔子说自己不想说话？

在《论语》中，孔子曾经对弟子说，"吾欲无言"，意思就是他不想再有所言说了。子贡说：如果夫子您不再有所言说，那叫我们这些学生如何传述您的思想呢？孔子回答说，虽然他不再言说，但是弟子们也能够领会并传述他的思想。"天何言哉？四时行焉，百物生焉，天何言哉？"意思是天也没有说话，但春夏秋冬四时在运转，飞潜动植、世间万物在生长，天又说了些什么呢？

从这一点来看，孔子似乎对于语言的作用看法较为消极。当然，这种看法的形成也有一个过程，孔子承认，一开始他也相信别人的话，但是渐渐地，他发现人们经常说过就忘，且对于自己说过的事情并不去践行，故而孔子想，以后对于一个人的判断还是既要听其言，也要观其行。孔子认为那些巧言令色的人，"鲜矣仁"，而那些刚毅木讷的人，则"近于仁"。

对于语言持消极看法，在中国思想史上是主流。孔子是这样，老子和庄子也是这样，即便是雄辩的孟子也要申辩自己是逼不得已才滔滔雄辩的。据说仓颉造字的时候，惊天地泣鬼神，之所以如此，是因为语言具有消极作用，会扰乱人间的正常秩序，这与我们通常的看法可能并不一致。孔子说"吾欲无言"，大概有以下几层含义：首先，在《论语》中，孔子"罕言性与天道"，其原因可能是"性与天道"这样的主题是语言所难以表达清楚的，故孔子存而不论；其次，孔子说"吾欲无言"，可能是由于孔门弟子在通过语言来理解孔子的思想时会产生分歧，如《礼记·檀弓上》中就有有子、曾子对于孔子话语的理解出现分歧的记载；再次，孔子说"吾欲无言"，并不是说他不能够用言语来表达他的态度和立场，而是说他主张通过行动来表现自己的态度，这表明了孔子注重实践的思想倾向。

7 为什么孔子说"不学诗，无以言"？

孔子特别重视《诗经》，他在与弟子的对话中经常引用《诗经》中的内容。此外，《诗经》也是他主要的教学内容之一，《论语》记载孔子曾经教导其子孔鲤"不学诗，无以言"。为什么孔子如此重视《诗经》呢？

我们稍稍读过点古文的，都知道"子曰诗云"的说法。"子"当然是指孔子，"诗"指的是《诗经》。《诗经》在当时的政治生活中非常重要，诸侯国之间的战争和交好在《诗经》中往往有所体现。当时两国交往，如果一方需要帮助，他们一般不会直接提及二者的交情，而是会通过读一首诗，来暗示自己希望二者关系往什么方向发展。精通《诗经》是古代士人必须具备的素质，如同今人需要通过计算机和英语水平测试一样，通不过的话就难以在社会上立足。孔门四科主要指德行、言语、政事和文学，而其中文学主要涉及对《诗经》的解读。《诗经》是六经之一，今天的通行本据说就是经过孔子之手删节而成的。

孔子对于传统的"诗"的艺术作了系统的总结。在《论语·阳货篇》中，他说："诗可以兴，可以观，可以群，可以怨；迩之事父，远之事君，多识于鸟兽虫鱼之名。"可见诗教具有三个功能：首先，是对于自然界的认知功能，即可以"多识于鸟兽虫鱼之名"；其次是伦理教化功能，通过学诗可以对于君臣父子之伦常有更深刻的体会；再次是政治功能，即兴、观、群、怨。所谓兴，就是通过联想来知晓社会人生的道理；所谓观，就是通过诗来观察一定的社会国家的道德风尚及人们的心理，从而理解作者的心志；所谓群，就是通过诗人们可以交流思想感情，从而保持社会和谐；所谓怨，就是通过诗对现实社会政治生活进行批评。

孔子认为"不学诗，无以言"，只有经过诗教，人才能温文尔雅、言辞得体，成为君子。诗使人可以通过形象和联想的方式认识世界，通过情感抒发陶冶自身的性情、感化他人，进而自觉地把社会伦理规范作为对自己的要求。

8 为什么孔子认为治理国家，道德比刑罚更重要？

春秋时期，礼崩乐坏，王纲解纽，老百姓饱受战争和贫困之苦。诸子百家的兴起，都是为了解决这一政治问题。《论语》中的很多对话是有关政治治理的，其中，下面这段话最为著名："道之以政，齐之以刑，民免而无耻；道之以德，齐之以礼，有耻且格。"这段话的意思是：用政令来治理百姓，用刑法来整顿他们，百姓只求能免于惩罚便可，不会觉得不服政令是可耻的；以德来引导百姓，以礼来同化他们，百姓不仅会有羞耻心，而且会有归服之心，能正确地往在上者所要领导他们到达的方向（即善的方向）去。孔子认为政治治理的终极目的是导人向善，即使得老百姓成为一个善人，而不应仅仅消极地满足于使得老百姓处于循规蹈矩远离刑罚的状态。

这段话充分表明了中国古代政治治理的核心问题：礼法之争。所谓法，就是刑罚，在古代中国，法主要就是指刑罚，它与以"权利"为基础的现代法律是不一样的。在孔子看来，刑罚只能对老百姓起消极的限制作用，老百姓可以通过了解刑罚来避免受到惩罚，但是对刑罚所未加规定的或者超出刑罚管辖范围的行为，老百姓就无所顾忌了。譬如，法律规定行人乱穿马路将被处以罚款，为了避免惩罚，我们选择不去乱穿马路，但是在内心深处我们并不认为乱穿马路有什么不对，在此意义上，罚款并没有使我们认识到此行为的不正确。孔子主张通过"德"与"礼"来引导老百姓，如通过让老百姓认同乱穿马路不是一个文明人所应当做的事情，使得老百姓自觉地意识到乱穿马路有悖于文明人所应当具有的德性，从而真正地、心悦诚服地服从过马路的规则，在此过程中，"德"与"礼"使老百姓自觉地认同道德行为，进而使他们的行动也合乎道德。

孔子这段话，对于中国传统的政治理念影响很大。孔子并不否认刑罚的作用，但他认为最好的政治应该是德礼之治而非刑罚之治。从哲学上来说，这涉及政治治理中法律与道德的关系，即法律是否需要有道德关切，以及道德是否比法律更为根本。这些问题是法哲学、伦理学和政治哲学的根本问题。

9 为什么孔子认为仅在生活上赡养父母不能算是孝顺？

孝是中国传统道德中最重要的美德之一，是指子女对父母的敬重、奉养和服从。当今中国的法律还规定子女有赡养父母的义务。在实际生活中，很多人以为赡养父母就是孝，满足父母物质生活上的需求就是孝。孔子认为，这并不是孝。

《论语》中，孔子多次与弟子谈及孝的话题。当不同的谈话对象问及孝时，孔子给出的答案并不一致。在回答不谨守其父教诲的孟懿子问孝时，孔子说孝就是不违逆父母的意志；在回答较为鲁莽的孟武伯问孝时，孔子说孝就是让父母只忧虑你的疾病（因为在古人看来，生不生病是人自己不能控制的，其他事情都在自己能控制的范围内），即不要让父母担忧。当时有人认为能赡养父母就是孝，孔子说，犬马都能养父母，如果没有对父母的一片敬心，就不能算作是孝。在回复子夏问孝的时候，孔子说，仅在饮食和日常生活上照顾父母，并不算完全做到了孝。孝是"色难"，所谓色难，就是指侍奉父母，以能够做到始终和颜悦色为难。而在《中庸》中，孝的最高境界是"善继人之志，善述人之事"，即能够承继先人之志，能够将先人的事业发扬光大。

因此，在儒家思想中，孝包含多层意思，首先是对父母的赡养；其次涉及对父母的"敬"；最后是对父母的事业和志向的继承和发扬，即使得父母的令名乃至整个家族的名誉因为自己的努力而得以流传。

10　在儒家的理想人格中，君子和小人有什么不同？

在儒家思想的理想人格中，圣人当然是最高级别的，但是孔子从未自诩为圣人，而是以君子自期。君子与小人是一对反义词，在《论语》中，孔子经常提及君子和小人的区别，其中最为著名的说法是"君子喻于义，小人喻于利"，后来被汉代大儒董仲舒发挥为"正其谊不谋其利，明其道不计其功"。儒家思想体系虽然内部派别众多，但他们对君子小人之别的见解却很是一致。到了朱熹时代，君子小人之别就等于义利之辨。朱熹和陆九渊虽论学不合，但二者在义利之辨的观点上是确定一致的。朱熹曾请陆九渊到白鹿洞书院讲学，陆九渊讲的题目就是"君子喻于义"，据说效果极好，听者甚至感动得流泪，陆九渊和朱熹两人都将此事记载了下来，可见二者在义利之辨问题上所持观点相同。

儒家重视道德，儒学便是要培养道德醇正的君子。君子原本是贵族的特称，而孔子赋予了其特别的意义。在《论语》中，君子更多地是指道德高尚的人，他遵循社会道德规范，彬彬有礼，温良恭俭让，恪守中庸之道。孔子认为，一个人要想成为一个道德君子，他就必须明白"义"的道理。什么是"义"呢？简单地说，就是懂得什么合乎道义。在判定一个行为是否善这一问题上，儒家认为最重要的就是要考量行动者的动机是否合乎道义，而不是考虑行为能带来什么实际效果，比如带来什么物质利益和好处之类。儒家认为，为了道义的目的，即便牺牲自己的生命也是值得的，这就是孟子说的"舍生取义"。儒家认为，在做某件事时首先考虑效果是功利的，是"小人"所为。

儒家的君子和小人之别，在道德理论上，意味着注重义务优先于注重后果。但是，这并不代表儒家不重视后果，儒家也讲"利"，只是这里的"利"更多地是指群体的利益，而非个人的利益得失。

11 为什么儒家主张"亲亲相隐"，为犯罪的亲人隐瞒罪行？

楚国大夫叶公曾对孔子提及其家乡有一个"直"人，他父亲偷了羊，他便去告发自己的父亲。孔子说："吾党之直者异于是。父为子隐，子为父隐，直在其中矣。"意思是：我们这里"直"的人和你们那里的不同，父亲替儿子隐瞒，儿子替父亲隐瞒——"直"就蕴含在其中。这里需要指出的是，"直"有两种解释，一是指真情实感的显露，二是指"正直"。

为什么孔子认为"父为子隐、子为父隐，直在其中矣"？就孔子而言，他的仁学基础是孝弟，自然的血亲关系是他伦理思想的出发点。父亲犯了罪，肯定要受到其所在共同体的惩罚，这种惩罚是对父亲的一种伤害，从儿子的角度来说，保护父亲不受伤害是第一位的，所以从自然情感的角度出发，儿子当然会选择不去告发父亲，而是帮父亲隐瞒以保护父亲。同理，如果儿子犯了罪，父亲也会选择隐瞒以保护儿子。按照孟子的看法，孔子主张"亲亲相隐"的理由就是父子之间不责善，即父子间不因求好而互相责备，如果互相责备的话，就会破坏父子之间的感情进而产生不好的后果。如果父子对簿公堂，将使得父子之情破裂，也会给双方留下极大的心理阴影，更是对儒家孝道原则的一种破坏。

孔子主张"亲亲相隐"，并不代表孔子赞同亲人犯罪、没有是非观念。他只是主张不应该去告发自己的亲人，并不表示他认可犯罪行为。在孔子看来，一个有修养且明智的君子应该会避免这种尴尬局面

的出现，即便不幸发生，也应当选择容隐。孔子提出的"亲亲相隐"，是中华法系法律文化传统孕育出的一项特色法律制度。所谓"亲亲相隐"，也称为容隐制度，是指具有血亲关系的人之间，可以对一方实施的一定犯罪行为进行隐匿、拒绝作证或帮助其逃跑等，而法律对此类行为不予以处罚或者减轻处罚的制度。

12 为什么孙子认为"不战"是战争中的最高境界？

孙武是中国古代最著名的军事家之一。两千多年以来，他的《孙子兵法》一直被视为人类历史上最伟大的军事著作。孙武是中国兵学理论体系的奠基人。他认为"兵者，国之大事"，但"胜可知"。他提出决定战争胜败的基本因素为"五事"和"七计"。所谓"五事"，指"道、天、地、将、法"，所谓"七计"，指"主孰有道，将孰有能，天地孰得，法令孰行，兵众孰强，士卒孰练，赏罚孰明"。他认为知己知彼是正确地指导战争的先决条件，"胜可为"的关键在于全面分析利害、众寡、强弱、勇怯、逸劳等矛盾双方，并促使其转化。在作战指导上，他强调"因敌而制胜"，灵活地掌握"奇正之变"。

孙武虽然善于用兵，精于战斗，但他认为战略的最高境界是"不战而屈人之兵"。战争的目标，在于使对手屈服，使敌人服从于我方的意志；要实现这一目标，自然要付出相应的代价。所以，用最小的代价去实现最大的战略目标，就成为一切战争活动最基本的指导原则。而代价之小，趋近于零，就是"不战"；其目标之大，可全伍，可全卒，可全旅，可全军，最大的则是使对方"全国"屈服。

孙武认为战争并非善事，是只有在万不得已的情况下才使用的手段。不战而屈人之兵，是孙武军事思想的最高境界。如何能够不战而屈人之兵呢？要实现这一目标，或者以德服人，或者以谋胜，或用威慑，或用外交。最重要的是自身修明政治，使得"近者悦，远者来"，以德胜人。

13 老子是阴谋家吗？

老子是道家学说的创始人，据说他曾经担任过"周守藏室之史"，所以后世认为道家出于史官。《史记》记载孔子曾经到洛阳去向老子问"礼"。大概当时孔子较为年轻气盛，锋芒太露，故而老子劝说孔子要去除"骄气与多欲，态色与淫志"。孔子对弟子形容老子时说，老子就像龙一样。孔子说他可以认识飞鸟走兽游鱼，但是不晓得龙是如何乘风云而上天的。可见孔子对老子的学识和道行十分尊敬。

老子是史官，阅历丰富，从历史中得出很多充满智慧的见解，这些见解散见于《道德经》一书中。不过后世很多人认为老子是阴谋家，在司马迁的《史记》中，老子和讲究权谋的法家人物申不害、韩非同传，后世学者，特别是理学家对老子的批评非常激烈。《道德经》分为《道经》、《德经》两部分，《道经》主要谈论形而上学，《德经》主要谈论经验世界的辩证理念。《道德经》这本纯粹谈论哲学的著作，由于后世解释者立场的差别，曾一度被视为兵书、阴谋家和法家的著作，特别是理学兴起以后，老子的思想更是受到了非难。这些非难现今仍有市场，市面上谈论老子理论的图书常被划归"权谋"、"管理"等类，人们往往忘记了《道德经》首先是一本哲学书。

说老子是阴谋家，主要理由有三，但通过分析，我们会发现这些理由都不成立。第一个理由，老子主张愚民。老子说过："古之善为道者，非以明民，将以愚之。"从字面的意思来看，老子似乎主张统治者应当愚民，而不是主张使老百姓有智慧。然而这句话实际的意思是，老子认为未经教化过的状态是最好的状态，"为学日益，为道日损"，人类随着知识智巧的增长往往会偏离淳朴的自然状态，故而被一般人视为"愚"的状态恰是老子认为的最淳朴的自然之道。第二个理由，老子主张使用阴谋。老子说过，"将欲翕之，必固张之。将欲弱之，必固强之。将欲废之，必固兴之。将欲取之，必固与之"。很多人将这段话解释为老子主张使用阴谋——想要削弱对方，需要先使对方强大骄傲起来，再乘机消灭它。实际上，站在老子的哲学立场来看，这段话更想说明的是所列举的四对矛盾状态之间的对立转化关系：没有开就没有关，没有强就没有弱，没有兴就没有废，没有予就没有取。第三个理由，老子主张"无为而治"。很多人，特别是写了

《解老》、《喻老》的韩非认为老子主张君主应当使用"无为"之权术统驭臣下，使臣下因摸不透君上之意思而惶惶不安，不敢叛逆。实际上老子的"无为"，主要是指统治者应因循自然形成的秩序，顺乎人情民意，而不是出于权谋。

14 为什么道家认为儒家的仁义原则就像给牛穿鼻、给马戴辔？

儒家主张仁义，认为"居仁由义"是君子必须具备的品质。但是老子却反对这种说法。《道德经》第十八章说："大道废，有仁义。慧智出，有大伪。六亲不和，有孝慈。国家昏乱，有忠臣。"从文本的意思来说，仁义的出现是因为"大道"不行，儒家主张的"君君、臣臣、父父、子子"的纲常伦理乃是对于人类社会原有的和谐的自然状态的一种违背。在老子看来，儒家的仁义原则是对人的自然状态的一种背离。生命的原初状态是最完美的，而人为建立起来的各种文明事业，都是对生命原初状态的一种破坏，即"伪"。老子的后学庄子就形象地用牛马的例子说明了自然和人为的区别，牛马都长着四条腿，这是自然，而给牛穿鼻，给马戴辔就是人为。前者是"道"的状态，而后者则相当于"仁义"。在以老子为首的道家看来，"仁义"如同给人套上了枷锁，违背了人最初的自然天性，即违背了"道"。

老子对于人类文化的这种质疑，在儒家看来，必然会使道家走向避世。孔子说："鸟兽不可与同群，吾非斯人之徒与而谁与？"意思是，人之为人，在于人能够与鸟兽区别而居，人有基本的社会生活规则，与自然界中鸟兽的生存状态是不一样的。一般来说，儒家的思想更加贴近于人类的真实生活，主张人与人之间具有一定的等级秩序，主张人应遵守一定的行为规范，并且把这种秩序和规范看成是天经地义。但是，老子却认为儒家的天经地义不过是一种历史的合力，是人类自身的社会建构。

15 墨子提出的救世方法是什么？

春秋时期是中国古代历史上思想最为活跃的时期之一，其时，与儒家同为显学的是墨家。墨家的创始人是墨子，据后世记载，"孔子无突黔，墨子无席暖"，可见孔子和墨子救世之心切。据说墨子出自儒家，但他对于儒家的理论有所修正。不同于孔子的仁爱思想，墨子提出了"兼爱"的思想来救世。

墨子认为仁者必须兴利去害，探寻治理天下的理论。他认为当时天下国与国之间互相攻击，家与家之间互相争夺利益，人与人之间互相算计，君臣不惠忠，父子不慈孝，兄弟不和调是"天下之害"。墨子认为此害之所以生，是"以不相爱生"，即人与人之间互相争斗、算计、戕害，是由于彼此之间不相爱导致的。既然知道天下之害生于不相爱，那么如何才能改变这种状况呢？

墨子认为应当以"兼相爱交相利"之法来救世。所谓"兼相爱交相利"，就是把别国视如己国，把别人家视如己家，把别人的身体视如己身。这样的话，诸侯之间便不会互相讨伐，家与家之间就不会互相争夺利益，人与人之间也不会互相算计，"君臣相爱则惠忠，父子相爱则慈孝，兄弟相爱则和调"。这样的话，天下之人都相互敬爱，强者不欺负弱者，富者不欺侮贫者，贵者不欺负平民，聪明的人也不欺侮老实人。因此，兼爱可以避免天下之祸篡怨恨发生。

墨子的兼爱思想与孔子的仁爱思想主要有两个方面的不同。第一，儒家把孝弟作为仁之本，这种仁爱是以血亲之爱为基础的，这意味着爱有差等。墨子反对这种观点，他认为爱有差等其实是天下不治的原因，因此提出爱人如己的思想来加以修正。第二，墨子主张兼爱是为了"兴利去害"，从哲学角度来说，这意味着做善事的原因在于它能够带来好的后果，这也与孔子重视"义"的原则不同。

16　墨子为什么反对儒家的"礼乐"？

儒家特别重视礼和乐，主张以礼乐教化民众。礼是在人类的生活实践中逐渐发展并固定下来的仪式，儒家主张，一个人从生到死都应遵从相应的礼仪规范；在行礼的过程中，往往伴随着音乐。儒家思想认为礼乐是对人类感情的彰显和节制，是合乎人的性情的，对人的性情有调节和安慰作用。儒家内部对于应当重视礼乐的形式还是礼乐的本质这个问题有不同的意见，但他们对于礼乐存在的必要性并无异议。

墨子从节用的角度，对儒家的礼乐制度进行了抨击。以丧礼为例，他认为厚葬无必要，主张节葬。理由有四。首先，厚葬不能够达到为政的目的。为政的目的在于使贫者富、人口增多、老百姓生活安定，厚葬必然耗费财物、荒废政事。其次，厚葬会使民用不足，国不富裕，不能抵抗大国入侵。第三，厚葬会令国贫民寡，从而使得祭祀鬼神的人数减少、贡品的质量下降，实际上并没有增进鬼神之福。第四，墨子认为，儒家主张的厚葬并非先王之道，只是周礼，不是夏政。所以，墨子认为厚葬并无必要。

墨子反对儒家礼乐，主要是对礼乐制度是否有用提出质疑。墨子认为礼乐制度会给老百姓带来物质上的不足，所以反对它，他对于礼乐在人类精神生活中的必要性缺少认识，因此荀子批评他说"墨子蔽于用而不知文"。但是从另一角度来说，墨子对当时贵族阶层盛行的奢靡之风进行抨击，表现了其对天下百姓的大爱。

17 墨子为治国提出的"尚同"原则是什么意思?

墨子在主张"兼爱"、"非攻"的同时,还为治理国家的制度建设提出了"尚同"原则。虽然墨家思想后来在中国历史上几乎没有发挥实际的作用,但是在理论创见上,"尚同"的思想却是很有意义的。

墨家主张兼爱,主张爱人之国若己国,爱人之家若己家,则必然看重人与人之间的"同",这一点区别于儒家主张的等级差别和道家主张的个性差异。"尚同"要求百姓上同于天子。墨子认为,国君是国中贤者,百姓应以君上之是非为是非。根据最高统治者所制定的共同标准,反映情况,统一是非,整饬纲纪,惩罚淫暴。为了论述"尚同"的必要性,墨子从人类未有君主之前的自然状态谈起。他说,古时候没有政长,天下之人达不成共识,因此"一人一义,十人十义,百人百义",人数越多,异议越多。每个人都有一个意见,那么必然会是其所是非其所非,从而导致互相非议,以至于父子兄弟作为怨雠(仇人),互生离散之心,不能团结在一起,不肯互相帮忙,不肯互相教导,粮食钱财多了也不肯相分,最终使得天下大乱,人与人之间如动物一样,没有秩序,弱肉强食。故而,墨子站在兼爱的立场上,主张在一个贤明的君主的统治下,百姓都与君主的意志一致。这样的话,天下就会井井有条,兼爱不乱。如墨子所说的:"治天下之国若治一家,使天下之民若使一夫。"当然,墨子注意到在"尚同"的理论背后需要设立一个充满兼爱精神的贤明的君主,同时,他也意识到君主的权力需要受到限制。墨子通过鬼神来限制君主的权力,认为天有意志,时刻在监督着统治者。

墨子的"尚同"思想,在现在看来,似乎不切实际,但这种"治天下之国若治一家,使天下之民若使一夫"的理想,却是许多带有政治野心和浪漫主义情怀的政治人物施政的出发点。在世界政治史上就有不少这方面的例证。

18 为什么孟子认为人性本善？

孟子在中国古代思想史上的地位仅次于孔子，他有一个重要的思想，就是人性本善。《三字经》中的"人之初，性本善"，便出于孟子。

孟子认为人性是"人之所以异于禽兽"的本质属性。孟子认为人之所以为人，是因为人生而具有"仁义之心"（也就是"良心"）。这个"仁心"并非仅仅圣贤才有，而是人皆有之。只不过圣贤能够保有此心，而一般人经常会遗忘此心。遗忘并不意味着这种良心是"无"，只是没有将那本心保持好。孟子又将这种心称为"不忍人之心"。他说，假如有一个婴儿将要掉到井中，每一个见到此情形的人都会起怵惕恻隐之心而想去救他。这并不是因为与婴儿的父母有交情，也不是为了赢得乡邻的赞誉，更不是因为婴儿的哭声令人心烦意乱。孟子认为这种不忍人之心，是人内在具有的行为倾向。人心所具有的这种倾向，是人之所以为人的内在根据。孟子认为人皆有侧隐、羞恶、辞让、是非之心，而这四种心又分别对应着仁、义、礼、智四种德性。孟子说四心是仁义礼智之四端，所谓"端"，就是萌芽、开始，孟子认为，如果人能够保持和扩充这四心，自然就会成为君子甚至是圣贤。

孟子说的人性本善，其原意是指人皆具有善端，内在地具有仁义礼智四种德性。儒家重视成圣成贤，向来认为人之所以为圣贤，在于对圣贤所制定的规则（礼乐）的遵守，简而言之，就是主张以外在的形式来规范和约束自己，使自己的行为符合圣贤的标准；而孟子认为，人能成为圣贤，是由于他保持了人所具有的内在的良知，从而把成圣成贤的根据从外在的礼转向内在的仁，这是对儒家学说的重要发展。

19 为什么孟子将杨朱和墨子比喻为禽兽？

公都子问老师孟子：为什么他人都说夫子好辩？孟子回答说自己是不得已而为之。因为当时政治混乱，思想不统一，各种学说层出不穷，人们几乎失去了判断是非善恶的标准。孔子作《春秋》而乱臣贼子惧，使得君臣父子之伦常秩序得以维系。孟子继承孔子，拒斥当时的异端邪说，故而不得不辩。

在孟子看来，当时最能惑乱人心的是杨朱和墨子的学说。杨朱和墨子的学说，按照孟子的叙述："杨氏为我，是无君也；墨氏兼爱，是无父也。无父无君，是禽兽也。"杨朱和墨子的学说在当时大受欢迎，"天下不归杨，则归墨"。杨朱的思想主张是"拔一毛而利天下，不为也"，其基本思想侧重于保全自己。这种思想较为倾向于道家，它否认儒家的君臣大义，否定人负有承担治理天下的重任，所以孟子说他"无君"。墨子的思想重兼爱，认为天下人应当无差别地相爱，这与儒家提倡的以血亲之爱为基础进而拓展到社会国家乃至宇宙的仁爱精神不一样，特别是墨子认为爱无差等，父母也与普通人一样，所以孟子说他"无父"。从儒家的立场来看，无父无君，可以说和禽兽无异。

在近代中国，许多人从另一方面指出了杨朱和墨子的思想所蕴含的现代价值，如梁启超就指出杨朱的思想近于个人主义，而墨子的兼爱则意味着平等精神。孟子对于杨朱和墨子的苛刻批评，一方面反映了其独断的性格，他对于异端的排斥也给后来的儒家带来了极大的影响，以后的儒家也常把不同于自身的思想视为异端，否定对于同一问题会产生不同判断的可能性；另一方面，也反映了孟子积极入世的思想和勇于担当的精神。孟子反对独善其身，主张兼济天下，但孟子的兼济天下与墨子的兼爱不同，是对儒家仁爱思想的继承和发展。

20 大名鼎鼎的齐桓公、晋文公，为什么孟子竟说没听说过？

孟子周游列国至齐，齐宣王问孟子可知道齐桓公、晋文公的事迹，孟子回答说，"仲尼之徒无道桓文之事者"，意思是孔子的弟子中没有谈论齐桓公晋文公的事迹的人，所以这些事迹没有流传下来，故而孟子说自己不知道。齐桓公和晋文公在春秋时期先后称霸，是"五霸"之首，特别是齐桓公，在管仲的辅助下，曾九次召集诸侯开会，共同抵御少数民族的入侵，保护周王室的安全，被诸侯奉为霸主。孔子很少称赞人"仁"，但他说管仲"如其仁！如其仁"；孟子说"仲尼之徒无道桓文之事者"，显然不符合实情。

孟子之所以说"仲尼之徒无道桓文之事者"，是基于他自己的思想立场而言的。在群雄并立的战国时期，如何统领群雄、成为天下的共主是当时思想家所要面对的主要问题。战争状态下，当然是武力先行。当时的兵家、纵横家、法家非常有市场，他们能够在较短的时间内聚集力量，称王称霸。但是，在孟子看来，通过武力解决问题，必然会带来灾难：战争时，老百姓的税赋必然会加重，老百姓的生命也时常受到威胁，而且战争总是弱肉强食，适者生存，容易使人与人之间产生不信任感，大家为了生存必然会像狼对狼那样对待他人。这与孟子的思想立场相违背，所以孟子故意回避齐宣王的问题，将话题转到他的仁政思想上来。

孟子首先认为人性本善，人与人之间充满着仁爱精神，而不是互相算计，如果没有仁爱精神，那就跟禽兽没有分别。其次，孟子认为最好的政治是施行仁政，即统治者应当为老百姓划定好各自的疆界，使其各尽本分，有恒产恒心；同时君王应通过自身的道德教导老百姓自然向善。关于如何处理国与国之间的关系，孟子认为，若君王通过修明政治使得自己的国家强盛，别的国家的百姓自然会前来归化，这样就可以不通过武力而统一天下。为了争夺土地而战，尸横遍野；为了争夺城池而战，杀人盈城，孟子说这种行为就是判处其死刑都不足以赎其罪。对于那些善战者、纵横家以及开疆辟土的人，孟子认为应该给予他们相应的惩罚，而不是奖赏。虽然孟子的思想在当时的人看来有些迂腐，这也是他得不到诸侯重用的原因，但孟子以人为本的仁爱思想和反对使用武力的立场是值得肯定的。

21 为什么孟子认为一般人也可以成为圣人？

在中国历史上，尧、舜是有名的圣人。圣人在中国传统文化中具有非常崇高的地位，他们与凡人和贤人属于三个不同的等级。在孔子看来，圣人是最高境界，一般人与之有着非常大的距离。而孟子却认为"人皆可以为尧舜"，也就是说一般人也可以成为圣人。

《孟子》一书记载，有一个孟子不屑于教导的人叫曹交，听说孟子主张人皆可以为尧舜，就问孟子说：上古圣王文王身长十尺，汤九尺，我自己也有九尺四寸，但只能吃饭而已，为何我与文王、商汤的差距那么大呢？其言下之意是，并非人皆可以为尧舜。孟子回答说：你当然可以成为尧舜，尧舜之道并不复杂。你只要穿尧的衣服，说尧的话，做尧做的事，便是尧了。因为尧舜之道，其根本是孝弟，而孝弟是每个人都能够做到的。孟子认为人都有能力成为尧舜，只不过有些人并不愿意去做。

尧是明君，舜是孝子，二者又是君臣关系，作为圣人的尧舜就是"人伦之至"，即尧舜是伦理意义上的圣人。从孟子与曹交的对话中可以看出，孟子所谓"人皆可以为尧舜"具有三层意思：一是人人都有成为尧舜的潜质，尧舜与普通人一样都是人，每个人都具有内在的恻隐之心，都具有善端，在道德潜能上是平等的，因此每个人都不必自卑，人人都能成为圣人；二是尧舜之道并不是难以企及的，只要从最根本的孝弟行为做起，即遵守尧舜之道德教训；三是人能否成为像尧舜一样高尚的人，其根本在于他自己是否具有意愿，用孟子的话来说，就是"非不能也，不为也"。

22 孟子为什么认为天子不能把天下让与他人？

孟子的弟子中，万章是最有历史感的。孟子曾多次与万章讨论历史。有一次，万章就尧舜禅让之事询问孟子：是不是尧把天下让与舜？孟子断然地回答：没有这回事，天子不能把天下让与他人。万章接着追问：舜有天下，是谁给他的？孟子的回答是：是天给他的。万章说：天给他，是不是天如同有意志的人一样，把天下给予舜，谆谆教导他如何治理天下？孟子说：天不说话，它将天下给予舜，主要是借老百姓的行为和表现来显示其倾向。

孟子的"天子不能以天下予人"的思想，核心与实质在于国家权力的合法性。简言之，就是一国的统治阶层为什么有权力统治国家。孟子认为其权力来源于天。中国的君主总是被称为"天子"，表明君主应顺应天命。天子必须顺应天命，然而天并不能够言说，它只能借老百姓的行为来显示它的意志。这种看法古已有之，《尚书·泰誓》说的"天听自我民听，天视自我民视"，就是这个意思。天子不能将天下视为私产，随意地处置，天意会随着民意的转移而转移，这就意味着天子必须以民为本，故孟子有"民贵君轻"之说。并且更进一步，孟子认为如果天子不以民意为重，残暴腐化，那么老百姓就可以进行革命推翻其统治。汤武革命，有人认为这是以下犯上的弑君行为，但是孟子认为，这乃是顺应天命合乎人心之事。他说，只听说武王诛一独夫，而没有听说过弑君的事情。

"天子不能以天下予人"的思想具有两方面的影响。一方面它肯定了天下不是君主的私产，不能供君主随意处置，这为后来儒家士大夫敢于担当政治重任提供了思想基础；另一方面它也肯定了天子必须要以民意为重，这种民本思想限制了君权的无限扩大。当然，这种限制只是在思想和道德层面上的，在制度上并没有什么可靠的保证。

23 你知道"子非鱼安知鱼之乐"这场有名的辩论吗？

惠施是庄子的好朋友，他们在思想理论上也是旗鼓相当的对手。惠施学富五车，是先秦名家的代表人物。在历史上，除了惠施，庄子跟其他学派的思想家没有什么交往，如与庄子同时的孟子就从来没有提及过庄子，但是庄子对于当时思想界的动向非常了解，他在《天下篇》中评点天下思想的各家各派，非常精到。这应该与他跟惠施的交往有关。据说有一次，庄子经过惠施的墓前，借用寓言说惠施才是他理智上最好的对手。寓言说，楚国有个人在鼻子上涂了点细微的泥土，然后他让匠人拿斧子把这点泥土削下来，但不能伤及鼻子；匠人得心应手，斧到泥落，而楚人也安定从容，毫不慌张；宋元君听说这件令人惊奇的事，请匠人来为他表演，匠人说，自己虽然曾经能够用斧头把楚国人鼻头上的泥土削下来，但是现在那个楚国人死了，他再也不能表现这一技艺了，因为他失去了合适的对手。庄子伤感地说，自从惠施死后，自己也就没有可以谈天论地的对手了。

有一次，庄子和惠施在濠梁上游玩，庄子看到水中的鱼儿游来游去，十分自在，就对惠施说：你看，水中鱼儿出游从容，这就是鱼儿的快乐。惠施说：你又不是鱼，你怎么知道鱼儿的快乐呢？庄子反驳说：你又不是我，怎么知道我不知道鱼儿的快乐呢？惠施接着庄子的话说：是的啊，如你所说，我不是你，所以不知道你的想法；你不是鱼儿，你也不知道鱼儿的快乐啊，这两件事不是一样的吗！庄子自我辩护说：我们还是从头来看看这次对话。你问我怎么知道鱼之乐的时候，就已经预设了我对这个问题有知道的可能性。我当然知道鱼之乐了，我就是在濠梁之上体会到鱼儿的快乐的啊！

　　庄子和惠施的这次对话，在中国思想史上被称为"濠梁之辩"。惠施和庄子到底谁是争论的胜方，千百年来众说纷纭，双方的支持者基于各自的哲学立场对"濠梁之辩"给予了不同的解释。谁对谁错姑且不论，先来看一下这场辩论中涉及的问题：首先，是人的感觉经验的可靠性问题，我们能否把自己的情感感受移情于其他对象？这种移情是否可靠、是否具有客观性？其次，某人说知道某事，那么他者能否确定此人所说是真知？其三，庄子特别指出惠施的怀疑实际上已经预设了某些确定的东西，这是否意味着我们不能无限制地怀疑？

　　从哲学角度看，惠施和庄子的理论代表着两种不同的对待世界的方式。惠施偏重理性，逻辑严谨，将世界视为观察对象；而庄子偏重感性，注重直觉，将世界视为审美对象，"濠梁之辩"就是这两种不同思维方式的直观表现。

24 "相濡以沫"为什么"不如相忘于江湖"？

　　有两条鱼儿被困在没有水的车辙里，为了活下去，它们互相用唾沫湿润着对方的身体，多活一秒是一秒。这样的场景是不是很令人感动？的确，危难关头不离不弃、互相守护是十分可贵的。然而，庄子

对此却有不同的看法。庄子认为，鱼儿最自在、最自然的生活应该是在广大的水域之中，对于小鱼来说，所谓幸福，就是能自由自在地生活在江河湖海之中。因此，与其成为干涸车辙里的鱼，相互拯救，相濡以沫，不如自由自在地各自生活，逍遥快活，两两相忘。这样，它们看似忘记了彼此，但难道不比艰难地挣扎在涸辙之中更好吗？

"相濡以沫，不如相忘于江湖"，庄子借用两条小鱼的故事来为我们指点人生迷津。在人的一生中，总会遇到一些危难艰险的时刻，这时如果有人能与你"相濡以沫"，共渡难关，这当然是不幸之中的万幸，这样的人也自然是非常值得你去珍惜和守护的。然而，人生的真正幸福是能够过上安稳祥和的日子，就好像鱼儿能够自由自在地生存于江河之中那样。所以，如果可以获得那样的好生活，即使彼此要"相忘于江湖"，也没什么可惜的。

当然，庄子的故事并不是要我们贬低或者放弃相濡以沫的生活，要知道，所谓的"相濡以沫"是在非常时期的非常手段，没有这一手段和互相帮助的精神，人就无法继续生存和发展。而庄子之所以更为推崇"相忘于江湖"，是因为这是一种更自然、更本真，也更幸福的生活状态。与其过多地称誉相濡以沫，不如平静地对待每一天。所以，我们要善于辩证地看待古人的思想，不使自己的理解停留于字面，这样才能品出其中的境界来。

25　为什么庄子对人们使用机械减轻体力劳动负担提出质疑？

《庄子·天地篇》中有一则故事说，孔子的弟子子贡南游荆楚之地，途径汉水之阴，看到一位老丈在料理农事，他从井中汲水，然后很是费力地来回用瓮装水来浇灌菜地。子贡是孔子早年弟子，计谋很多，人也聪明。他对这个老农说：有种机械可以减轻你的工作负担，你来回用瓮盛水浇园，用力多而效果不大，用机械代替你的工作，用力少而功效多，你不如借助机械来浇园。老农抬头看了看子贡，问他那个机械是什么样子的。子贡说：这个机械借用木材，通过巧妙的设计，做成水车。老农生气地变了脸色，随后又笑着对子贡说，这个机械的原理他并非不知道，而是"羞而不为也"。因为他的老师曾经告诉过他，"有机械者必有机事，有机事者必有机心。机心存于胸中，则纯白不备；纯白不备，则神生不定；神生不定者，道之所不载也"。意思是，如果用机械的话，你就必须动心思改变原有的自然纯朴的状态；如果动心思的话，你就偏离了原来的自然心理状态，偏离了原来的心理状态，精神就会动摇不定，为心事所左右；而如果心神不宁，就不能负载和把握原来的道了。

子贡主张用机械行事，制造机械是人类实践能力和智慧的表现，它说明了人类有能力改变自然这一事实。随着人类社会的发展，人类的这种能力不断增强，体现为对于新奇的追求和对未知领域的探索。人类的劳动和智慧原本是为了生活的需要，人类的需要一方面是自然产生的，另一方面则是被商业社会培养出来的。人类社会发展到现代，后一方面的需要越来越处于主导地位，有限的自然需求走向了无休无止的欲望，人们反而得不到心灵的满足。就如同庄子所说的那样，"神生不定"，人被各种心思、欲望和心事淹没，失去了生命的原初本意。

平心而论，使用机械技术是人类生活必不可少的一环，庄子极端地反对技术文明确实有偏颇之处，但庄子的质疑仍具有一定的现实意义：一味地使用技术追求物质文明，为了追求新奇而陷入消费和欲望的沟壑中，往往会失去内心的宁静；心灵的宁静和充实是现代人最容易缺失的东西。

26　庄子为何说儒家经典不过是古人的糟粕？

先秦时期，儒家经常借用古代经书上圣贤说过的话来表达自己的政治观点，而且常常主张上古圣贤怎么说，后世之人就当怎么做。因此，儒家非常重视六经。不过，庄子却说六经中圣贤的话是糟粕，治国之士不应当照着圣贤的话来治理国家。这是为什么呢？

《庄子·天道篇》记载了一则寓言：桓公在堂上读书，有个七十岁的老匠人拿着椎凿在堂下做车轮。桓公读书很投入，还不时地啧啧称赞。匠人很好奇，问桓公读什么书。桓公回答说在读上古圣人之书。匠人了解到著经书的圣人已不在世后，对桓公说：你读的经书，不过是古人之糟粕而已。桓公很生气，一定要匠人给出合理的解释，否则便要加罪于他。这个匠人解释说，别的不知道，就拿自己的工艺来作例子。做车轮这件事，他技巧娴熟，不紧不慢，能够从容地将心中想制作的车轮制作出来，但问题是，他不能明白地说出这种娴熟从何而来，也不能把这种娴熟的技巧传授给别人，即便是自己的儿子也不能领会，所以年纪一大把还得自己亲自动手做车轮。因此，他从自己的经验来看，那些古圣人的治国技艺应当也是一样的，书写传授下来的不过是皮毛而已。在《庄子·天运篇》中，庄子后学假托老聃之口批判孔子说："夫六经，先王之陈迹也，岂其所以迹哉！"他表达的也是同样的意思。

庄子通过上述寓言对当时重视古代经典的儒家学派进行了批判。其透露出的智慧见地在于：对政治行为和政治人物而言，最重要的是要具有行动能力，这种行动能力确实从书本上学习不到，也不能够通过口耳相传的方式习得，只能在实际中凭借自己的智慧把握。如果一味地按照记载着古圣贤言行的经典来治理国家，无异于纸上谈兵。

27　为什么庄子认为辩论的双方是没有胜者的？

辩论是我们熟悉的一种讨论问题的形式。辩论的双方就同一个问题各执一端，表达自己的想法，通过往复讨论，最终分出是非对错。俗语说，"真理越辩越明"，就是这个意思。但是，庄子却认为"辩无胜"，即认为人们不能通过辩论达成对事物的统一认识，这是为什么呢？

庄子认为，基于不同的利益和认知范围，分歧的甲乙双方各执一词，公说公有理，婆说婆有理，谁都不能说服谁，只好去找人评理。

评理的人要么同意甲方，要么同意乙方，或者提出一个新的观点来平息争端，这样，甲乙双方就不可能达成一致，认可对方的意见。从哲学上看，庄子"辩无胜"的观点似乎预示着人无法认知真理，甚至表达了对真理是否存在的一种怀疑。庄子否认人能客观真实地认识世界；退一步说，他认为即便人能认识世界，人与人之间也不能够达成统一的认识。在此，庄子对于人类的理性能力表示了怀疑，同时否定了人类通过交往辩难而达成共识的辩论行为的价值。

辩论的过程是一种理性交往的过程，实际的效果的确如庄子所说，恐怕是谁都说服不了谁。但是在交往辩难的过程中，确实会出现一种效应，即双方恐怕都会承认对方结论的部分合理性，从而改变自身那种真理在握的自大心理，使双方的观点能够和谐相处。庄子的哲学认为人的认识与人的生活境遇相关，每个人的生活境遇都是不同的，因此对于外物的认识也是有差异的。与其强求各种意见达成一致，还不如将各种意见都视为合理的，让其并存。他的"辩无胜"理论，最终指向的就是这一点。

28　荀子提出的"明于天人之分"是什么意思？

先秦时期，天人关系问题是各家各派关注的重点。以孔子为代表的儒家重视人的地位，不太讨论性与天命；墨家则主张天志明鬼，借助有意志的天来为其政治思想辩护；以老庄为代表的道家主张道法自然，泯灭了天人之间的差别；阴阳五行家的理论，主张阴阳感应，走向迷信。荀子是先秦哲学的集大成者，他在继承儒家注重人伦思想的基础上，提出了"明于天人之分"的观点。

荀子认为，天是"不为而成，不求而得"的。这里有两层含义。一方面，天是指不带任何神秘色彩、客观存在的自然界。《荀子·天论》里说，"列星随旋，日月递炤，四时代御，阴阳大化，风雨博施"，自然界是客观存在的，即便存在一些奇特现象譬如地震、台风等也不足畏，这些现象都是可以解释的；而不是像有些思想家说的那样是天的意志所为，天会发怒、会高兴、会奖赏、会惩罚。另一方面，在荀子看来，"天行有常，不为尧存，不为桀亡"，也就是说，荀子认为大自然的运行有其自身规律，这种规律不以人的意志为转移。

荀子认为，人有生有气有知有义，最为天下贵，与天的客观性和规律性相关联。因此，在处理天人关系的时候，人要"知其所为，知其所不为"。"知其所不为"，意味着人必须尊重自然界的客观规律，不能超越自己的职责范围去管那些本不由自己管辖的事，即不应当违背自然规律，不能"与天争职"。"知其所为"指的是人在认识客观规律的基础上应积极发挥自己的主观能动性，去认识自然和改造自然。荀子并不认为人应当消极地因循自然，而是认为人应当在认识自然规律的基础上"制天命而用之"，即积极地在把握自然规律的基础上，利用自然，改造自然，为人类的生活创造更好的条件。

29 荀子提出了什么方法来消除人的认知偏见？

战国时期，诸侯异政，百家异说，是非不明。荀子是当时的大儒，他特别注重通过"学"来达到理性的清明。荀子仔细考察了人类形成片面性认识的具体原因。他说："欲为蔽，恶为蔽，始为蔽，终为蔽，远为蔽，近为蔽，博为蔽，浅为蔽，古为蔽，今为蔽。凡万物异则莫不相为蔽，此心术之公患也。"这段话的意思是，在认识发生之时，有许多因素会导致认知偏见的产生。首先是"欲"与"恶"，即喜欢和厌恶的情绪会影响人们对人和事物的认知，喜欢往往会忽略其缺点，而厌恶则会夸大其缺陷和错误。其次是"始"和"终"，就是认知活动过程的不同会导致认知客观性的缺失，使人对对象的认知不能自始至终保持客观。再次是"远"和"近"，认知活动的空间性的差异会影响认知的准确性，因为认知者对认知对象的观察"远近高低各不同"。再其次是"博"与"浅"，即认知者本身所具有的前见的差异会导致认知结果的差异。最后是"古"和"今"，"古"即食古不化，"今"即厚今薄古。这些都是导致认知偏见的原因。进一步地，荀子认为万物之间的差异必然会导致认知上的互相遮蔽，这种遮蔽是心术上的公患，也就是人类认知本质上的缺陷。

如何才能去除这一公患，达到解蔽的效果呢？荀子认为必须知"道"。他说："心知道，然后可道。可道，然后能守道以禁非道。"知"道"才能行"道"，才能避免被遮蔽。"心何以知道？"荀子说，"虚壹而静。"所谓"虚"，就是虚心，心未尝不对认知对象进行判断，但是不能因为以往的判断充满整个心灵就不容纳其他新的认知。所谓"壹"，就是虽然内心充满各种认知，但是能够始终有主见。所谓"静"，就是在内心的各种判断行为中，能够保有清明的认知。心能够做到"虚壹而静"，才能对认知对象形成全面而客观的理解，才是知"道"。

荀子所谓通过"虚壹而静"来解蔽的方法应该是受到了稷下学宫的黄老道家思想的影响，因为儒家不太讲"虚"和"静"，这是道家思想的重要内容。这一点也可以从以下事实得到进一步佐证——荀子曾经做过稷下学宫的祭酒，"最为老师"。

30　你知道古代哲人所称道的中庸吗？

中庸是中国古代哲学思想一个重要范畴，孔子曾经这样说："中庸之为德也，其至矣乎！"在《中庸》中，孔子感叹中庸的境界远比治理国家、抛弃功名以及舍生取义更加难得。中庸之道虽然高远，但并不是让人无处着手的，《中庸》说："辟如行远必自迩，辟如登高必自卑。"意思就是对中庸之道的高远，人们可以从切近处用功，譬如千里之行始于足下，登高必须从低处起步。因为"道不远人，人之为道而远人，不可以为道"。

中庸，在古代汉语中，是由"中"、"庸"两个字组成的。什么是"中"？在孔子之前就已经有"中"的理念了。尧曾经说过"允执其中"。在先秦古籍中，"中"一般被理解为中正、合适、标准的意思。在《先进》中，子贡问孔子，他的弟子子张和子夏相比，哪一个好一些。孔子说，子张有些过，子夏却显得不足。子贡说：那么子张好些吧？孔子回答："过犹不及。"言下之意就是子张和子夏都不能守"中"。因此，孔子的中道，是指既无过，又无不及。朱熹在《四书章句》中的解释很恰当："中者，不偏不倚，无过不及之名。"需要注意的是，在汉语中，"中"也可以用作动词，意思是"切中目标"。"庸"的意思比较简单，朱熹说庸就是"平常"。其实在古代，"庸者，用也"，"庸"就是能够通用的，用现代的话来说就是普遍适用的东西。因此，"中庸"所指的过犹不及的道理，是在日常生活中普遍适用的道理，故而程颐说："中者，天下之正道，庸者，天下之定理。"

中庸之道作为一种思维方式，反映出中国哲学对于极端思想的排斥，中国人赞同"执其两端，用其中于民"，在政治、伦理、教育、审美等各个方面，都注重一种"反思的平衡"。中庸之道作为一种行为方式，表现出中国人提倡不离开"日用常行"来寻找最高的道，在人伦日用中做工夫，反对"索隐行怪"，排斥空悬的道理以及偏离礼乐的行为。

31 《周易》是算命的书吗？

《周易》在中国人心目中是一部神奇的书，认真读过和读懂它的人不多。由于市面上有不少与《周易》相关的算命占卜的著作，因此在一般人的心中，讲到《周易》首先想到的便是它具有预知未来和命运的神奇功效。这种说法并非没有道理，因为从《易经》的阐释系统来看，有重视象数和重视义理两支。其中象数之学特别流行于两汉，直到魏晋时期的王弼扫象之后，象数之学虽然在民间仍有活力，但在知识分子中逐渐衰微，注重义理的易学开始占据上风。从此之后，《周易》更多地被看成是一本哲学书。

《周易》，又称《易经》，简称《易》。相传系周人所作，故而得名。内容包括《经》和《传》两部分。《经》是中国古代占筮之书，由六十四卦的卦象、卦名、卦辞和爻辞组成。卦辞、爻辞分别是对卦象和爻象的解说。传说伏羲画八卦，文王推演为六十四卦，并作辞。也有人说是文王作卦辞，周公作爻辞。无论如何，《经》实非一人所作，而是经由历史的积累而成的。组成卦象的基本符号"—"（阳爻）、"– –"（阴爻），其实是由原始时代用来占卜计算奇偶数的蓍草逐渐演变而来的。卦爻辞是对占筮的原始记录的长期积累总结，后来可能经过西周史官进一步整理而成。虽然《经》原本是占筮书，但其内容蕴含着古代中国人民的智慧，我们从中可以看出理论思维最初萌芽于朴素的辩证观念。

《传》是对《经》最早的解释，共有十篇，后世称之为"十翼"。"翼"即羽翼，是对《经》的附庸和解释。旧传《传》是孔子所作，史书记载孔子晚年好《易》，而且近年来的考古发现证实，确实存在着孔子与弟子讨论《易经》的文本。因此"十翼"即便不是孔子所作，也跟儒家关系匪浅。《传》通过阐释《易经》的意蕴、功用、蓍法、八卦起源、六十四卦卦爻辞与卦序等，创造了一个融合象数和义理的独特思想体系。

32 董仲舒为什么认为天与人之间可以相互感应？

汉代前期，黄老学说盛行，朝廷实行与民休息，即让百姓休养生息的政策，奉行道家的无为而治，以恢复国力。至汉武帝时期，接受董仲舒所上的"天人三策"，罢黜百家，独尊儒术，儒家才真正成为正统思想。天人感应学说实际上是董仲舒为汉代的政治合法性提供的理论辩护。

天人感应学说，是汉代阐释天人关系的一种思想体系。它一方面吸收了阴阳五行思想，一方面又吸收了儒家的伦理思想。董仲舒认为汉朝乃是顺应天命而立的，天是有意志的创造万物的主宰，万物都受天的控制；天赋予宇宙万物以秩序，"天不变道亦不变"，而这个"道"的实质内容便是儒家所确立的纲常名教，也是当时统治制度确立的根本原则。

董仲舒认为，天道和人道是相互关联的，因为天人相类，而同类事物之间是相互感召的，即所谓同类相动。既然天人之间互有感应、相类相通，天能干预人事，那么人的行为也能感应上天。天也有喜怒之气，哀乐之心，与人相副，所以从类比的意义上来说，"天人一也"。天有阴阳，人也有阴阳，"天地之阴气起，而人之阴气应之而起，人之阴气起，而天地之阴气亦应之而起，其道一也"。因此，董仲舒认为，自然灾害和统治者的错误有直接的关联。天地之间的变化与人类生活世界的变化紧密相连，如果天地之间出现灾异现象，那一定是天在以这种形式警戒其在人间的代理人（君主），代理人必须顺应天意、修明政治，认识到错误并加以改正。

董仲舒的天人感应思想背后预设了儒家伦常秩序（"道"）的永恒不变，这是董仲舒思想为当时统治政权所接受的一个重要因素。同时，天人感应说利用"天谴"说来警戒君主必须修明政治，这在没有制度保证的情况下，起到了对封建君主绝对权力进行限制的作用。

在今天看来，董仲舒的天人感应说，并不能说明事物之间的因果联系，它不是由理性推理构建的，而是以感应思维的方式构建起来的理论学说。我们以前把这种思维模式称为迷信，人类学家更多地把它视为原始思维，而且研究表明，这种感应思维方式其实是人类所不能消除的。它在我们今天的日常生活中仍有体现，一般人都相信天意、因缘这样的说法，就是明证。

33　董仲舒为什么将人性分为上中下三等？

董仲舒是汉代大儒，却受到后世儒者的激烈批评。他把阴阳五行说引入儒家义理，而且对于思孟学派的性善说持不同的见解，所以后世儒者如韩愈等人认为，董仲舒没有得到儒家"性与天道"之说的真传。

董仲舒在人性说上最重要的见解，是以阴阳学说来解释性情。在儒学发展历程中，把性情问题放在阴阳之道的高度进行诠释并作出论证，是董仲舒的独创。董仲舒认为，天与人一样，不但有性，也有情。天同时具有阴阳两方面的性质、功能和特征；天也有喜好和憎恶之情，即尊阳而卑阴，任德而不任刑。"阴阳之气，在上天，亦在人。"从天人感应的角度来说，董仲舒认为人的性情亦有阴阳之别。相对于有些学说所认为的性善情恶之说，董仲舒的看法是：人的性情与天之阴阳一样，不存在善恶之分，二者都是天之禀赋。

虽然性情都是天赋的，但并不是说天赋的就是善的。董仲舒区分了"性可以为善"和"性本善"。在董仲舒看来，人性就如同禾苗，而善就如同米。米出于禾，而禾不可能直接是米；善出于性，而性也不可能全都为善。善如同米，是先天禀赋和后天人为共同作用的结果，而不是人生来就已经具有的。他认为，后天的因素对于一个人成为善人是更为重要的，因为绝大部分人都属于"中人"，都是"可善可恶"的。董仲舒受到孔子将人分为"上智、下愚以及中人"三个等级的启示，在以阴阳论性情的基础上，又综合荀子和孟子的学说，提出了"性三品说"。他把人性分为上、中、下三等，认为"圣人之性"，受命于天，近乎全善，是上品；"斗筲之性"，瞑而未觉，近乎全恶，是下品；"中民之性"，可善可恶，是中品。这个说法对后世很有影响力，如对东汉王充和唐代韩愈等，都产生了较大的影响。

34 王弼为什么认为孔子的境界比老子要高？

魏晋时期，由于政治风险大，"名士少有全者"，知识分子转向空谈玄理；而精于辨析名相的佛学的传入，也助长了这种风气。知识分子主要通过本土的道家思想来理解佛理，所以道家思想得到发挥，重新获得知识分子的青睐。当时的士大夫主要谈论的三本书是《易》、《老》、《庄》，号称三玄。这三本书都涉及对世界本体问题（道）的看法，即世界万有从何而来，是无中生有还是向来如此？当时很多学者认为无（道）乃万物之本，而有不过是"无之用"。这是儒家思想中很少涉及的宇宙论和本体论问题。众所周知，孔子罕言"性与天道"，而老子开篇就谈道的问题。当时就有人问：无是万物之所资，但是孔子在言谈之中基本上没有提到过无的问题，而老子在《道德经》中却一再地重申有生于无、无为万物之母，这意味着什么？是不是孔子对于"无"无所把握，比不上老子的境界？

虽然当时社会清谈玄理之风颇盛，但是儒家的纲常伦纪仍是当时社会制度重要的思想基石，因此孔子思想的地位是不容置疑的。如何评判儒家和道家思想的异同及其在学界的地位，是需要大智慧的。对这个问题最为精妙的回答来自王弼。王弼年少成名，英年早逝（24岁），留下的著作不多，但被公认为当时最重要的学者。

王弼的回答是：对于无，即世界的本体问题，只能以体知的方式去把握，不能以言论的方式去把握，故而孔子不言性与天道，因为圣人是直接体道的。圣人具有天生神明智慧，可以超言绝象，直接体悟真理。相比较而言，老子还得用语言来描绘道，通过"有"来把握道，所以与孔子相比，老子境界要低一点。这种说法慢慢地成为了当时玄学家的共识。他们认为，孔子不讲"坐忘"，因为孔子已经忘记了"坐忘"这桩事；孔子也不讲"无欲"，因为他已经没有了"无欲"的欲望。

王弼主要是以道家的思维方式来进行哲学思考的，他把道家的创始人物置于孔子之下，是因为当时的政治体制和社会生活主要受儒家思想支配。同时需要注意的是，王弼眼中的孔子实际上已经是道家化了的孔子，与儒家体系中的孔子有很大的不同。

35 嵇康为什么提出"越名教而任自然"？

嵇康是魏晋时期竹林七贤的核心人物，他是魏室宗亲，对于司马氏的篡夺行为十分反对。据坊间传说，魏晋易代之际，嵇康因钟会告发其造反被判死刑，当时太学生三千人请愿宽赦他，司马昭不许。嵇康临死前从容淡定，奏"广陵散"曲后慷慨赴死。嵇康最重要的罪名是造反，即密谋用武力推翻司马氏政权，不过证明其罪名成立的史料不多，后人认为钟会的告发没有太多依据。嵇康是竹林七贤之首，竹林七贤都雅好老庄，直率狂放，不拘礼节。当时，嵇康成名已久，而钟会是新朝权贵。据说钟会写了篇文章想得到嵇康的褒誉，但又害怕自己写得不好被嵇康批评，故而把文章从围墙外扔进嵇康家。后来嵇康在东都洛阳隐居打铁，钟会去拜访他，嵇康打铁不辍，不理睬钟会。钟会见势头不对，看了一会儿转身准备离开。嵇康对钟会说："何所闻而来，何所见而去？"钟会也不示弱，答道："闻所闻而来，见所见而去。"如此话不投机，可见二者歧见之大。

嵇康之死除了政治上的原因之外，思想上的因素也很重要。嵇康原本与山涛等人隐居当阳山，后来，山涛无奈出山为司马氏政权服务，并推荐嵇康为新朝服务。当然，山涛推荐嵇康的目的主要是为了保护嵇康，使嵇康与前朝划清界限，同时向新朝表示效忠。但是没想到嵇康并不领情，写了《与山巨源绝交书》，明确表示自己不会自取其祸出去当官，他说自己"非汤武而薄周孔，越名教而任自然"，从而彻底得罪了司马氏政权。

"越名教而任自然"，是嵇康思想的中心观点。所谓"名教"，是指以儒家伦理纲常为中心的理念，最重要的内容就是忠孝仁义；而"自然"，指的是人的自然本性，"任自然"即主张让人顺应自己的性情发展，认为伦理纲常是对人的本性的戕害。当时司马氏以孝治天下，以礼教约束人心，但其自身却是通过篡权而得到天下的。在嵇康看来，司马氏口头上主张名教，却行篡夺之实，无疑是虚伪的。嵇康的"越名教而任自然"，表面上看是批判"名教"束缚了人自身的本性，深层意思无疑是对司马氏父子篡夺曹魏政权行径的直接讽刺。

36 魏晋时期的清谈真的误国了吗？

魏晋南北朝是中国历史上政治最为黑暗的时期，政权更替频繁，名士少有全者，百姓也多灾多难。后来的学者在谈及这段时期动乱的原因时，往往会说那是清谈所致。真的是这样么？

清谈是魏晋时期士人之间经常进行的一种谈话活动，其形式类似于今天的学术讨论会，会上宾主可以互相辩驳，也可以一个人扮演不同的角色进行自我辩驳。它最初源于汉末的清议。清议就是士人对于政府行为和政治人物的评点，特别是东汉末年宦官当政之后，清议成为对抗黑暗政治的重要手段。清议评点人物，甚至每个月头都聚会对当下的人物和热点事件进行讨论，这又被称为"月旦评"。后来还因此发展出一门独特的议论人物的技艺，三国时期曹魏思想家刘邵还专门写了一本书——《人物志》，其内容就是关于如何鉴评人物的。对人物的评点，必然会涉及人物的性与情的关系、才智和本性的关系等问题，这也就是魏晋清谈讨论的主要内容。随着这种学问的不断发展，又有外来的佛教作为助推力量，士人之间谈论的主题逐渐由政治性的经验世界的话题，变为离政治、社会等经验生活越来越远的形而上学，即哲学问题。

俗话说"谈何容易"，说的是清谈并不容易。南齐王僧虔写的《诫子书》中说："自少至老，手不释卷，尚未敢轻言。"可见清谈并不是空谈，而是有内容的，不过这些内容大多与经验世界无关，而是离开经验生活的理性的发挥，有点类似于西方的"哲学"，是种智力游戏。这种思想或智力游戏在重视经验的古代社会看来，的确是"无稽之谈"，无利于国计民生，也不利于政治控制，甚至会导致人们轻视实际政治。此外，史书大部分是后世编撰的，对于前朝往事往往歪曲隐瞒，对于前朝乱世的真实原因往往未加详细考察，故而有"清谈误国"之说。

37 名僧竺道生为什么曾被僧人团体开除？

佛教于西汉末年传入中国后，由于中土学者需要通过格义的方式解读佛教经义，所以在理解上会遇到很多障碍。所谓"格义"，就是拿中国本土思想的相关概念去对应理解佛教思想。佛教思想十分复杂，本身有大乘、小乘派别之分，又有性宗、相宗之别，经典众多，还注重辨析名相，因此，在义理上如何与中国原有的思想相结合，就是一个问题。魏晋时期，借助于玄学的盛行，佛教（主要是大乘佛教）开始兴盛。中土佛教派别众多，大致而言，可以分为般若学和涅槃学二种。般若即智慧，主要涉及义理问题，即如何理解、把握佛教的真理问题。涅槃（即泥洹）主要涉及佛教修行的最高境界问题。佛教修行的最高境界是成佛，是否一切人皆可成佛是当时佛学争议的话题。竺道生就因为对这个问题的讨论被僧团组织开除过。

竺道生是东晋、南朝宋间僧人。俗姓魏，因从竺法汰出家，随师姓。巨鹿人，寓居彭城，家世仕族，父为县令。20 岁受具足戒。后曾到庐山向高僧慧远问学，并从僧伽提婆学习一切有部的教义。后赴长安，从鸠摩罗什学习，并参与译事；后来回到南京弘扬佛法。当时南方尚无足本《涅槃经》，只有法显和觉贤合译的六卷本的《大盘泥洹经》。《大盘泥洹经》上说，除了不具信心、断了善根、不能成佛的"一阐提"外，众生皆有佛性。竺道生通过剖析经义认为：既然一切众生皆有佛性，那么一阐提也是有情众生之一，何得独无佛性？这大概是因为《大盘泥洹经》不完整的缘故。于是竺道生提出"一阐提皆得成佛说"。此说一出，僧众以为他违背经义，便给予其"破僧"（开除）的处分，将之逐出京师。后来昙无谶译出的四十卷大本《涅槃经》传到南京，其中果然提到一阐提也有佛性，也能成佛，证明竺道生的观点是正确的。竺道生也因此被僧众誉为"涅槃圣"，其学说也成为中国禅宗思想的渊源之一。

38 佛门所说的"空"就是"无"吗？

魏晋时期，佛教进入中国与中国本土的义理相互影响。佛教中最为核心的一个概念是"空"，这个概念与中土道家的"无"十分相似，佛教义理传入初始，中国学者大多用"无"来格义"空"。但是"空"并不是"无"，随着越来越多的佛教经典被翻译成中文后，这一点也被越来越多的学者逐渐认识到。如何用中国的语言来说"空"，其实就是如何用中国语言所具有的义理结构来理解外来的佛学。对于"空"的涵义的辨析程度，表现出中国人对于佛教义理的理解程度。因此，直到僧肇作了《不真空论》之后，中国人才可以说是真正彻底地理解了佛教的义理。

僧肇是东晋、后秦时僧人。师事鸠摩罗什，曾先后在其译场助译，以擅长般若学著称，为"什门四哲之一"，被誉为"解空第一人"。当时的中国人对于般若学的理解有许多种，派别很多，据说有"六家七宗"，其中最为流行的是"本无宗"、"心无宗"和"即色宗"。"本无宗"用道家的"无"来解释般若学的"空"，认为"空"就是"无"。"无"是道家思想中最核心和最重要的概念，它既是万物存在的根据，又有"生生"之功能。"心无宗"主张万物之存在并非实在，是心体变现所为，而心为实有，它要求不起"执心"即可达到"空"，对于色界之有无可以不论。"即色宗"认为，对于"空"的真理性认识通过对现象（色界）的分析即可达到，色没有独立的本质特性，没有自体，其性是空。

僧肇作《不真空论》对"六家七宗"进行了总结，他说，"六家偏而不即"，意思是旧的般若学对于"空"的理解和阐发，不是存"有"，就是执"空"，皆不免有所偏失。究其原因，僧肇认为是它们将般若学和一般世俗的学问混同，借知识论来探求佛教的真谛，而对于佛教"缘起性空"说没有理解透彻，对于存在本真、如实的状态（"中道实相"）没有把握。僧肇认为真谛出于言表之外，因而不可能靠纯粹的概念推理求得，只有在般若智慧的观照下才能认识真谛。

僧肇从两个方面来论证"不真空论"。首先，他指出有是"假有"。他从佛教缘起性空的理论出发，认为"物有因缘故不有"，"待缘而后有者，故知有非真有"。意思是一切存在都基于各种条件的结合，虽万象显迹，却都是"假有"，假有就是"不真"，不真即空。其次，他指出名是"假名"。他认为"万物非真，假号久矣"。意思是一切事物的名称，无非是人们给予的一个假定概念罢了。物既非真，名号也是假设，"以名求实，物无当名之实"。万物在终极意义上是不分彼此的，所谓"名"只是人们主观上的分别心在起作用。名不能反映"实"的本质，只是"假名"，是"不真"的。需要注意的是，假有的万物本质上是不真的，但不是"无"，因为"假有"作为一种现象存在，为世人所共见共闻，不能随意抹杀，简单否定。因此，僧肇的意思是：一方面，我们必须认识到万法皆空，不是实有，所以不能执著；另一方面，我们对于假有之现象也不能简单加以否定，只有对现象接触、认知，才能进一步"转识成智"。这才是不偏不倚、不落两边的"中道"。

39 玄奘法师为什么不赞成把《道德经》翻译成梵文？

玄奘，又被称为"三藏法师"，是著名的佛教学者、译经家，法相宗的创始人。他俗姓陈，15 岁于洛阳净土寺出家，23 岁在成都受具足戒。后历游各地，遍访名师，学习各种经论，然而，他感到众说分歧，难得定论，于是决心西行求法，以释心中困惑。唐贞观三年（公元629年）起，玄奘从长安出发向西行，经今新疆及中亚等地，辗转到达中印度摩揭陀国王舍城，入当时印度佛教中心那烂陀寺，从戒贤学习《瑜伽师地论》、《顺正理论》等，兼学梵书《声明记论》。后历游印度各地，参访名师，钻研佛教典籍。回那烂陀寺后，主讲《摄大乘论》和《唯识抉择论》。先后四次参加印度佛教内外的论争，融汇空、有二宗。他于贞观十九年（公元645年）返回长安，带回大小乘经律论共657部，得唐太宗召见和礼遇，先后居长安弘福寺、大慈恩寺。他在之后的20年间译出大、小乘经律论共657部，1335卷。其翻译多用直译，笔法严谨，是佛经翻译中的经典。

佛教进入中国很长一段时间内，中国人是以格义的方式来理解佛教思想的，而其中比附最为频繁的经典就是老子的《道德经》。玄奘回国后，很受唐太宗李世民的礼遇。李唐王朝以老子后人自居，李世民因此就想请玄奘与道士合作，将道德经译成梵文，以教化西方，光宗耀祖。但玄奘却不肯，这是为什么呢？

玄奘的理由有三。第一，"佛教道教，理致天乖，安用佛理通明道义，如是言议往还累日穷勘，出语漫落的据无从"。意思是佛教与道教的义理是不一样的，怎么能够用佛理通明道义呢？第二，佛理的论理方式与道家不一样，佛理有因明之学，注重逻辑论证，而道家思想大多用类比方式说理。以类比方式说理往往没有定论，《老子》注解有十余家，旨归不一，无法定论，因此不能翻译。第三，佛教语言和道家语言不能一一对应，譬如老子哲学的核心概念"道"就无法用梵语译出，如果忽略差别而勉强译出，"非唯罔上，当时亦乃取笑天下"。就是说，这样做不仅是欺瞒君上，而且也是学术上的不诚实，会被天下人取笑。

40 佛教禅宗的五祖为什么要把衣钵传给慧能？

佛教从公元初传入中国后，中国人花了很长时间对其进行消化和吸收。最初中国人通过道家和儒家思想来理解佛教，中国佛教基本上还是印度思想的附庸；直到禅宗诞生，才脱离了印度佛教的影响，成为本土化的佛教。禅宗是中国的佛教。在这一佛教中国化的过程中，最重要的人物是六祖慧能。

慧能俗姓卢，原籍范阳，出生于南海（今属广东）。三岁丧父，生活贫困，稍长即靠卖柴养母度日。据传他于卖柴途中听人诵《金刚经》有悟，到黄梅参见五祖弘忍，在寺中作行者，干些杂役，随众听法，虽有领悟，默契不语。有一天，弘忍为选择接班人，命令寺中弟子各作一偈，以定高下。弘忍弟子中声望最高的神秀作偈于壁上曰："身是菩提树，心如明镜台，时时勤拂拭，莫使有尘埃。"慧能认为神秀未得禅学要领，由于不识字，他便请人代书作偈："菩提本无树，明镜亦非台，本来无一物，何处惹尘埃。"弘忍对此偈深表赞许，乃于三更时分专为慧能讲《金刚经》，并将顿教法门和本门衣钵传授给他。慧能随后回到岭南隐居，十六年后开始传法，弘扬"直指法门，见性成佛"的顿悟法门。

不过，神秀也并非庸俗之辈，他是禅宗北派代表人物，与慧能并称"南能北秀"，后来慧能一系的禅宗影响大了，对于神秀的功绩有所抹杀。弘忍为什么传法给慧能而不是首座弟子神秀？传衣钵的故事可能有所虚构，但也显示出慧能和神秀二人对于佛教的认识有差别。二人的偈语所涉及的禅宗问题主要有两个，一是对于心的看法，二是对于佛教修行方式的看法。关于前者，慧能认为本心即净，不需要"时时勤拂拭"，而神秀没有意识到这一点。关于后者，神秀认为通过不断地修炼，可以保持心的空灵，慢慢达到成佛的境界；而慧能认为，自心即佛，不假外求，当下即是，明白这一点便可成佛，根本不需要渐进的工夫。神秀主张渐悟，慧能主张顿悟。禅宗发展到弘忍，越来越重视"不立文字"、"顿入"、"以心传心"，弘忍认为慧能的想法更贴合达摩本意，故而把衣钵传授给他。

41 韩愈为什么要提出"道统论"？

韩愈是唐代的大文豪。他在文学史上的地位非常高，为唐宋八大家之首，"文起八代之衰"，是文人之雄。同时，他也是非常有名的思想家，其在思想史上地位之高，竟然使得先秦赫赫有名的韩非子失去了"韩子"的专名。韩愈在思想史上的地位之所以如此之高，主要是因为他一生以复兴儒学为己任，被公认为宋明理学的先驱。他最重要的贡献是提出了儒家的"道统论"。

唐朝是中国历史上最为辉煌的朝代之一，然而其全盛时期的统治，并不是以儒学为指导思想的。当时的社会和思想界流行佛老，儒家思想的状况反而是"儒门淡薄，收拾不住"。其中，佛教经过魏晋南北朝的发展后，在唐代进入全盛时期，发展出了中国化的禅宗，信徒众多，势力非常大；而且佛教对于心性等哲学问题以及生死问题、灵魂转世问题等的解答有自己的理论优势，得到了当时上至皇帝下至百姓的信奉。道家思想因为其创始人李耳是李唐王朝的本家，而且在养生、升仙等理论上颇具吸引力，所以势力也很大。而中国最古老的思想——儒家思想在唐代非常没落。在韩愈看来，佛道二教"异端邪说"的兴盛是导致儒学衰落的最大原因，必须不遗余力地加以抨击。他对佛道思想的拒斥与其提出"道统论"密切相关。

首先，韩愈认为佛老思想对于社会的稳定和发展不利。韩愈身处中唐，安史之乱对强盛的李唐王朝的打击非常大，如何使社会恢复盛唐气象？在韩愈看来，要使社会恢复平稳秩序，就要发展生产和整顿税收，而在佛老势力的庇护下，国家失去了很多税收，也失去了很大一部分创造价值的劳动力。相对于本土的道教而言，韩愈尤其排斥佛教。元和十四年（公元 819 年），唐宪宗将凤翔法门寺的佛骨迎入京师，王公士庶奔走施舍唯恐不及。时任刑部侍郎的韩愈上《论佛骨表》，公然反对佞佛，说"佛本夷狄之人，与中国言语不通，衣服殊制，口不言先王之法言，身不服先王之法服，不知君臣之义，父子之情"。结果，他差点惹来杀身之祸，后被贬为潮州刺史。

其次，在韩愈看来，自孔子之后，儒学所弘扬的主要是"齐家"之学和"治国平天下"之术，对于细致精微的心性之学的阐释有所欠缺，虽然儒学也有思孟一系，但始终具体而微，不为多数儒者所重视。人们在精神修炼方面的需求，往往求之于佛老。如何能够使儒家思想重新成为中国人精神的最终归宿，是韩愈提出"道统论"的第二个助力。韩愈认为中国人存在着自身的传统，即指导中国人生活的价值观和中国社会政治制度等的儒家传统，韩愈称之为"道统"。这个传承体系是："尧以是传之舜，舜以是传之禹，禹以是传之汤，汤以是传之文武周公，文武周公传之孔子，孔子传之孟轲。轲之死，不得其传焉。"韩愈认为，儒家精神传统圣贤相续，但是到了孟子之后失传了——孟子之后的荀子、扬雄这些大儒"择焉而不精，语焉而不详"，再加上焚书坑儒等运动的破坏和汉儒对"大义"的不明，使得道统失传。韩愈发愿要将儒家道统重新光大，尊崇孟子，接续道统，"虽灭死，万万无恨！"

虽然韩愈排斥佛老异端，但后世一般认为他的"道统论"除了受到孟子的影响之外，多少也受到了禅宗"法统"、"传灯"思想的影响。韩愈的"道统论"，以及他对道统失传的原因的分析，包括他对整个汉儒的基本评估，被后来的宋儒全盘接受；而其接续道统的当仁不让精神，更是被宋儒迭相模仿，影响至今不灭。

42　李翱提出的"性善情恶"是什么意思？

李翱字习之，曾师从韩愈学古文，又是韩愈的侄女婿，他协助韩愈推进古文运动，与韩愈亦师亦友，人称"韩李"。在李翱的时代，佛道二教实力强大，儒学没落，李翱与韩愈一样，以弘扬儒学为己任。李翱在儒学方面最大的贡献是试图重建儒家的心性理论。心性理论是思孟一系儒学的核心，韩愈虽然很重视孟子的思想，但是对于心性的看法与孟子不一样，"孟子道性善"，韩愈却认同董仲舒的说法，认为性有三品，上品有善，中品可以向善，下品不善，这与"人皆可以为尧舜"的教训相悖。

在《复性书》中，李翱为了解决韩愈学说中存在的理论问题，提出了"性善情恶"之说。他坚持性善说，主张恶的出现是因为情的缘故。李翱认为，性与情两者不可相离，但性是根本的，性是情的根据，情是性的表现。"性与情不相无也。虽然，无性则情无所生矣。是情由性而生，情不自情，因性而情，性不自性，由情以明。"就善恶而言，性是善的根源，情是恶的根源。"人之所以为圣人者，性也；人之所以惑其性者，情也。喜、怒、哀、惧、爱、恶、欲七者，皆情之所为也。情既昏，性斯匿矣。"意思是说，人性本无差别，都是善的，这是人可成为圣人的根据。而人之所以会流于不善，是因为情扰乱了性。

按照这种说法，圣人与常人的区别就在于"情"上。圣人也有情，但圣人的境界是"寂然不动，广大清明"，所以"虽有情也，未尝有情也"；常人则是沉溺于情而不知本性。李翱认为，人如果能够灭息邪妄之情，性的本质就可以恢复，这就是"复性"说。李翱"复性"说的要点是：为了恢复本性之善，必须"灭情"。复性的方法有两个，一是"弗虑弗思"，二是"动静皆离"；简单地说前者是要求心灵不与外物接触，后者是要求与外物接触后保持心灵"寂然不动"的状态。

43 为什么说"孔颜乐处"是儒家追求的境界？

在宋代道学中，"孔颜乐处"是相当重要的。二程兄弟在年轻的时候，曾问学于周敦颐。程颢后来回忆说："昔受学于周茂叔，每令寻颜子、仲尼乐处，所乐何事。"周敦颐所说的"孔颜乐处"，指的是一种精神境界、一种人生理想。

儒家一向有追求"乐"的传统。《论语》中的"学而时习之，不亦说乎？有朋自远方来，不亦乐乎"，讲的是学习之乐和有朋之乐。"饭疏食饮水，曲肱而枕之，乐亦在其中矣！不义而富且贵，于我如浮云"，讲的是安贫守义，不屈节之乐。"知之者不如好之者，好之者不如乐之者"，讲的是知识与性情的满足之乐。还有暮春时节，"浴乎沂，风乎舞雩，咏而归"的享受自然山水之乐。这些乐表现了孔子哲学中对于人生所抱有的积极态度。颜渊是孔子最得意的弟子，《论语》记载，颜渊"一箪食，一瓢饮，在陋巷，人不堪其忧，回也不改其乐"。可见他的安贫乐道，与孔子一脉相承。到了孟子，他一方面提出"乐以天下，忧以天下"的经世思想，另一方面又以"万物皆备于我"、"反身而诚"的自我修养为人之大乐。同时，孟子还提出人生有三乐："父母俱在，兄弟无故，一乐也；仰不愧于天，俯不怍于人，二乐也；得天下英才而教之，三乐也。"这三种乐趣之大，居然连"王天下"也比不上它们。魏晋时期，即便玄学追求自然放达的思想流行一时，仍有儒者认为"名教中自有乐地"。这种乐不止是个人物质欲望和精神欲望的满足，还有更高的境界。宋代范冲淹提出的"先天下之忧而忧，后天下之乐而乐"，表达了儒者对于乐的理解的最高境界。

从上述儒学思想史来看，儒家对于现实人生的追求，态度是积极的，他们追求人生之乐，这个乐是在世俗的现实世界中的，它不是道家的成仙（白日飞升），也不是佛教的成佛（往生极乐净土），而是在人生当下的追求中得到的满足。当然，这种满足有两个方面，如周敦颐所说，就是"志伊尹之所志，学颜子之所学"。其中，伊尹是儒家入世辅君济民的典范，颜渊则是儒家追求自我修养的榜样。这两者也就是儒家"内圣外王"的至高境界。所以，"孔颜乐处"讲的是做人的一种境界，这种境界就是成为圣人。周敦颐说："圣希天，贤希圣，士希贤。"成圣、成贤应该是读书人的理想，而圣人与"天"合德，所以读书人的最高境界也就是天人合一的境界。成为圣人需要在内圣外王（德性和事功）两个方面有所成就。然而，宋代之后，人们心目中的圣人的标准开始有所改变。唐代以前，周公孔子并称，而其后，孔子和孟子、颜回并称。颜回最重要的成就在自我修养方面，"寻孔颜乐处"成为理学家的核心话题，这也就意味着，在宋代之后，儒学思想越来越向内发展，对于事功（外王）方面的强调日渐趋弱。

44　为何君子独自一人时也要小心谨慎呢？

儒家哲学常常讲到"君子"。君子不如圣人、神人那么缥缈无迹，他们具有完善的品格，是值得我们学习的榜样。儒家对于君子有很多要求，其中之一就是"君子慎其独也"。这句话是什么意思呢？

"慎独"的概念在《大学》和《中庸》里都被提到过，意思是在一个人独处的时候也要小心谨慎。一个人要成为君子，不仅在人群中

要谨言慎行，处处以自己完善的品格、道德来处事，即使是在自己一个人独处的时候，这些行为规范和内心的道德标准也须臾不可背离。

如果一个人在工作单位里表现出良好的公共素质，回到家里，却总是做一些诸如把垃圾从自家窗户扔出去这样违背公德的事情，那么他的所谓良好素质就只是表面工夫而已，并没有内化为内心的准则，是做给别人看的。又比如有的人在外对朋友同事都客客气气，有礼有节，回到家里对家人却恶语相向，态度恶劣，那么他的所谓礼貌和宽容也都是不彻底、不真实的，并不是出自本性的。儒家认为，君子就是要能够做到表里如一，始终一致。好比过马路时要看红绿灯，即使马路上一个人都没有，红灯亮了也照样要停下。君子慎独，这不仅仅是对于想要成为君子的人的要求，更是对于真正的君子境界的一种描绘。

45 为什么说张载是在批判佛家和道家的过程中建立起自己的哲学体系的？

张载字子厚，生于长安。因久居陕西凤翔府郿县横渠镇讲学，学者多称他为横渠先生。张载生活的北宋中期，宋王朝与北方少数民族矛盾十分严重，他因生长在西北地区，对西北边患十分关注。史传他"少喜谈兵，至欲结客取洮西之地"。他在青年时代常与朋友共同研究兵法，慨然有军功之志。他曾上书谒见当时担任陕西招讨副使的范仲淹，陈述关于用兵的谋略和计划。范仲淹"一见知其远器"，劝他说："儒者自有名教可乐，何事于兵？"即认为张载可以在儒学方面有更大作为，为此，范仲淹还引导他潜心于《中庸》。从此张载用功于《中庸》之书，深造有得。然而，他不以此为满足，"又访诸释老之书，累年尽究其说，知无所得，反而求之六经"，终于彻底确立他对佛老的批判立场，并在对佛老的强烈批判中建立了自己的哲学体系。

张载哲学思想中最重要的命题是"太虚即气"。他认为，宇宙的构成分为三个主要层次：太虚、气、万物。太虚聚而为气，气聚而为万物；万物散而为气，气散而为太虚。这两个相反的过程构成了宇宙的基本运动。根据这一思想，太虚、气和万物都是同一实体的不同状态，物质实体"气"在时间和空间上都是永恒的。这一思想承认世界是由运动变化的"气"这一实体流行构成的，这一方面反对了道教"肉体长生"的幻象，另一方面也反对了佛教的"空"、"虚"说法。

"太虚"一词本来指虚空，即广阔的宇宙。张载认为，虚空并不是一个绝对的空间概念，它并非像普通人理解的那样，如同一个空无一物的大柜子，而是在其中充满着一种无法直接感知的极为稀薄的气。他还认为，无形无状的太虚实质上是气的本来存在状态，他称这本来状态为"本体"，而气不过是这种清稀微细的太虚之气凝聚而成并可以被看到象状的暂时形态。虚与气是统一的。万物与气之间是一种类似的聚散关系。因而，宇宙中并不存在什么真正的虚空或虚无。有形有象的物质形式可以被人直接感知，这是"有"；气散归为太虚，人无法直接看到它，但这并不是真正的"无"。所以宇宙是一个无限的实在，其中只有"幽明之分"，并没有什么"有无之别"。在他看来，传统思想中所谓的"有"与"无"，都是气，他把这叫作"有无混一"。

儒家思想原本对"性与天道"这一问题的阐释较为欠缺，无法对佛老的理论作出回应；而张载对天道问题进行了较为切实的理论思辨，并据此应对佛老思想的挑战。在这一意义上来说，张载在宋代儒学中的地位是非常重要的。

46 张载为何主张穷尽事物之理？

《易传》中有"穷理尽性以至于命"一说，其中"穷理尽性"的说法很为后世儒者所重视。张载就说："万物皆有理，若不知穷理，如梦过一生。"这里的理，简单地说就是道理，它不仅包括自然的道理，而且包括人生的道理。张载认为万物皆有之理是客观的，是客观存在于事物之中，不由人的意志所决定的。

张载认为穷理是一个过程，并非一蹴而就的。他说："穷理亦当有渐，见物多，穷理多，从此就约，尽人之性，尽物之性。"也就是说，只有通过广泛地穷尽事物之理，才能尽人物之性，这里所说的尽性是指明彻宇宙万物的本性，狭义的理解是指认识人的本性。在这个过程中，穷理是手段，尽性是目的，所以张载强调"先穷理而后尽性"，主张由穷理而尽性的"自明诚"。

那么，我们应如何穷理呢？当然是通过格物，通过心灵与外物的接触，进而通过思维去把握认知对象。张载把人的认知能力分为二种：德性之知和见闻之知。张载说："人本无心，因物为心。若只以闻见为心，但恐小却心。今盈天地之间者皆物也，如只据己之闻见，所接几何？安能尽天下之物？所以欲尽其心也。"意思是，人的知识来自外部世界，如果没有外物作为认知对象，思维便没有具体内容了。但思维并不是被动受限于外物，而是具有能动性的。思维的深度和广度取决于思维对象的内容，如果仅限于所闻所见，人对事物的了解和知识就狭小有限。所以要对宇宙和万物有所了解，就必须努力扩展自己的思维，超越感官的局限，超越"闻见之知"，运用"德性之知"，彻底发挥思维的能动作用，这就是"尽心"。

在张载看来，"闻见之知"指的是感官经验的认知，"德性之知"指的是超越感官局限的认知。张载并不否认闻见之知的实在性和可靠

十万个人文社科为什么

性，但是他认为对于天下之物的整体把握必须依靠德性之知，依靠心灵的直觉能力"体天下之物"。感官所能直接把握的对象是十分有限的，"尽心"以穷理，正是要求人通过直觉的方法尽可能地扩展思维的广度与深度，使之超出感性表象的范围。

47 为什么说"民胞物与"是古代哲人一种很高的思想境界？

在理学家的著作中，经常看到他们将"为天地立心，为生民立命，为往圣继绝学，为万世开太平"这句话作为读书、思考的目的。这句话是张载说的，它表达了理学的最终目标：实现社会理想，成就道德人格。张载主张，人的存在由"太虚"禀得"天地之性"，并可以通过"大其心"了悟"德性所知"。这一思想进路，一方面体现为以宇宙整体为对象的哲学思考，另一方面揭示出一种人生境界——力图把个人融入宇宙之中，从而确立个人在宇宙中的地位。

张载最著名的著作是《正蒙》，它的最后一篇是《乾称》，张载曾将其开首的一段文字抄出来，贴在西窗上，名曰"订顽"。程颢和程颐兄弟对这段文字极为欣赏，认为孟子以后还没有哪个儒者能达到这样的境界，程颐还把它改名为《西铭》。《西铭》强调"民吾同胞，物吾与也"的大同思想。张载从"太虚即气"的思想立场出发，认为宇宙万物都是由气构成的，人当然也不例外，而构成人的气也就是构成万物的气。因而从个人的角度来看，天地就如同我的父母，一切人都是我的同胞，宇宙间万物都是我的朋友。通过对"民胞物与"这一命题的论证，张载进一步提出了一种宇宙大家庭的理想。在这个大家庭中，人们骨肉相连，休戚与共，国君可以说是这个大家庭中的长子，而圣人之所以能成为圣人，是因为他与天地合德。由于万物共性，人人同等，因此人应该尊老扶幼，应该同情和照顾鳏寡孤独残疾者，应该普爱众生，泛爱万物，这是个人对于这个大家庭应尽的义务。对每一个人来说，不论贫富贵贱，都应乐天安命，泰然处之，活一天就必须尽一天的义务，直到问心无愧地死去。

张载的"民胞物与"思想洋溢着人文关怀，表达的是一种合理地处理个人与社会、内在与外在关系的积极进取的人生观。它所要解决的实际问题是如何从个人的立场来看待宇宙，又如何运用这种对宇宙的观察来安顿社会和人生。它表达了一种很高的思想境界，个体的道德自觉在其中得到了极大的强化和提升。

48 宋明时期的儒家学说为什么又被称为"理学"？

中国古代知识分子都是以知"道"为最高精神追求的，理学家也一样，对他们来说，"道"首先是儒家的精神传统。大程子（程颢）死后，小程子（程颐）在为其兄所作的墓表中说道："周公没，圣人之道不行；孟轲死，圣人之学不传。道不行，百世无善治；学不传，千载无真儒。……先生（程颢）生于千四百年之后，得不传之学于遗经，志将以斯道觉斯民。"意思是其兄承接孔孟不传之学，重新使儒家道统得以延续。"理学"也称"道学"，这个"道"又叫作"理"或"天理"。二程特别重视并着力建构了关于"理"的学说基础。程颢曾说："吾学虽有所受，天理二字却是自家体贴出来。"大程子更重视诚意正心，小程子更重视格物致知，但二程思想有一个共同的核心——"理"，整个宋明理学继承了二程对"理"的这种重视，这也是人们把这一时期的儒家学说称为"理学"的根本原因。

程颢提出："有道有理，天人一也，更不分别。"意思是天理是一个贯通自然和人类社会的普遍原理，这个普遍原理是天人合一的基础。

在程颢看来，天人合一、万物一体的基础不是张载所说的气，而是理。他说："所以谓万物一体者，皆由此理。"又说："道之外无物，物之外无道，是天地之间无适而非道也。"就是说，道和物永不相离，道普遍存在于一切事物之中，离开道就无物存在，离开物，道也无所凭借。

宇宙之间的各种事物不同，因此"理"也有多层涵义。简单地说，"理"可以分为两类。第一类"理"指的是自然界中存在的具体事物之所以然。在这层意义上，二程常常将其称为"物之理"或"物理"。二程认为，"天下物皆可以理照，有物必有则，一物须有一理"。第二类"理"指的是人类社会中发生的具体事情之所当然。在这层意义上，二程常称之为"事理"或"人理"。事理又可以细分为两类，一是"义理"，二是"性理"。前者指的是社会的道德原则或规范，后者指的是人的本性或道德本质。

在二程看来，自然规律、社会规范、人性及理性虽然各有其范围，但实际上又是统一于普遍的"天理"的。这个普遍有效的天理支配着宇宙、社会与人生，决定了一切事物与人的本性，又是理性的根源，因而具有上古时代"天"所具有的本体地位，是近世哲学的最高范畴。

49 为什么程颢认为博施济众并非"仁"的最高境界？

在《论语》中有一则孔子和子贡的对话。子贡曰："如有博施于民而能济众，何如？可谓仁乎？"子曰："何事于仁，必也圣乎！尧舜其犹病诸！"意思是，子贡问，如果一个人能够博施济众，让老百姓都过上好日子，这个人是不是可以称得上"仁"。孔子回答道，如果做到这一点，这个人就不止是"仁"，而是进入到"圣"的境界了，因为尧舜都难以做到这一点。可见，在先秦儒家的仁学中，博施济众是"仁"的最高境界。但在程颢看来却并非如此，这是为什么呢？

程颢认为，博施济众只是"仁"的"用"（表现），还不是"仁"的"体"（根本）。在根本上，"仁"体现为一种最高的精神境界，这种境界就是"与万物为一体"、"浑然与物同体"。程颢认为，"仁"这种境界的根本特征是要把自己和宇宙万物看成是一个息息相关的整体，把宇宙的每一部分看作是与自己有直接联系的，甚至就是自己的一部分。有了这种境界的人，他所了解的"我"或"己"不再是个体的小我，而是作为一个整体的大我，因为万物都是"我"的一部分。程颢说，这一点可以比照古典中医理论中以手足麻痹为"不仁"的说法来理解。在肢体麻痹的情况下，人就不会感到肢体是自己的一部分，这就是"不仁"。所以一个真正具备"仁"的境界的人，必然会真切地感受到"与物同体"，万物"莫非己也"。

程颢的"仁者，以天地万物为一体"的思想，与张载的"民胞物与"思想是相通的。张载主张"视天下无一物非我"，其《西铭》篇把宇宙每一部分都看成是与"吾"休戚相关的。程颢的仁学受到《西铭》的影响，不过二者的切入路径不同。《西铭》的理论基础是"太虚即气"，更多的是从宇宙的构成性角度进行思考的；而程颢的仁学更多地强调个体的感受体验，认为仁者并不仅仅要将自己与万物视为一体，而且必须切实地把自己与万物感受为一体。因此，程颢的仁学境界更多地基于心理体验，而非宇宙的客观构成。

50 作为政治家和思想家的王安石，其名声和地位为何会一度受到贬损？

王安石，字介甫，号半山，抚州临川（今属江西）人，是北宋著名的政治家、思想家、文学家。他在仁宗时上《言事书》，要求变更天下之弊法，未被采纳；神宗时被召为翰林学士、参政知事，后任宰相，推行新法。王安石变法得到皇帝的充分信任和支持，这是秦汉以来十分罕有的。王安石在北宋政局中的重要地位，使他实现了儒者"得君行道"的梦想，但他受朝野攻击的最大原因也正在于此。他被授予全权主持变法事宜，新法实施过程中出现的种种问题自然首先归责于他，由此他也就成了神宗皇帝改革失败的替罪羊。

北宋中期，边患严重，国力不振，加上冗官冗费等朝政弊端，统治危机日益显现。朝中一些有为之士锐意变革，但积重难返，范仲淹等人主持的庆历新政就曾半途而废。直到王安石执政，朝政才得以真正地开始变革。王安石的新政有效地增加了政府的财政收入，振兴了国势，但一些做法由于超越了当时社会实际，推进困难。当时朝中官僚内部派系斗争严重，加之王安石个性刚毅，是个"拗相公"，听不得异见，且用人不察，致使反对他的势力越来越大。最终王安石被罢相，变法失败。变法的后果确实不尽如人意，而且导致朝廷党争愈加严重，加重了北宋政权的统治危机。至徽宗靖康元年（1126年），金兵攻破宋都汴京，两帝被掳，北宋灭亡。从此以后，政治变革成为敏感话题，王安石的名声在时人的诽谤和误解中也受到贬损，他遭到后来一些学者的排挤，在思想史上的地位也一度被严重忽视；直到近代，他才真正得到平反。

王安石的"荆公新学"思想作为科举制度的考试内容，在北宋很是盛行。所谓"新学"，一般是指由王安石主持编定的《三经新义》（即《诗义》、《书义》、《周官义》）以及王安石为释经而作的《字说》。《三经新义》的撰修，体现了王安石"以经术造士"的思想。王安石的思想与二程、张载等理学家的观点有很多共同点，他们对传统训诂之学都予以否定，对于佛老思想都予以批判性地吸收，对于孟子其人其书都十分推崇，等等。王安石对这些问题的研究都颇有成就，而且在当时影响不小，以致其理学思想反而退居其次。但是南宋以后，"荆公新学"逐渐被废黜，不再作为科举考试的标准。朱熹表彰"伊洛之学"后，"荆公新学"就不再显达，在程朱之学成为科举考试标准之后，王安石的思想就更加寂然无声了。

王安石思想与以二程为代表的理学之间的不同体现在两个方面：首先，王安石认为"理天下之财，以利天下之人"即是义，主张"理财乃所谓义也"，这与理学家重义轻利的观点是相悖的。其次，王安石在人性论上主张"以生为性"，人性即是人的自然生命；在性与情的关系上，他认为性是情的本体，情是性的运用；性本无善恶，但可以为善，也可以为恶，善恶的关键在于后天的"习"。这些与理学家的性善论传统和注重内省的工夫论是有区别的。

51 朱熹为什么认为"理"是先于"气"而存在的？

朱熹，字元晦，祖籍安徽婺源（今属江西），因出生于福建尤溪，又长期在崇安、建阳讲学，故后世也将朱子学派称为"闽学"。朱熹是宋代理学的集大成者，也是中国学术史上最重要的思想家之一。

朱熹资信方正，一生安贫乐道。虽身历四朝，但"仕于外者仅九考，立朝才四十日"。古代官吏三年一考绩，九考则为二十七年。他主要在地方任职，没有接近权力中枢，在朝中做官才四十日，然而他非常关心国事，心寄天下，听闻时政有阙失就面露不豫。他一生以著述、讲学为乐，涉猎范围广泛，遍及经史子集。其用一生心血加以注释的"四书"，在宋以后成为高于"五经"的经典，更成为后来科举考试的标准。

朱熹是二程的四传弟子，他以二程思想为基础，充分吸收北宋其他理学家的思想资源，构建起了一个庞大的理学体系。在北宋儒家学者中，张载重视气，但忽视理；二程重视理，但忽视气。朱熹认为，宇宙及万物都是由理、气两方面共同构成的。一切事、物、器都是由理与气构成的，气是构成一切事物的材料，理是事物的本质和规则。他说："天地之间，有理有气。理也者，形而上之道也，生物之本也。气也者，形而下之器也，生物之具也。是以人物之生，必禀此理，然后有性；必禀此气，然后有形。"中国人都认为天地万物是禀气而生的，个人的气禀不同则性命不同。那么，为什么气禀之生物会成为如此这般的样子呢？这是因为它产生之前就已经为某种规则（理）所规定了。进而出现的一个问题是：理与气孰先孰后？举个现代的例子，是先有飞机之理呢，还是先有飞机？朱熹认为，虽然在现实世界中或就事实上的先后来说，理和气是不能分离的，天下任何事物都是由理、气两方面结合而成的，没有无理之气，也没有无气之理。但从本源上说便不同了。朱熹曾回答他的学生说："未有天地之先，毕竟也只是理，有此理，便有此天地；若无此理，便亦无天地，无人无物，都无该载了！有理，便有气流行，发育万物。"也就是说，从逻辑上的先后来看，理是先于气存在的。

52 为什么说格物论是朱熹思想体系的重要理论特征？

秦汉之际成书的《礼记》中有一篇《大学》，宋代的理学家把这一篇抽出来，加以特别表彰，把它列为"四书"之一，提高到与《论语》、《孟子》相同的地位。《大学》提出了两个重要的实践性概念——"格物"与"致知"，理学家们认为，从这两个基本概念出发可以推衍出一套新儒家的认识论和修养论。在这个问题上，朱熹与小程子（程颐）有相同的看法。他强调并发展了小程子关于格物的思想，使得格物论成为朱子学思想体系的重要理论特征。

"格物"的目的是了解事物的"所以然"和"所当然"。"所以然"主要是指事物的普遍本质和规律，"所当然"主要指的是社会的伦理原则和规范。朱熹主张的"格物穷理"的涵义，就其终极目的和出发点而言在于明善，而就格物穷理的中间过程所囊括的范围来说，则又包含认识事物的规律和本质，积极肯定见闻之知是扩大知识储备的必要途径，表现出明显的"道问学"取向。朱熹所理解的"格物"有三个要点：第一是"即物"，就是接触事物；第二是"穷理"，即研究物理；第三是"至极"，即所谓"穷至事物之理，与其极处无不到也"。朱熹用以训"格"的"至"即指"极至"。朱熹认为格物的基本意义是要穷理，但穷理要到具体事物上去穷，同时，穷理又必须穷至其极。因为理普遍存在于一切事物之中，事物无论大小、精粗，莫不有理，因此格物的对象是极为广泛的，上至宇宙本体，下至一草一木，其中都有"理"可供研究。因此，格物的途径是多样的，其中主要的途径是阅读书籍、接触事物和道德实践。

　　朱熹认为先贤流传下来的《大学》注释文本中缺失了对"格物"的原有解释，于是他根据二程的格物论，在其《大学章句》中作了一篇《补格物致知传》。在古代，给经典作注释有一个规矩，即"注不离经，疏不破注"，对于擅自增改文字以阐释经典是很忌讳的，所以朱熹给古本《大学》补传，引起了极大的争议。在明代，朱子学的主要理论对手王阳明就从肯定古本《大学》不曾阙失文字入手，来驳斥朱熹的理论。后世对于朱熹格物论的批判和质疑主要集中在两个方面：一是天下之物无穷，今日格一物，明日格一物，何时才能达到"一旦豁然贯通焉，则众物之表里精粗无不到，而吾心之全体大用无不明矣"的境界？二是朱熹一味地强调向外格物穷理，这与儒家重视培养内在德性的理路是否相悖反？

53 陆九渊为什么认为"宇宙便是吾心，吾心即是宇宙"?

当朱熹之学在南宋思想家中的声势不断壮大之际，偏处江西一隅的陆九渊也开始显露锋芒。陆九渊思想独树一帜，学术界通常称其学说为"象山心学"。他与朱熹的思想路径不一，俨然是势不两立的论敌。

陆九渊，字子静，江西抚州金溪县人，因讲学于贵溪象山，自称"象山居士"，故学者多称之为"象山先生"。他出生在一个大家庭中，兄弟共 6 人，3 岁时丧母，由兄嫂抚养成人。陆九渊 34 岁中进士，36 岁任靖安县主簿，次年参加了由吕祖谦主持的"鹅湖之会"，与朱熹展开了激烈的学术讨论，在思想界引起了极大的反响。44 岁后调京师任国子正和删定官，53 岁调到荆门任知军，一年后病故于任上。陆九渊和其兄陆九韶、陆九龄并称"三陆子"。

不同于朱熹通过格物致知而穷理尽性的路向，陆九渊以孟子之学为依归，从内心反省入手，不太注重格物致知的"向外求"的"道问学"路向。与朱熹的著作等身相比，陆九渊不太注重著述，他常常"述而不作"，并反对对经书作过多的解释和对概念义理作过分的分析。在鹅湖之会上，他与朱熹因为这些分歧不欢而散。他曾坦陈自己的心得为"因读《孟子》而自得之"，并且很自信："窃不自揆，区区之学，自谓孟子之后，至是而始一明也。"由此可见，陆九渊的思想主要承接于孟子，他的主要论点"本心即理"、"发明本心"、"先立其大"等皆可从孟子那里找到源头，故王阳明说："吾尝断以陆氏之学，孟氏之学也。"与其在学术上提倡简易直截的思想风格相似，陆九渊为人气象高迈，直拔俊伟，具有不为物所羁络，亦不为外物所屈的精神，但也常常表现为目无古人，独来独往，人言不入，因此不免被人诉病自信太过。

陆九渊在哲学思想上表现出早慧的特点，据记载，他在三四岁时，便开始"思天地何所穷际不得，至于不食"。8岁读《论语》，怀疑有子之言为支离，又认为程颐之言与孔孟不类。在13岁时，他就写道："宇宙内事乃己分内事，己分内事乃宇宙内事。"后来又提出"宇宙便是吾心，吾心即是宇宙"的观点，这两句话几乎成为"象山心学"的标志。陆九渊哲学的根基在于"心"，这个心即"本心"。在陆九渊看来，"本心"就是孟子所说的"人之所不学而能者，其良能也；所不虑而知者，其良知也"。此心乃是"天之所与我者，我固有之，非由外铄我也"。也就是说，本心乃是天给予我的一种先验的道德理性或价值自觉能力，人若能依此本心而视听言动，则合于道德要求；而人之所以不道德，则是由于外在的私欲遮蔽了本心。

陆象山讲"宇宙便是吾心，吾心即是宇宙"，究其内涵有两层意思：一、本心乃是每个人都具有的一种先天的道德能力，人同此心，心同此理。"东海有圣人出焉，此心同也，此理同也；西海有圣人出焉，此心同也，此理同也。千百世之上，至千百世之下，有圣人出焉，此心此理，亦莫不同也。"二、"吾心便是宇宙，宇宙即是吾心"还意味着个人的本心是与宇宙之理本身合一的，道德秩序即是宇宙秩序。就"吾心"与宇宙的关联而言，吾人的价值与宇宙的秩序相连，个人在宇宙中的地位之重要可见一斑，所以个人有责任自强自立，实现本心所具有的良知良能，并将其扩展至天地之间，这是每个人的分内之事、职责所在。

54 王阳明为什么认为去"心中贼"比去"山中贼"更难？

王阳明，就是王守仁，字伯安，祖籍浙江余姚，青年时随父亲迁家至山阴（绍兴），后来结庐于距山阴不远的会稽山阳明洞，自号阳明子，学者都称他为"阳明先生"。他是明代最有影响的理学家之一，也是明代心学运动的代表人物。

王阳明青年时期热心骑射，留意兵法，泛滥词章，出入释老。28岁中进士，授刑部主事，后改迁兵部。34岁时，抗疏反对把持朝政的宦官刘瑾，为此受廷杖四十，被贬到偏远的贵州龙场驿。在贵州，王阳明经过"动心忍性"的刻苦磨练，终于悟出了"圣人之道，吾性自足"的道理，这标志着其心学思想的初步形成，史称"龙场悟道"。这一年，他37岁。正德十四年（1519年），江西的宁王朱宸濠在蓄谋多年之后，发动叛乱，以10万大军，自江西东下南京。当时正在江西的王阳明立即起兵讨伐，在强弱悬殊的情况下，运用智谋，率兵于35天内，三战而生擒朱宸濠，将这场震动朝野的大叛乱彻底平定。他因此受命兼巡抚江西，后以大功升南京兵部尚书，封为新建伯。晚年奉命兼都察院左都御史提督两广，平息了广西少数民族暴动，功成病归，死于江西南安。王阳明一生所创造的事功业绩，在宋明理学家中是绝无仅有的。

王阳明一生军功卓著，但是他却认为"破山中贼易，破心中贼难"，也就是说，相较于平定山野贼人的叛乱和暴动，使内心不受蒙蔽和污染要难得多，这是为什么呢？王阳明思想中最重要的便是"心"的概念，"心"也就是人的良知。他认为山中贼不过是外在于吾心的对象，可以通过精心的计划和持之以恒的手段加以平定，但是心中贼就难对付得多了。王阳明直承孟子，认为人心皆善，然而一旦人受到蒙蔽不知反省，就会失去本心。要恢复和保持光明的本心，就应当时时警醒，刻刻慎独，破除心中之贼，切不可松懈。这个要求对每个人而言都是十分严格的，但唯有如此，才能成就德性光辉。

55 为什么王阳明认为世间"心外无物"？

明代哲学家王阳明提出了一个很有名的命题——"心外无物"，在学界曾引起很大的争议。一日，王阳明与友人同游南镇，看到山谷中有棵树，树上盛开的花儿在阳光中摇曳多彩，漂亮极了。友人认为，这些美丽的花儿在山谷中自开自落，顺应自然，其美丽与欣赏它们的人并无关系，美丽花儿的存在并不需要凭借赏花人之心，因此，友人暗示王阳明，"天下无心外之物"的说法是不正确的。王阳明对此的回答是：如果赏花人没有看到这花儿，就不会发现这花儿的美丽，花儿的存在与否就不在赏花人的视域范围之中，花儿便与赏花者处于互不相关的状态；只有赏花人与这花儿相遇，这花儿的颜色、姿态和气味才会进入到赏花人的认知视域之中，因此，花儿不是独自存在的，它依赖于赏花人的感知之心。

花儿的存在不是抽象的，总是表现为种种具体姿态，比如碧绿的叶子、修长的花茎、红红的花骨朵、随风摇曳的样子以及沁人的香气，而这些具体姿态的存在都依赖于人的感知。从这个意义上来说，这花儿的存在就依赖于赏花者的感知。这一观点与英国哲学家贝克莱大主教所说的"存在即感知"不谋而合，因此有人就把王阳明的思想和贝克莱的思想一同归为主观唯心主义，指责他否定了世界的真实存在。

不过，从另一个角度来说，世界总是人的世界，人的认知和实践是构成意义世界的重要因素。就事物所具有的意义而言，"心外无物"意味着存在着的世界是因为有人而具有意义的，没有人就没有意义。花儿之所以呈现出美的姿态，对人具有价值，是因为它是人的审美观念的映射，如果没有人的欣赏，花儿便无所谓美与不美。因此，王阳明认为，如果没有人心的感知，世间万物的存在就是没有意义的。

世界的存在因人的存在而具有意义，进而言之，人对于世界的存

在，小到日用常行，大到宇宙运动，都肩负着自己的责任。从王阳明"心外无物"的观点引申开来看，人对于外物负有责任，应当体恤自然，人与万物同为一体，应与万物和谐相处。

56 王阳明为什么要去"格"竹子？

王阳明年轻时接受的是传统的儒家教育。由于程朱理学与科举制度的结合，当时的年轻学子无不从研读程朱理学的课本着手，准备应试科举，王阳明也不例外。据说在年轻时，他深信朱熹"一草一木，皆涵至理"的说法，认为只要通过"即物穷理"的方法，就可以把握事物之理，逐步成就圣贤。21岁时，王阳明和他的一位朋友一起，以庭前的竹子为对象，冥思苦想地"格"了7天，结果两人不但没有穷到"理"，反而都因此累倒了。此后，王阳明便被一个问题深深地困扰着：理究竟在哪里？

后来王阳明被贬到贵州龙场，那里地处西南，条件艰苦。在困苦之中，王阳明不断地思考，若孔子处于如此环境中将有何作为。经过一段时间的默思苦想，忽然有一天晚上，他顿悟了"格物致知"之旨，"始知圣人之道，吾性自足，向之求理于事物者，误也"。这次悟道史称"龙场悟道"。"龙场悟道"从形式上来说，是一种神秘经验的获得，它引导王阳明得到一个实质性的结论，那就是：理本来不是存在于外部事物中，而是完全地内在于自己心中的。龙场悟道以后，他提出了"心即是理"和"心外无理"的思想。

王阳明反对朱熹的格物致知，原因在于，他认为"理"是一种道德原则，而不是外在于人的。当有学生问他"心即是理"与朱熹所说的"事事物物皆有定理"有何差别时，王阳明说："于事事物物上求至善，却是义外也。至善是心之本体。"在王阳明看来，至善之理不可能存在于外部事物，道德法则是纯粹内在的，事物的道德秩序来自行动者赋予它的道德法则。如果把道德法则看成是源于外部事物的外在之理，就犯了孟子所批判的"义外说"的错误，即把"义"所代表的道德法则看成是外在性的。所以，人之穷理求至善，只需在自己心上去发掘，去寻找。

57 王阳明的学生为何会对老师的"四句教"有不同的解释？

王阳明晚年提出了"四句教法"，这四句话是："无善无恶心之体，有善有恶意之动，知善知恶是良知，为善去恶是格物。"王阳明在去世的前一年，即嘉靖六年（1528 年）秋被任命为总督两广军务，奉命赴广西平乱，临行前一晚，他在越城天泉桥上应弟子钱德洪（字洪甫）、王畿（字汝中）之请，详细阐释了"四句教法"的内涵，史称"天泉证道"。

王阳明弟子众多，钱德洪和王畿是其得意门生，王阳明在军中无法讲学时，就由钱德洪和王畿等人代行师职。但是，钱、王二人对"四句教"的理解存在分歧。王畿认为心体与意、知、物是体用关系，心体无善无恶，意、知、物也应当是无善无恶的，所以他主张将后三句改为："意即无善无恶之意，知即无善无恶之知，物即无善无恶之物。"他认为王阳明的"四句教""恐未是究竟话头"，主张心、意、知、物都是无善无恶的，这种看法被称为"四无"。而钱德洪则认为，意有善有恶，所以才需为善去恶，否定意有善恶，就根本否定了工夫*。他对心体无善无恶的说法也有怀疑，在他看来，说"心体至善无恶"可能更好些。这种观点被称为"四有"。就二人的观点来说，王畿认为心之本体无善无恶，主张直接体认良知；而钱德洪则较为注重工夫，主张从工夫修养出发，去除心之遮蔽，复归本体之良知。两人路向不同，故请王阳明为他们证道。

王阳明告诉两位得意门生，他这里接引的人原有两种路向。首先一类是利根之人，利根之人就是有天赋的人。"利根之人直从本原上悟入，人心本体原是明莹无滞的，原是个未发之中；利根之人一悟本体即是工夫，人己内外一齐俱透了。"另外一类是"受习心所蔽"之人。此类人"不免有习心在，本体受蔽，姑且教在意念上实落为善去恶，工夫熟后，渣滓去得尽时，本体亦明净了"。王阳明认为王畿和钱德洪

---

* 中国古代思想史上，"工夫"多指人的认识活动和主观努力。

二人的见解均有道理，其路向不同正适合接引这两类不同的人。王畿之见可用以接引利根之人，钱德洪之见可为"受习心所蔽"之人立法。从王阳明的说法来看，王畿对"四句教"的解读适合那些能直接体会良知本体的人；而钱德洪的解读则适合那些良知为习见所蔽的人，他们需要通过工夫去蔽以恢复良知。前者较为高明，而后者较为笃实；前者重视本体，后者重视工夫，王阳明认为这两种解读针对的是不同资质的人。不过在王阳明看来，最好还是取二者的综合。对王阳明"四句教"的两种解释，是后来王学分化的源头。王畿所代表的一派注重本体，主张先天良知；而钱德洪所代表的一派注重后天的诚意工夫。

58 为什么李贽的学说会被视为异端？

在中国哲学史上，李贽是一位名人。在现代以前，李贽之所以有名，是因为他是"异端"，是"名教罪人"，即社会的叛徒，类似于今天所说的反社会反人类的人；进入现代后，李贽一度变得名气很大，是因为他勇敢地反对了当时的社会教条，所以被推崇为追求个性解放和思想自由的先锋。

李贽是明代思想家、文学家，号卓吾，泉州人。原姓林，名载贽，中举后改姓李。祖籍河南，世代为巨商，自祖辈起，家势渐衰。曾任南京刑部员外郎、云南姚安知府，后辞官不仕，专志著述。后因著述内容离经叛道而被捕入狱，在76岁时自杀于狱中。

李贽的主要罪名是思想犯禁，他"犯禁"的思想主要有三。一是他倡导"童心说"，认为人先天具有天真纯朴的童心，但是随着年龄的增长，受到了来自外界所见所闻的侵扰，会逐渐失去"童心"。因此，为了保持"童心"，必须减少和排除通过闻见所获得的知识，读圣贤书时亦须警惕。他认为，仁、义、礼、智、忠、孝等当时的主流核心价值观并非人的天性，而是对于"童心"的戕害。二是他认为不应当"以孔子之是非为是非"。传统认为孔子乃是"生而知之"的圣人，李贽却认为，"天下无一人不生知"，每个人生来都是有智慧的，故而不应当以圣人的是非为是非。更进一步，李贽认为每个人的率性而为都出于人的本心和本性，是平等的德行，这表达了类似于现代社会人人平等的思想，在当时等级森严的社会，无疑是异类。三是在肯定人人都有自己个体的判断力和独特性的基础上，李贽认为"是非无定质"，也就是说，是非的标准是相对的，因人而异的。李贽主张各种思想可以并行不悖，这无疑是对传统社会中定于一尊的思想的重大反叛。

59　为什么王船山认为人性是"日生日成"，会变化和发展的？

王船山即王夫之，他是明清之际学者，湖南衡阳人，因晚年隐居于湘西蒸左之石船山，故学者多称其为"船山先生"。明朝末年，政治腐败，宦官擅权，民不聊生，暴动频繁发生。张献忠领导的农民军横行于两湖，招揽士人。王夫之兄弟颇有名气，农民军以其年老体弱的父亲为诱饵，欲拉王夫之入伙。王夫之自残身体以拒，继而前往军中用计救出父亲，之后自己伺机逃脱。明亡后，清军下湖南，王夫之与管嗣裘等人于衡山起兵抗击，事败逃亡肇庆，任南明桂王政权行人司行人。因反对东阁大学士王化澄，几陷大狱。又赴桂林依瞿式耜，桂林陷落，式耜死，乃隐遁山林。从此，勤奋著述凡四十年。对天文、历法、数学、舆地诸学均有研究，尤精经史、文学。在政治上，他批评君主专制，对传统政治进行反思，被称为中国启蒙思想的代表；在哲学上，他擅长概念分析，贴合中国现代哲学发展的趋势，对后世产生了很大的影响。

王船山在人性论上提出的最具影响力的命题是"性日生日成"。

《尚书引义·太甲二》曰："夫性者生理也，日生则日成也。"王船山认为人性是变化日新、生生不已的，犹若眼睛每天看见不同的东西，耳朵每天听见不同的事物，心里每天思考不同的问题。人的身体和思维也处于不断的发展变化中，"形以日养"，"理以日成"，所以只要生命不尽，人性就一直在变化。进而，王船山认为人与禽兽的区别在于："禽兽终其身以用其初命，人则有日新之命矣。"也就是说，禽兽由天生的本能决定一切，不能发展自己的本性，而人性则"未成可成，已成可革"，即人可以对上天未赋予的性能加以培养，亦可以将上天所赋予的性能加以革除。人生之后，有自己的权能，可以对人性中的内容加以选择，成为自己想成为的人。王夫之在这里强调人能发挥主观能动性，在选择取舍之后，逐渐造就理想人格。这是对《易传》的"继善成性"说的进一步发挥。王船山认为"继之则善，不继则不善"，即将由恶向善看作连绵不断的动态过程。另外，王船山肯定理想人格（君子）的造就，是在人与自然界不停顿的交互作用中，在人的主观能动性不断对自然界施加作用同时也逐渐发展自身的动态过程中完成的。

王船山的"性日生日成"说，直接跳过性善性恶之争论，不是将人性看作静态的结果，而是视其为一种未完成的动态的发展过程，是人与天的交互作用的结果，并且特别注重后来之习成对于人性完善的作用，这无疑是对人性理论的一大发展。王船山的学说鼓励人自强自立："君子以自强不息，日乾夕惕，而择之、守之，以养性也。"相比于理学家的人性论而言，它具有更多的积极意义。

60 为什么黄宗羲会被称为"东方的卢梭"？

黄宗羲，字太冲，号南雷，浙江余姚人，学界称之为"梨洲先生"。他是明清之际的思想家、史学家，与王船山、顾炎武并称为"清初三大家"。他的《明夷待访录》是中国古代思想史上最重要的政治学著作之一，是对传统政治思想的批评与总结。《明夷待访录》成书于清康熙二年（1663 年），分为《原君》、《原臣》、《原法》、《置相》、《学校》等篇。"明夷"是《周易》中的一卦，其爻辞曰："明夷于飞，垂其翼；君子于行，三日不食。有攸往，主人有言。"所谓"明夷"，是指有智慧的人处在患难地位，"待访"，则指其言论、智慧等待后代明君来采纳。黄宗羲自称："吾虽老矣，如箕子之见访，或庶几焉。"箕子是殷商末年的大臣，武王伐纣后曾访问过他，向他询问治国之道，箕子向周武王献上《洪范》一文。黄宗羲此说，有自况箕子之意。

　　《明夷待访录》猛烈地抨击了君主专制，指责君主将天下视为"一人一姓"的私有物，直接称君主是"天下之大害"，"凡天下之无地而得安宁者"，皆是君主的缘故，因为他们"以我之大私为天下之大公"。黄宗羲认为在自然状态下，"有生之初，人各有私，人各有利"，这样的话公利就不能兴起，公害就不能革除，因此政治制度的设置很有必要。在古代社会，建立政治制度就是为了公利的兴起和公害的革除，从而使得共同体长久发展。作为政治制度代表的君主就是为天下苍生服务的，其权力是人民赋予的，这就是"天下为主，君为客"；君主的辛苦经营都是为了天下安宁，百姓幸福。后来，作为统治权力代表的君主不再有那种大公之心，反倒认为权力是自己的私器，是用以保障自己乃至子子孙孙的私利的，一开始，君主可能还有些不好意思，久而久之就认为理所当然了。如此一来，他们便与天下逐利，"以我之大私为天下之大公"。黄宗羲认为，当时社会的君主制是导致天下不太平、民不聊生的重要原因，它使得天下苍生的私与利得不到满足，这样的君主宁可不要。

　　政治制度是社会稳定的节拍器，当然不能没有。黄宗羲认为对于身为政治制度代表的君主必须予以必要的限制。这种限制首先表现在君臣共治的理想中。黄宗羲认为"君与臣，共曳木之人也"，君臣之名，只有在为万民之忧乐而运作的政治制度中才成立。若没有参与政治，则君主与我是路人；若参与政治，也应当是为了天下的利益。黄宗羲认为君臣关系是平等的，各有职分，如同师友。君臣共治意味着政治实践参与者的地位平等，这是对君权的限制。其次，黄宗羲建议通过学校来议论政事，"必使治天下之具皆出于学校"，反对君主独裁。黄宗羲认为，"天子之所是未必是，天子之所非未必非，天子亦遂不敢自为非是，而公其非是于学校"。这样的学校就类似于西方现代政治中的议会。

除了政治上主张限制君权、反对专制之外，黄宗羲还在经济上主张恢复井田制，合理征收实物税、统一货币，并提倡"工商皆本"，这些建议中包含着民主和平等思想的因子，超出了当时士人的理解能力以及朝廷的容忍限度，所以《明夷待访录》一书一度被视为禁书。但这本先进的书对清末民初的民主思潮产生了重要的影响，近代中国人在接触了西方的现代政治制度之后，认识到黄宗羲思想的先进性，有人将他称为"东方的卢梭"。

61 "亡国"和"亡天下"有何不同？

明亡后，有识之士对传统政治进行了反思，顾炎武就是其中卓出的一位。顾炎武，初名绛，字宁人，江苏昆山人，曾自署蒋山傭，学者称其为"亭林先生"。少时参加复社，反对宦官权贵。清兵入关之后，曾参加昆山、嘉定等处的抗清起义，失败后十谒明陵，游遍华北，搜集所至之处地理风俗，并联络同道，以图复明。晚年卜居华阴。学问渊博，于国家典制、郡邑掌故、天文仪象、河漕兵农以及经史百家、音韵训诂之学，都有研究。晚年治经侧重考证，开清代朴学风气，对后来重考据的吴派和皖派都有影响。顾炎武的学问专精，相比于"清初三大家"的另两位——黄宗羲和王夫之，他更多地表现出一种实证精神。他没有刻意地建立自己的思想体系，而是根据现实的需要厘清各种意见的来龙去脉，以对历史的考证代替哲学的思考。与理学家注重抽象的心性辨析不同，顾炎武更注重对具体事物的考察分析。他认为，抽象的"道"不可脱离具体有形的事物——"器"而存在，"非器则道无所寓"。他认为，要得道必须求之于具体事物，即必须"下学而上达"，"下学"即考察实际的具体事物，"上达"即把握贯通具体事物的道理和原则。因此，相对于黄宗羲和王夫之，顾炎武看待和思考问题时更加注重现实考察。

顾炎武思想中最著名的命题是"天下兴亡，匹夫有责"。明亡之后，思想家纷纷对传统政治进行检讨，顾炎武也不例外。在《日知录·正始》中，他提出了一个说法："有亡国，有亡天下。"那么，亡国与亡天下有什么分别呢？"易姓改号，谓之亡国；仁义充塞，而至于率兽食人，人将相食，谓之亡天下"。顾炎武认为亡国就是朝廷政权之变更，而亡天下则是社会道德秩序完全瘫痪，人与人之间毫无仁义可言。顾炎武在此区分了"国"与"天下"，按照现代的术语来说，国是政治学概念，它涉及具有行政和管理权力的主政者的执政能力、合法性等问题，在古代，政权的行使者无疑是君主及其官僚集团，而非老百姓。而天下则更多地是社会学概念，它涉及社会秩序的合理性等问题，更多地强调道德和伦理层面的秩序，强调维护道德和伦理层面的秩序是我们每一个人的责任。顾炎武进而说："是故知保天下，然后知保其国。保国者，其君其臣肉食者谋之；保天下者，匹夫之贱与有责焉耳矣。"这就是著名的"天下兴亡，匹夫有责"的来历。在顾炎武看来，伦理道德意义上之"天下"，是远重于政治秩序意义上之"国"的。

62 为什么戴震说理学家"以理杀人"？

宋明理学在清代受到了猛烈的抨击。清初，批判的矛头大多指向陆王心学，但到了清代中叶，程朱理学虽仍是科举考试的标准，却也受到了极大的挑战。这其中又以戴震的批评最为激烈和著名。

戴震，字慎修，又字东原，安徽休宁人，与当时著名学者纪昀、钱大昕、王鸣盛、卢文昭等交好。乾隆间修《四库全书》，特召其任纂修官。后被赐同进士出身，授翰林院庶吉士。戴震博闻强记，对天文、数学、历史、水利、地理等均有精湛研究，擅长名物训诂，精通古音古字。年轻时就显露出爱怀疑、重实证的本性。他入塾读古书，曾问先生：经书的意思为什么这么解释？先生回答：这是先贤朱子所说的。戴震又问朱子是什么时候的人，先生回答说是六百年前的人。戴震于是又说：圣人生于朱子千年之前，何以朱子能够正确地解释圣人的经文呢？戴震的疑问涉及解释学中的主要问题，即后世的读者对于经典的解读是否符合作者的原意，而对这个问题，理论家们给出的回答到今天还是众口不一。戴震一生的问学似乎都在回答这个问题，即我们是否可以理解圣人之道，如果可以，又是通过什么方式来把握圣人之道的。戴震对这些问题的基本观点是：相信圣人之道存在于六经之中，由于六经是用文字写成的，所以我们可以通过对语言文字的分析和训诂来理解圣人之道。因此，戴震对于程朱理学不通过语言训诂而注重玄想的解经方式表示怀疑，认为理学家对圣人之道的理解是一种不恰当的理解，不但错解了圣人之意，而且还给现实生活带来了灾难。这种灾难带来的最典型的严重后果便是"以理杀人"。

理学家特别重视理欲之辨，号召人们要"存天理，灭人欲"。在理学家看来，天理不仅是抽象的玄理，还是实际存在于现实中的纲常名教、尊卑等级。理学家认为，由于感性欲望的驱使，人往往会走向天理的反面，因此，为了维护天理，必须对人的感性欲望加以抑制。戴震在《与某书》中抨击了理学家的这种观点。他说："酷吏以法杀人，后儒以理杀人，浸浸乎舍法而论理，死矣，更无可救矣。"戴震认为"以理杀人"是程朱理学"辨乎理欲之分"的必然结果，他指责程朱理学把"人之饥寒呼号，男女哀怨，以至于垂死冀生"等求生存、免饥寒、成家室的正常欲求视为邪恶的人欲，使得"理欲之辨"成为压制人性的工具。理学家的"理欲之辨"造成"尊者以理责卑，长者以理责幼，贵者以理责贱"。戴震认为，理学家所谓的"理"并非如他们所言是天经地义的。其理由是：首先，在六经中，"理"字基本上没有出现过；其次，程朱理学所说的"理"其实只是理学家的意见，他们执著于以自己的"意见"为"真理"、"天理"，并无依据。戴震的批评，从哲学角度看，有两点值得我们进一步思考。其一，概念的出现与语词的出现之间是否有某种对应关系？其二，"真理"是什么？它从何而来？它与意见的区别在哪里？

63 严复如何看待中西方文化的差别？

严复的一生与中国近代的几次重大政治活动密切相关。他14岁进洋务学堂创办的马尾船政学堂读书，几年后被清政府派往英国海军学校留学三年。回国后，长期在李鸿章主持的北洋水师学堂任教。甲午战争之后，他满怀爱国激情，发表了《原强》、《救国决论》、《论世变之亟》、《辟韩》等文章，译述了《天演论》，在思想界、知识界引起了强烈的反响。戊戌维新以后，他继续翻译了《穆勒名学》、《名学浅说》、《原富》、《法意》、《群学肄言》等西方近代逻辑学、经济学、社会学著作。严复通过著文和译书，向人们介绍了西方近代的哲学、政治学、经济理论、逻辑学和科学方法论，为社会变革提供了思想武器。严复留学英国，深受英国经验主义哲学的影响，因此他重视科学，反对玄学，这在他的翻译中亦有所表现，那就是他对理学的形而上学倾向的批判。

他的翻译追求"信达雅"，不过其译著呈现的面貌却并非如此。他用典雅的桐城古文翻译西学，为士大夫和知识分子接受西学带来便利。同时，他的翻译并不完全忠实于原文，譬如在《天演论》的翻译过程中，严复根据自己的理解对全书进行分章划节，又在大部分章节的译文后添加大段按语，有些按语的篇幅甚至超过了正文。这种翻译方式，说明严复对中西方文化的差异有着比较深刻的认识。

首先，严复将西方进化论的世界观与中国因循守旧的世界观作了对比，指出"中西事理，其最不同而断乎不可合者，莫大于中之人好古而忽今，西之人力今以胜古；中之人以一治一乱、一盛一衰为天行人事之自然，西之人以日进无疆，既盛不可复衰，既治不可复乱，为西学治化之极则"。其次，严复对中西方的认识论和学术方法作了比较。他指出，西方科学技术发展迅速，"学运昌明"，与经验主义认识论和科学归纳法有着密切关系。西方人从事研究工作，"一理之明，一法之立，必验之物物事事而皆然，而后定之为不易"。严复认为，由培根建立的归纳逻辑理论的广泛运用，促使了近代科学理论的形成，使西方的科学技术获得了重大的进步。而这种认识论和逻辑方法，正是中国所缺乏的。再次，严复比较了中西方伦理观念的差异。他看到"中国人最重三纲，而西人首明平等；中国亲亲，而西人尚贤；中国以孝治天下，而西人以公治天下，中国尊主，而西人隆民……"以血缘为纽带的宗法关系是中国传统社会一切社会关系的基础，是传统道德规范的核心；自由、平等、博爱则是西方资产阶级革命时期的口号。严复认为这是两种对立的伦理观念，西方的强大与其价值观念系统有关。

在今天看来，严复的观点可能有种种不尽完善之处，譬如固守进步主义的立场以及忽略中国哲学的特点等，但它确实在很大程度上影响了之后的中国人对于西方的认识。他所分析和比较得出的结论尽管不尽科学，但具有开拓性的意义。

64 康有为为什么提倡"公羊三世"说？

康有为，广东南海人，后人又称他为"康南海"。幼年受传统经典教育，后来读了一些外国书籍的译本，对西方的资本主义文化有了一定的认识，又曾亲身到过当时处在英国殖民统治下的香港，思想较为开放。面对西方列强的冲击，康有为一方面认为应当变法维新，吸收西方的政治、经济、军事等多方面的先进经验，另一方面又认为中国还必须在文化上自立，将西方文化吸纳到中国文化本有的范围内。康有为杂糅西学与中学，其主张与当时流行之见一样，多在中学中寻找西学的根基，试图将西方文化安放在中国文化的河床之上，以求使变法维新水到渠成。"三世进化说"便体现了康有为的这一立场。

六经之一的《春秋》有三传：《左传》、《谷梁传》、《公羊传》。一般来说，《谷梁传》和《公羊传》注重《春秋》之义，而《左传》注重《春秋》之事，也就是说，《谷梁传》和《公羊传》注重微言大义，注重有导向性的主观解释，属于今文经学。而《左传》则注重事实，注重历史性的客观解释，属于古文经学。在汉代，经学昌盛。早期，《谷梁传》和公羊学显赫一时，尤其是公羊学，讲微言大义，三科九旨等，能够密切地为政治服务。但随着政治理性的发展，公羊学在很长时间内都湮没无闻。直到清代中叶，作为乾嘉汉学发展的衍生品，公羊学得以复兴，它能够弥合满汉之间的民族缝隙，为现实政治实践服务，但未超出传统的经学范围。而到了康有为，他着意用"公羊三世说"阐述世界进化的原理，以《公羊春秋》来为自己的变法维新主张提供理论依据。

《公羊传》的"三世"思想，将《春秋》所记载的历史划分为每况愈下的三个阶段："所见世"（指孔子亲眼见过的世代），"所闻世"（指孔子亲自见过的人所说的世代），"所传闻世"（指孔子听来的传闻中的世代）。后来的解释者认为，历史的发展就是这三个阶段的循环往复。康有为把这种所谓的"三世说"同《礼记·礼运篇》中所讲到的"大同"、"小康"联系起来，指出："所传闻世托据乱，所闻世托升平，所见世托太平。"他说"公羊三世"，就是由"据乱世"进化到"升平世"（小康），再由"升平世"进化到"太平世"（大同世界）的，并认为这是人类社会进化的普遍规律。要达到大同世界，首先要"大明天赋人权主义，男女皆平等独立"。大同世界"天下为公，无有阶级，一切平等"；"无贵贱之分，无贫富之等，无人神之殊，无男女之异"；其中，君主制度废除了，国家成了社会成员"公共同有之器"，不再是一个人一家之私产；人人相亲相爱，都能把自己的财富分出一部分来作为公共财产，以抚养社会上丧失劳动力和无人养育的成员；"国界、家界、身界"一切压迫和歧视都消除了。

在戊戌变法之前，康有为宣称"据乱世"是政治混乱时代，"升平世"是君主统治时代，"太平世"是民主时代。在他看来，两千多年的中国政治一直停留在君主统治时代，"总总皆小康之世"、"总总皆小康之道"，这种局面再也不能继续下去了，应向"太平世"的民主时代前进。这样，他就用"公羊三世说"为其改良主义的政治主张提供了理论依据。不过，在戊戌变法失败后，康有为却把君主立宪制度列为"公羊三世说"的一个阶段，说"据乱世尚君主，升平世尚君主共和"（《孟子微》），并借口说历史发展阶段不能"躐等"，从而反对革命民主派的革命活动。

尽管康有为对"公羊三世说"所作的具体解释和比附有时含混不

清，有时又自相矛盾，但从总体上来说，它宣示了一种新的世界观。康有为把从西方学到的科学的进化论知识灌注到"三世说"中，比较彻底地冲破了传统"器"变"道"不变的变易史观和公羊学的历史循环论。同时，他对大同世界的描述，结合了传统儒家理想社会以及现代社会发展的可能趋势，给其后的中国思想家和政治家留下了诸多可利用的思想资源。

65　为什么章太炎反对进化论？

章太炎是近代中国著名的思想家、革命家。他的弟子众多，其中最为大家所熟知的是周氏兄弟（鲁迅和周作人）。晚清时期，为了自强，严复将西方的进化论引进中国，主张优胜劣汰，适者生存，认为中国只有接受西方的科学和民主思想，才能够适应现代社会的进步趋向，才能够屹立于世界民族之林。严复主要介绍的斯宾塞的社会达尔文主义，与自然科学中的达尔文主义还是有许多重要差别的。严复引进社会达尔文主义的一个重要原因，就是要促进中国的进步，改变中国的落后面貌。从严复之后，进步是绝大部分中国人的共识。

章太炎却反对严复对于社会进步的乐观，他认为对于进步问题应当一分为二地看。章太炎从法国思想家拉马克的进化论出发，反对社会向善论，认为科学和民主等现代价值一方面使得社会向好的方面发展，但另一方面也导致了社会向坏的方面发展，譬如导致了战争和殖民主义等。他认为随着社会的发展，善在进化，恶也在进化，这一主张被称为"俱分进化论"。

章太炎在全国上下热心于科学和民主、大肆片面鼓吹科学和民主的优越性之时，对科学和民主可能带来的弊端提出了大胆的批评，是很有见识和思想深度的。以科学为例，它给人类带来了丰富的物产、便捷的生活、及时的信息等，正如马克思所说，以科学为主导的现代社会所创造的价值比以往所有世纪创造出的价值的总和还要多。但是，科学这把双刃剑在给人类带来进步和便利的同时，也带来了许多不利的后果，这些后果在现代越来越引起了人类的反思。比如，现代社会信息发达，网络资讯方便快捷，但是"斯诺登事件"之后，我们发现所谓"便捷"的代价是所有人都被网络所控制，变成了透明人，毫无隐私可言。

这些问题让全世界开始重新审视科技的性质。如何面对科学这把双刃剑，重回到刀耕火种的古代肯定是不现实的，我们需要在现有社会发展的基础上作出深刻反思，进而制定出切实的措施来应对这些问题。在这个意义上讲，章太炎对于进化论的批评具有一定的理论价值和现实意义。

66 为什么王国维认为"可爱者不可信，可信者不可爱"？

王国维，字静安，号观堂，浙江海宁人。青年时代即"有志于新学"。1898 年在上海入东文学社，正式学习西学。曾先后任通州、苏州等师范学堂教习，讲授哲学、心理学、逻辑学等，后又转而从事中国戏曲史和词曲的研究。辛亥革命后，"尽弃前学"，专攻中国古代史、古器物、音韵学的研究和考订，尤致力于甲骨文和金文的考释。其一生在教育、哲学、文学、戏曲、美学、史学、古文学等方面均有深诣和创新，是最为后世所推崇的大家之一。

王国维身处新旧之交的时代，在政治上略显保守，甚至有学者认为其自尽有为清朝"殉节"之嫌，但他在学问上气象宏大。针对那些食古不化、眼界不开的保守型学者，他说："中西二学，盛则俱盛，衰则俱衰，风气既开，互相推助。"王国维认为，中国人太偏于实际、太重视政治、伦理了。他强调要研究"纯粹之哲学",发明"天下万世之真理",求真理不能囿于"一时一国之利益",主张"学无新旧也,无中西也,无有用无用也",是个为学术而学术的学者。

王国维对哲学很有兴趣,他确实认真地钻研过哲学,然而在其30岁时所写的《自序》中,他说:"哲学上之说,大都可爱者不可信,可信者不可爱。余知真理,而余又爱其谬误。伟大之形而上学、高严之伦理学与纯粹之美学,此吾人所酷嗜也。然求其可信者,则宁在知识论上之实证论,伦理学上之快乐论与美学上之经验论。知其可信而不能爱,觉其可爱而不能信,此近二三年中最大之烦闷。"

王国维对当时从西方传来的两种哲学思潮作上述评价,反映出他内心的矛盾态度。所谓"可爱者不可信",是指康德、叔本华哲学,他以为康德、叔本华的哲学是"伟大之形而上学、高严之伦理学与纯粹之美学"。所谓"可信者不可爱",是指像严复译介的实证论哲学。实证论者通常在伦理学上主张快乐论,在美学上主张经验论。王国维作为学者,倾向于实证论,因为实证论是同实证科学相联系的;但在感情上,他觉得叔本华的非理性主义和唯意志论更可爱。

王国维所说的可爱者与可信者之间的矛盾,就是近代西方哲学中形而上学与实证论的对立。实证论因为有自然科学的支持,自然是可信的,但是它注重冷冰冰的数据和事实,对于价值和意义问题搁置不谈,所以"可信而不可爱"。形而上学问题给人类生活的意义和价值提供了本体论的保证,能够激发和满足人们的情感需要,但是它不能被证实,得不到实证科学的支持,所以"可爱而不可信"。

67 蔡元培为什么主张"以美育代宗教"?

蔡元培是现代中国伟大的教育家,在哲学上亦颇有造诣,提出了一些很有影响力的说法，其中最为重要的是"以美育代宗教"的观念。蔡元培认为，精神安顿不是知识的问题，而是审美的问题、欣赏的问题，他提出可以用美育来代替宗教，对人的心性性情加以教化，使人具有一个审美的健全的人格。蔡元培的思想，一方面与传统士大夫对于审美和陶冶性情的追求相关；另一方面也受德国哲学尤其是席勒思想的影响。

"五四"之后，由于经历了对传统的激烈批判，以及西方思想的冲击，传统的价值观念逐渐变得衰弱、渐渐失去人心。在西方文化，特别是以科学为主体的西方文化的影响之下，信仰成为一个值得讨论的问题。在传统中国，信仰不是一个特别难以解决的问题，儒家为知识分子提供了确定性。随着传统儒家思想在社会上逐渐丧失权威，信仰问题变得难以解决。而在这个时候，西方文化，特别是以基督教为主体的现代西方文化，一方面刺激了现代中国思想的形成，另一方面也在暗示只有宗教才能够凝聚社会人心。前有康有为的儒教运动，后有基督教的传教活动，这使得当时的知识分子对于宗教特别抵触。抵触的原因，一是基于科学的理由，认为宗教就是迷信；二是基于价值观念的分歧，因为西方的宗教试图渗入中国，1922年知识分子发起了非基督教运动，就是出于对宗教价值观念的否定，蔡元培就是非基督教运动的支持者之一。

抵触宗教的两个原因，分属两个不同的层面。有些知识分子认为，科学可以抵御宗教，甚至可以消灭宗教；有些知识分子认为，宗教要解决的是精神安顿的问题，这个问题非常重要，科学并不能够解决。蔡元培的观点介于这两者之间。蔡元培认为"宗教之原始，不外因吾人精神之作用构成。吾人精神上之作用，普通分为三种：一曰智识；二曰意志；三曰感情"。意思是宗教的形成源于人类精神之需要。蔡元培认为在人类未开化时代，宗教常兼有知识、意志和感情三种作用，或者说此三者"附丽于宗教"。知识附丽于宗教，因为宗教能够系统地提供关于整个世界的理论说辞。意志附丽于宗教，因为宗教导人向善，通过神律确定自我与他人、自我与社会的规则，人通过宗教的规训而合乎道德地行动。情感附丽于宗教，是指历史上那些能够给人以审美享受的礼乐诗画等艺术往往是"宗教家利用之以为诱人信仰之方法"。随着科学发展，社会进步，"知识、意志两作用，既皆脱离宗教以外，于是宗教所最有密切关系者，惟有情感作用，即所谓美感"。不过，"美术之进化史，实亦有脱离宗教之趋势"。

蔡元培发现人类审美情感所需要的满足，在历史上是由宗教主宰的，但宗教一方面注重对人的感性欲望的约束，"昔之宗教家，常有背快乐而就刻苦者，适足以戕贼心情"，是违反人性的；另一方面任何宗教都是排他性的，不仅宗教之间相互对立，就是同一宗教内的各个教派也是互争短长，甚至产生"新旧教之战"，这也是违反人道主义的。因此"美育之附丽于宗教者，常受宗教之累，失其陶养之作用，而转以激刺感情"。这个感情显然指的是那种排他性的偏激之情。

因此他提出了"以美育代宗教"的主张。他说："鉴激刺感情之弊，而专尚陶养感情之术，则莫如舍宗教而易以纯粹之美育。纯粹之美育，所以陶养吾人之感情，使有高尚纯洁之习惯，而是人我之见、利己损人之思念，以渐消沮者也。"因为美育的目的是追求普遍性的"美"，它是无功利性的：美为普遍性，决无人我差别之见能参入其中，亦决无利害之关系能参入其中。因此，美育能够"去利害得失之计较，则其所以陶养性灵，使之日进于高尚者"。

68 胡适为什么说"知难行亦不易"？

胡适，字适之，安徽绩溪人。早年毕业于上海中国公学，1910

年赴美国，先后就学于康奈尔大学和哥伦比亚大学，为著名实用主义哲学家杜威的学生。他后来说："从此以后，实验主义成了我的生活和思想的一个向导，成了我自己的哲学基础。"1917年，胡适回国任北京大学教授，曾与陈独秀、李大钊、钱玄同、吴虞等人一同提倡新文学、鼓吹新文化，反对孔教及旧伦理道德。

中国传统哲学关于知行问题的观点，一般主张"知之非艰，行之惟艰"或者"知行合一"，特别重视行相对于知的优先性。而伟大的革命家孙中山在其1918年所作的《心理建设》（又名《孙文学说》）中，提出了"知难行易"的观点，认为传统所认为的"知之非艰，行之惟艰"乃是革命事业"心理之大敌"。孙中山的"知难行易说"突破了传统知行问题的论域，将其应用范围从道德践履扩展到了一般的社会实践，有其自身的积极意义，对于当时的革命事业也具有指导作用。正如胡适所说："行易知难的学说是一种很有力的革命哲学。一面要人知道'行易'，可以鼓舞人勇往进取。一面更要人知道'知难'，可以提倡多数人对于先知先觉者的信仰与服从。信仰领袖，服从命令，一致进取，不怕艰难，这便是革命成功的条件。所以说中山说这是必要的心理建设。"

不过，从哲学角度看，"知难行易说"的确存在着一定的问题。胡适就从两方面提出了批评和质疑。他认为，第一，"知难行易说"的根本错误在于把知行分得太分明。因为绝大部分的知识是不能同行相分离的，尤其是社会科学知识。这绝大部分的知识都是从实际经验（行）上得来的：知一点，行一点；行一点，更知一点；越行越知，越知越行，方才有这点子知识。第二，知难行亦不易。"知难行易说"是一时救弊之计，目的在于矫正"知之非艰，行之惟艰"的旧说，故为"林林总总"之实行家说法，教人知道实行甚易，但老实说来，知固是难，行也不易。

胡适批评"知难行易说"，一方面是出于对中国传统的"知行合一"说的考量，另一方面则是出于对杜威的实用主义的考量：实用主义之所以能够在现代中国迅速传播，同其在知识论态度上与中国传统哲学的立场相近有关。中国哲学家往往把知行相提并论，主张知行合一，即把知落实到行动上。实用主义作为一种"哲学革命"，改变了西方人为知识而知识的传统，把关注的重点从知转到了行，这与中国哲学的传统颇为契合。

69 梁漱溟为什么认为儒家文化会复兴？

近代以来，儒家思想在中国知识界的影响力日趋减弱。究其原因，一方面是由于外来思想的挑战，另一方面则是由于中国思想本身的新陈代谢。"五四"以来，民主与科学已然成为思想的主流，而儒家思想渐成明日黄花。仔细端究起来，当时人所辩护和抨击的儒家思想，大多是意识形态化的儒家思想，特别是被统治阶层视为统治思想的程朱理学，是制度性的儒学，也就是我们习闻的"名教"或者"礼教"。儒家思想在当时处于困顿之境有两个主要的原因：一是当时知识分子认为儒家思想是阻碍现代中国发展的主要原因，如严复等，他们从方法论和知识论等方面论证了儒家思想与现代社会发展趋势的对立；一是价值观念方面的解释，即认为对儒家思想的制度化理解抑制了人的自由发展，使得民主观念不畅，社会缺乏竞争力。

就在这样一个大的背景下，有人居然说："我又看着西洋人可怜，他们当此物质的疲敝，要想得精神的恢复，而他们所谓精神又不过是希伯来那点东西，左冲右突，不出此圈，真是所谓未闻大道，我不应当导他们于孔子这一条路来吗？"说这话的便是梁漱溟先生。梁漱溟在其著作《东西文化及其哲学》中提到，儒家文化会再度复兴。他的判断源于其独特的文化观。他认为文化肇始于人的意欲:"要去求一家文化的根本或源泉,你只要看文化的根源的'意欲'。"由于西方、中国、印度三方人们意欲的分歧,人类文化有了各异的类型,西方人是意欲向前的,"着眼研究者在外界物质",由此形成崇尚理智、走科学之路的西方文化;中国人是意欲调和持中的,"着眼研究者在内界生命",由此形成以推崇直觉、走伦理之路的中国文化;印度人是意欲向后要求的,"着眼研究者将在无生本体",由此形成崇尚现量、走宗教之路的印度文化。梁漱溟认为中国文化和印度文化属于人类文化的早熟类型,随着岁月的流转,古代的中国文化要在"最近未来复兴",而古代的印度文化将在"较远未来复兴"。古代的西方文化已在"近世复兴",但眼下出现了弊病。他认为人类文化发展的趋势是科学—道德—宗教,但宗教作为人类文化的归宿,其发展尚不成熟,所以,以伦理为核心的中国文化将是人类文化的共同归宿所在。这是梁漱溟文化观的核心内容,也是其提倡儒学复兴的重要理论基础。

在外有列强环伺、内有军阀混战的中国,在鼓吹德先生与赛先生的北京大学,梁漱溟居然大讲儒家文化复兴,此观点一出,他即被看作是新思想的敌对者,甚至被斥责"开历史的倒车"。梁漱溟的这一做法,看起来似乎很荒唐,然细究起来,却很有道理,原因如下:第一,当时欧洲经历过第一次世界大战,欧洲文化中心的优越感已然坍塌。西方人开始反省自己的文明,一反19世纪流行的理性进步主义观点,开始怀疑西方文化的普适性,并将目光投向东方文化,特别是印度和中国,以寻找新的发展可能。第二,梁漱溟虽主张儒家复兴,但并不反对科学与民主,他认为西方所代表的那种向外征服的文化能够给我们带来很多便利,但是仅有物质文明的兴盛还不够,因为人是多维向度的存在,还有其他的精神追求。第三,梁漱溟的儒家文化复兴，并不是"开历史的倒车"，而是扭转了仅从外在性特征理解儒家思想的风气。近代以来，对于儒家文化的批评大多集中在对制度性的儒学的批评，即从名教和礼学的维度来理解儒学，而没有注意到儒学本身注重内在的深度。孔子重视礼学即制度规范；同时也注重仁学即心性修养。梁漱溟讲儒家文化的复兴，主要是从精神生活内省的维度来理解儒家，注重儒学中的心性儒学一脉，这一思路基本上就是后世为儒家思想辩护的根本立足点。也正是因为这一卓识，他被视为现代新儒家思想流派的开山之一。当然，梁漱溟并不是书斋的儒者，而是实践的儒者。他不太重视自己思想的哲学性，而更重视"吾曹不出如苍生何"的担当意识。

70 为什么熊十力认为良知不是假设？

青年时代的熊十力常浏览科学常识类书籍（如格致、启蒙之类），涉猎诸子百家之言，特别喜欢王船山、顾亭林等人的著作以及当时维新派的论文，曾参加武昌起义。35 岁时，他"念党人竞争争利，革命终无善果"，因而灰心丧志，决心"不作革命行动，而虚心探中印两方之学"，另辟一条所谓"学术救国"之道。此后，他入南京支那内学院"问佛法于欧阳竟无先生"，钻研佛学，尊崇印度大乘佛学唯识论。但不久，又渐觉其失而转向儒学，最后归宗于孔子。

熊十力是 20 世纪少数几个以儒家嫡传自诩的学者之一，虽然生在现代，但其生活方式、教学手段以及思维方式仍然保持传统样态，故而在现代学院体制之下不太得意，只有少数几个弟子能够理解并追随他。1949 年后熊氏弟子大多避居港台，于学术上另起一派，逐渐形成港台新儒家，可见熊氏在现代哲学史上的地位。

熊氏学问，取心学一派，特别重视王阳明的良知说。据熊十力的学生牟宗三回忆，有一次，冯友兰往访熊先生于二道桥。那时冯氏的《中国哲学史》已出版。熊先生和他谈这谈那，并不时会说："这当然是你所不赞同的。"而后又提到："你说良知是个假定。这怎么可以说是假定。良知是真真实实的，而且是个呈现，这须要直下自觉，直下肯定。"冯氏木然，不置可否。良知是真实，是呈现，这在当时，是闻所未闻的，如霹雳一声，振聋发聩，直把人的觉悟提升到宋明儒者的层次。

这段回忆提到了熊十力对于良知问题的独特理解。在中国哲学现代化过程中，如何解释古代哲学成了一个难题，因为现代哲学中，一个学说的提出，要有理由与论证的支持，这都是科学思维在哲学中的表现。如何将孟子、王阳明的良知说向现代人解释清楚，是有儒家关怀的学者的重要使命，因为良知说是传统社会生活的哲学基础。冯友兰在其成名作《中国哲学史》中将良知视为理论假设，因为随着现代心理学和认知科学的发展，"良知之有无，则心理学不能定也"。而熊十力倾向于认为良知是呈现，是真真实实的，而不是假设。应该说，熊十力的观点比较忠实于儒家思想的原意，而冯友兰的说法则更符合现代人的理解。

西 方 哲 学

71 为什么说哲学就是"爱智慧"?

哲学的英文是 philosophy，它源于希腊语 philos（爱）和 sophia（智），意为"爱智慧"。19 世纪日本哲学家依据中国古代文献中记载的"哲，智也"，将其译为"哲学"，也就是智慧之学。古希腊哲学家毕达哥拉斯最早使用该词，他认为人可以分为三类，即喜欢快乐的人，喜欢活动的人和喜欢智慧的人。喜欢快乐的人追求享受，喜欢活动的人成就事业，而喜欢智慧的人则成为哲学家。

亚里士多德认为如果一个人要从事哲学必须具备两个条件：首先，他要有闲暇，即只有当一个人的物质生活得到保证，精神生活或内心处在一种安宁的状态时，他才能从事哲学；但具备了这一个条件还不够，更为关键的条件是"惊讶"，也就是说要对世界充满好奇，按照他的说法，哲学就是因为人对整个世界的"惊讶"而产生的一种刨根问底的学问。

马克思主义则认为，哲学是人们对整个自然界、社会和思维的根本观点的体系，是系统化、理论化的世界观，是对自然知识和社会知识的概括与总结。每个人都有自己对世界的认识，从这个角度讲，每个人都可能成为哲学家；但同时，哲学教会我们从最常见的事物入手，去揭示它的本质，看到其深刻的那一面。

哲学是世界上最早产生的一门学问，它是其他学科之母，其他各种学科都是从哲学中慢慢分离出来的；在今天，哲学更多地是指我们对世界的认识、对人生的思考和对终极关怀的追求。

72　西方哲学的鼻祖泰勒斯为什么说世界的本原是水？

泰勒斯是我们所知道的西方历史上的第一个哲学家，他出生在大约公元前 6 世纪的古希腊。因为他曾说"世界万物的本原是水"，所以我们将其称为西方哲学的鼻祖。

关于泰勒斯有很多传说，据说他在埃及时曾计算过金字塔的高度。他计算时的一个重要步骤是，在他自己的影子与身高等长的时候，测量金字塔影子的长度。还有一次，他边走边仰起头观察星象，不慎跌落到井内，一个美丽温顺的色雷斯侍女嘲笑他说，他急于知道天空之上的东西，却忽视了身边脚旁的一切。但是，我们也可以说，哲学家所关注的就是我们日常生活之外的东西，他关心的是如何探索世界的本原，寻找能解释整个世界的真理。

泰勒斯精通星象，有一次，他根据星象推测出一个橄榄丰收年即将来临，因而早在冬季时就凑集了一小笔本钱，租赁了米利都（泰勒斯所在的城邦）所有的榨油作坊。由于无人跟他竞争，所以租金很便宜。第二年果然橄榄丰收，人们急切地要榨油，都在找榨油作坊，这时他便按照自己的条件出租手上的作坊，结果获得了很可观的利润。此前，泰勒斯曾因贫穷而被人奚落，人们笑他的哲学一无是处。他以此表明，哲学家要富起来是极为容易的，只是他们往往对金钱不感兴趣。

那么，为什么泰勒斯说"世界的本原是水"呢？有可能是因为他认为万物都要靠水来滋养，也有可能是因为他发现靠近爱琴海的希

腊半岛气候潮湿，还有可能是因为他的城邦信仰海神波塞冬。但不管怎样，泰勒斯把水看成是世界的本原，认为世界最初由水产生，毁灭后又复归于水；万物的性质虽然多变，但实体始终如一。这种思维方式就是哲学最初的表达，它体现了哲学的特点——通过寻找世界的本原、解释世界的变化，从而找到真理。所以，人们认为，西方哲学是从古希腊的泰勒斯开始产生的。

73　人为什么不能两次踏进同一条河流？

"人不能两次踏进同一条河流"，这是古希腊著名哲学家赫拉克利特提出的命题。赫拉克利特认为，万物是不断变化和更新的，而且万物的本原也是如此，这个本原就是物质性的"火"。燃烧的火焰没有一刻是静止的，它不断地燃烧、熄灭，周而复始。他说："这个世界，对于一切存在物都是一样的，它不是任何神创造的，也不是任何人创造的，它过去、现在、未来永远是一团永恒的活火，在一定的分寸上燃烧，在一定的分寸上熄灭。"

其实，西方哲学家对世界的认识有两种不同的方式。第一种以巴门尼德和芝诺为代表，主张哲学是为了寻找永恒的存在，他们认为一旦找到并理解了世界的本原，就掌握了真理；另外一种就是赫拉克利特所主张的，认为哲学应该关注的是不断流动变化的世界，在流动的过程中去把握真理。

为了说明"一切皆流，无物常住"，赫拉克利特非常生动地以奔腾不息的河水作比来说明世界万物的不断的产生和消亡。他说："人不能两次踏进同一条河流。"因为河水一直在流动，当人第二次入水的时候，这条河已不是原来的河，它已经变了；同样的道理，因为万物连同人在内永远都是运动变化的，固定不变的事物是不存在的，所以运动和变化是绝对的。这些话都蕴含着非常深刻的辩证法思想。虽然运动是绝对的，但是我们不能否认相对静止的存在。后来，赫拉克利特的学生、哲学家克拉底鲁甚至认为"人一次也不可能踏进同一条河流"，这显然就走到了极端，因此这一观点是错误的。

74 为什么毕达哥拉斯学派把"1"视作万物之母？

如果你要问在几千年的哲学史中，谁的学说更有道理，那么看起来似乎是公元前6世纪的古希腊哲学家毕达哥拉斯取得了最后的胜利。为什么这样说呢？因为我们知道，在今天的网络时代，所有的知识都可以存储在计算机里和网络上；大多数计算机系统使用的都是二进制系统，就其实质而言就是 0 和 1 这两个数字的无限多的排列组合。而正是毕达哥拉斯首次提出了"数是世界的本原"这一观点。

毕达哥拉斯及其学派认为，宇宙万物都可以通过数来解释。凡数都以"1"为基础，这个"1"是绝对的和谐，是万物之母，也就是神。从"1"中产生出无穷多的奇数和偶数，其中 10 是最神奇、最完满的数，因为构成和谐乐音的 1、2、3、4 之和就等于 10。

由于对数的崇拜，毕达哥拉斯特别注重研究数学，他发现了直角三角形斜边的平方等于两直角边的平方和，这就是数学上的"毕达哥拉斯定理"，我们也称之为"勾股定理"。

毕达哥拉斯相信灵魂不朽。据说有一次，他从一条被主人鞭打的幼犬旁经过，非常同情幼犬，于是他恳求犬主人说："住手吧，别打了，因为在它的哀鸣中我听出，这里面寄居着我一位朋友的灵魂。"毕达哥拉斯学派还发现了我们熟知的"黄金分割率"，提出了音乐节奏的和谐就是由长短高低轻重不同的音调，按一定的数量比例所组成的，而整个世界也都是按照一定的比例和谐存在的。所以他们主张用药物治疗身体，用音乐净化灵魂。

75 为什么说"认识你自己"是人生最重要的使命？

"认识你自己"是刻在德尔斐神庙石碑上的一句箴言，也是古希腊著名哲学家苏格拉底所倡导的哲学理念。它与中国的一句俗语——"人贵有自知之明"所说的是一个意思。由此可见，对自己的了解和认识是古今中外永恒的话题。

苏格拉底之前的西方哲学，往往注重研究外在的世界，比如星象、本原和自然等。与苏格拉底同时期的哲学家多属于智者学派，他们开始研究人类社会的各种现象，智者学派最主要的代表人物之一普罗泰戈拉就曾提出"人是万物的尺度"这一观点。但是智者学派对于真理的概念没有统一的认识。苏格拉底认为哲学首先应该研究和我们息息相关的现实生活，所以他第一次"将哲学从天上拉到了人间"，从此以后，对人自身的关注和研究成了西方哲学的主题。

人是什么呢？我们怎么去认识自己呢？苏格拉底认为人应该追求善，至善的生活是最幸福的；而我们每一个人在内心深处都有善的种子，因为我们都是有理性的人；通过学习，我们回忆起被肉体污染的灵魂，我们获得了各种知识。也就是说，我们可以通过学习认识到自己是一个什么样的人，认识了自己之后，就可以认识整个世界。正因如此，人最大的智慧在于知道自己是什么样的人，知道自己想要追求的是什么，反过来，人最大的迷误在于对自己是什么人和想要过什么样的生活懵懵懂懂。

苏格拉底终其一生都在努力地认识自己，所以他被认为是德尔斐神庙箴言里所说的"雅典最有智慧的人"。

76 人的灵魂是不朽的吗？

古希腊时期由于科技还不发达，加上自古以来人对生命的有限感到遗憾，非常向往永生，所以古希腊的哲学家就提出了"灵魂是不朽的"这一命题。

最早讨论"灵魂不朽"问题的是毕达哥拉斯学派，也就是西方最早推定出"勾股定理"的学派。他们认为灵魂是寄居在人身上的，当人死之后，灵魂会转世，所以灵魂是不朽的。

提出"灵魂不朽"思想最有名的哲学家是柏拉图。他认为学习是灵魂在回忆前世的知识。灵魂在进入人体之前就已存在，独立于肉身并且具有思想。人们通过学习来唤醒那些本就为灵魂所知的关于大小、相等、善和美等的知识。

柏拉图把灵魂比作一个车夫驾着两匹飞马前行。这两匹马一匹高贵、一匹卑劣，一匹追求智慧和知识、一匹沉溺于感觉和肉体，所以它们很难往同一个方向前行，需要马车夫努力驾驭。柏拉图讲述的另一则传世神话是关于"灵魂的堕落"的，这个神话认为灵魂是有翅膀的，据说失去一半翅膀的灵魂会向下落，一直跌到坚硬的土地上并附在尘世的肉体中。而人的一生就是要努力过善的生活，争取尽早长出新的翅膀，从而高飞上天获得拯救。

柏拉图甚至告诉了人们让灵魂高飞的方法：每个灵魂回到它所由来的地方需要一万年时间，不然它就不能长出新的翅膀；只有清白的哲学家或为哲学所引导的爱哲学的人是例外，他们只需要以一千年为一个时期，连续三个时期都选择这种生活，那么在第三个时期，他们就可以长出新的翅膀并高飞而去。

在西方思想日后的发展和演变中，灵魂不朽学说逐渐成为宗教和神秘主义思想的前提。它不仅反映了人对彼岸世界的终极关怀，也成为人区别于动物的一个特征。由灵魂不朽学说产生的灵、肉二分理论，对西方哲学产生了重要影响。

77 为什么说"我自知自己的无知"是最大的知？

苏格拉底有一句口头禅："我自知自己无知。"这句令人为之一惊却又发人深省的话成了整个古希腊哲学乃至历代哲学的精神坐标。这不禁让我们疑惑：曾获得德尔斐神谕，被誉为"雅典最有智慧的人"的苏格拉底为什么会说自己无知？

苏格拉底是个喜爱四处造访、登门求问的人，他总是跑到希腊城

邦中那些自称有学问、有名望的人那里，提出自己的疑问。那些名人在听到苏格拉底的提问，如"什么是正义"这般基础性的问题后，开始时总是表现出不屑并滔滔不绝地谈论起来，苏格拉底则只是用不断反问的方法来指出对方谈话中的矛盾，迫使对方承认对原本自以为十分熟悉的事物实际上一无所知。在遍访全城名人而得不到令自己真正信服的答案和理论之后，苏格拉底终于参透了自己被神谕称为最有智慧的人的原因：他自知自己的无知，而不像其他人那样明明无知却不自知，满以为自己参透了所有事情，从不知疑问，从不知反思。

和苏格拉底同时期的哲学家芝诺也表达过类似的思想。有一次在与人争辩时，芝诺形象地用了一个比喻，他说："你的知识是一个小圆，我的知识是一个大圆，圆里面是我们知道的东西，圆外面是我们所不知道的。就是因为我的圆比你的圆大，我才更能体会我所未知的疆域是多么大，所以我才比你更自知自己的无知。"

实际上苏格拉底学识广博，他既熟读诗歌，又通晓哲学理论，可以说是精通世事，绝对不能算无知。但是，从哲学智慧层面上看，他却是无知的，因为他对万物的根基，对永恒的、神圣的东西一无所知。哲学最根本的问题不是简单的经验性知识，苏格拉底所说的"知"也可以说是对神的信仰。也就是说，他知道这个东西存在，但不知道它究竟是什么，它在他的意识中，又不在他的意识中，因此他能够作出的唯一判断就是他对此一无所知，即"我自知自己的无知"。

78　在《理想国》中柏拉图是如何把人划分为不同等级的？

柏拉图在他的著作《理想国》中指出，国家由三个等级的人构成，每个等级的人分别由不同的金属元素组成。三个不同的等级象征着灵魂的三个部分以及人所拥有的三种不同的美好品质。

统治者由黄金构成，象征着灵魂的理性，拥有智慧的最高德性；军人由白银构成，象征着灵魂的激情，拥有勇敢的德性；而人民由青铜构成，象征着欲望，相应的德性是节制。柏拉图认为这三个等级的人若能各安其位、各司其职，使国家达到和谐状态，那么整个国家就会拥有第四种德性：正义，国家和社会就会处于最好的状态：至善。

在理想国里，统治者和军人过的是一种集体主义的生活。他们共产共妻，财产是共同的，出生的孩子由国家统一抚养和教育，孩子长大后并不清楚自己的父母是谁，父母也不知道自己的孩子是哪一个，这样就能避免自私，从而让每一个父母对所有的孩子都视如己出，每一个孩子都能得到充分的关爱，并充分发挥自己的能力所长。孩子们的学习分为一系列的阶段，在同一个学习阶段中，只有优秀者才能进入高一级的阶段学习，这样一来，城邦公民的分布就呈现出金字塔形结构。

所有学生在 10 到 20 岁间都接受相同的教育，主要科目是体操、音乐和宗教。他们每日都要听能够振奋精神的好的音乐，而拒绝那些忧伤、滥情的靡靡之音。学习的目标是拥有一个强壮的、协调性好的身体，能够对美有鉴赏力，具有服从、自我牺牲和忠诚的素养。最优秀的学生在 20 岁时被挑选去学习其他科目，尤其是数学；这些学生到 30 岁时，其中最优秀者再次被挑选去学习 5 年哲学，之后学习管理国家的实际事务 15 年。50 岁时他们就成了合格的国家领袖。第一批被淘汰的人成为工匠、体力劳动者、商人，他们的天赋材质是青铜；第二批被淘汰的人成为管理者和士兵，他们的天赋材质是白银；剩下的就是统治者、哲学王，他们的天赋材质是黄金。

79　为什么在《雅典学派》这幅名画中，柏拉图手指天空而亚里士多德手指大地？

《雅典学派》是文艺复兴时期著名画家拉斐尔的杰作，现收藏在罗马的梵蒂冈博物馆拉斐尔画室中。在这幅画中，拉斐尔总共画了古希腊、古罗马和他那个时代的 50 多位哲学家，每个人都个性鲜明、栩栩如生；整幅画将柏拉图和亚里士多德放在中央，其他人物分别向两侧展开，仿佛正在上演一场激烈的辩论。其中，柏拉图手指天空，亚里士多德则手指大地。

柏拉图和亚里士多德不仅是古希腊最伟大的两个哲学家，而且他们所分别开创的哲学传统也深深地影响了整个西方哲学史。所以，德国浪漫主义运动的先驱施莱格尔就说："一个人，天生不是一个柏拉图主义者，就是一个亚里士多德主义者。"就是说，柏拉图和亚里士多德虽然是师生，但他们所开创的哲学方向是完全不同的。柏拉图手指天空，因为他关注的是超越经验世界的理念世界，理念是高高在上的，不仅我们认识的真理来源于理念，而且我们那因"堕落"而寄居在肉体上的灵魂，将来有一天也会长出翅膀展翅高飞，回到天上。至于现实的事物，柏拉图认为它们只是因为分有或摹仿了理念才得以存在的。此外，柏拉图还认为现实的城邦制度都是不合理的，所以他假设了一个缥缈的"理想国"。亚里士多德的哲学则不同，他看重的是生物学，而不像柏拉图那样看重数学，所以他比较重视经验世界。在亚里士多德看来，人当然应该追求至善，但首先应该脚踏实地做一个城邦公民，参与各种事务。另外，他认为可以通过调查分类来克服城邦政治制度的弊病，找到现有的最好制度。在哲学方法上，亚里士多德也比较看重归纳和综合的方法，而不像柏拉图那样侧重于分析和演绎。

总体说来，柏拉图手指天空，亚里士多德手指大地，代表的是两种不同的哲学思维方式和哲学传统。

80　柏拉图为什么说人必须从洞穴里走出来？

在《理想国》里，柏拉图给我们讲了这样一个故事：在一个狭长的洞穴里，有一群囚徒生来就手脚被绑，背对洞口，不能转身也不能回头，只能看见洞穴的后壁。在他们身后有一堆火，火与囚徒之间的各种物体会在洞壁上产生投影，因此囚徒只能通过投影来认识事物，他们以为这些影子就是实在。但是，假如有一个囚徒获得了自由，能

够转身看见投射出这些影子的物体，那么他就会发现从前他所误认为是实在的东西不过是真实事物的影像。又假如他进而走出洞穴，朝向天空看见太阳的话，他会更为吃惊，发现太阳是我们可以看见物体的真正原因。

让我们想象一下这个囚徒随后可能面临的各种境遇。第一，他可能会离开洞穴，抛弃其他囚徒，从此生活在阳光下的真实世界里，成为得道的隐士或孤独的哲人。第二，他可能因为长期生活在黑暗的洞穴里，双眼不能承受明亮阳光的照射，且思想上一下子难以接受外界的事物而变得疯癫——我们知道人疯癫通常是因为其处于夹缝之中，无法平衡两种截然对立的思想。还有第三种可能，这个囚徒返回洞穴，力图将他所看见的真理告诉别的囚徒；而别人要么完全不相信他，甚至一致认为他疯了，使得他不得不保持沉默，要么他说服了别人，使得别的囚徒也明白了真理，最后挣脱锁链，获得解放。

柏拉图的洞穴假说告诉我们，要学会透过现象去看到世界的真相；同时，它也告诉我们，哲学可能会给人生带来各种不同的影响。

81 为什么亚里士多德说"人是天生的政治动物"？

亚里士多德非常注重对社会政治问题的研究。在《政治学》这本书中，他指出："人是天生的政治动物。"人从来没有也不可能以单独的个人形式存在，他总是需要和别的人打交道，从而建立家庭、社会和国家。从时间的角度讲，家庭先于国家，因为总是夫妻先组建家庭，然后形成村社，最后形成国家。但是从逻辑的角度讲，所谓"国家"，是先有"国"后有"家"，因为国家高于个人、家庭和村社。个人和国家的关系就像有机体的部分和整体的关系一样，个人只有在国家之中，才能发展他的能力，才能实现自己。

亚里士多德所说的国家其实是古希腊的城邦，比如雅典和斯巴达。他认为，城邦的公民只有参与共同体的生活才能成其为人。按照他的说法，社会生活是人类生存的目的，一个人如果脱离社会和国家，他就不成其为人，他要么成为野兽，要么是神。所以，人与动物的区别就在于他的社会性和政治性。反过来，社会和国家则将人培养成良好的公民，使他成为有美德的人，使他过上幸福的生活。

但是必须注意，亚里士多德说"人是天生的政治动物"的时候，他所谓的"人"指的是古希腊城邦有公民地位的成年男子。也就是说，在那个时代，大量的奴隶是不配参与政治生活的。此外，小孩和妇女也不享受任何政治的权利。

82 亚里士多德为什么说一粒种子已经包含了一棵 参天大树的全部？

佛经说：一花一世界，一树一菩提。说的是于细微处能见到整个世界，能领悟宇宙之奥秘。而亚里士多德"一粒种子已经包含了一棵参天大树的全部"的观点，却与佛教禅宗无关，他说的是潜能与实现的关系，是"隐德来希"。

亚里士多德认为实现是先于潜能的，事物中所包含的潜能是其能够实现的最终目的。对于一粒种子来说，它的潜能就是成为一棵参天大树；而它既然是一粒种子，就一定能够长成一棵参天大树。也就是说，作为最终生成形态的参天大树已经埋在了它最初的作为一粒种子的形式里。因为这粒种子是从老树开花结果而来，作为老树的果实，它就已经具备了长成一棵树的能力，所以当一粒种子仍只是一粒种子时，它的身体里面就已经包含了一棵参天大树的全部。

"隐德来希"在希腊语中指的是完成了的目的，也就是一个事物的完全实现。种子能够实现它成为大树的潜能在于那棵孕育它的老树，由此一直推论，亚里士多德认为宇宙中存在一个"第一推动者"，即终极的目的因。宇宙因第一推动者的推动而开始运动、发展，种子也因第一推动者而能够得到沿袭实现潜能的能力。这个第一推动者其实就是上帝。

除了"隐德来希"外，亚里士多德还提出了"四因说"，他认为质料因、形式因、动力因和目的因是一切事物的四个原因。比如陶匠制作一只陶罐，构成陶罐的陶土是质料；陶匠的加工改造是驱动力；最终要制成一个陶罐是目的；而陶土要成为陶罐则需要具备一定的样子、形式。

"四因说"和"隐德来希"是亚里士多德提出的关于世间万物发

展、变化的系统学说。

83 为什么说我们每个人都是一个小宇宙？

晚期希腊有一个哲学流派叫斯多亚学派，这个学派认为一个哲学家必须具备三种德性，即精确的逻辑训练、高尚的道德修养和渊博的自然知识，所以他们把哲学分成三个部分：逻辑学、伦理学和物理学。在几百年漫长的发展过程中，斯多亚学派一直在寻求使人类生活和宇宙生活一样有秩序的方法，从而确保个人的幸福。

斯多亚学派认为，整个世界和宇宙具有严格的秩序，它由创造力的活火所形成——火渗透到被动的、惰性的质料中从而形成万物。甚至于能思维的"灵魂"也是火性的东西，是火与气的混合物"普纽玛"。世界和宇宙是不断循环的，宇宙由火起始而生万物，经过一段固定的时间（据说是 1.8 万年或 1.08 万年），又为一场大火所焚毁，万物复归于原始的火。然后再经过一段预定时间照原样重新生成，形成一个新的世界。如此周而复始，循环不已。不仅如此，每一个重新产生的世界在一切方面都与前一个世界相似，在前一个世界发生过的事情，在后一个世界又会重新出现。

斯多亚学派认为，我们每一个人就像一个小宇宙一样，在我们的内部也会经历与世界的循环生灭一样的"命运"。宇宙为理性所统治和支配，所以宇宙的本性便是理性；而作为小宇宙的人，其本性也是理性。所以对人而言，最重要的美德就是顺应自然，按照理性去生活。换句话说，顺从理性就是服从支配宇宙的不可变更的规律、必然性，也就是服从命运。如果我们能使自己的小宇宙契合宇宙世界，那我们就能做到"天人合一"。依循本性生活就应该摒弃一切快乐、爱好、欲望和兴趣，永远与自己保持同一，享受内心的独立和性格的自由，这才是真正的快乐和幸福。正因如此，斯多亚学派认为哲学家虽然具有感情，但是不应该有激情；他应该在一种静观和克制的状态下与宇宙保持同一。

84 伊壁鸠鲁是如何证明"死亡并不可怕"的？

生物学的基本知识告诉我们，任何生物最终都是要死亡的，人也不例外。中国古代的皇帝常常试图寻求长生不老之术，但没有一个成功的。而西方的哲学家从古至今都在思考一个问题——如何面对死亡？正因如此，也有人将哲学看作是"习死之学"，因为它引导我们正确看待死亡，从而使我们能珍惜生活、热爱生命。

晚期希腊有个哲学家叫伊壁鸠鲁，他创建了一个花园学校，带着学生在园子里研习哲学。伊壁鸠鲁认为我们毕生所追求的是个人的安康，为此我们必须从身体和心灵两方面着手。具体来说，我们要相信自己的感官，因为知识的习得依赖于感觉；为了让我们的感官能发挥作用，适当的感官享受是必要的。当我们的感官满足了，身体就会处在一种幸福的状态。至于灵魂，当它受到纷扰的时候就会痛苦，因此我们要尽力让心灵保持安静的状态。当身体的基本需要得到满足，而心灵也保持宁静时，人就是幸福的。

但是，因为一想到死亡人的心灵就往往会陷入不安，所以伊壁鸠鲁认为对死亡的恐惧是导致我们不幸福的重要原因。为了证明死亡并不可怕，他分析说：当我们还能想到死亡的时候，我们还活着，因为我们还有思维；反过来，如果死亡真的来了，我们就不能思维了，而恐惧只是人的意识在思维时的一种表现。所以，死亡并不可怕，因为死亡和思维处于两个世界。据说，当伊壁鸠鲁感觉大限将至时，他洗了个舒服的热水澡，喝了美酒，然后把学生叫到身边平静地与他们告别，用切实的行动践行了自己所倡导的理论。

85　为什么说"宁愿做一只快乐的猪也不做一个痛苦的哲学家"？

　　晚期希腊哲学有一个流派叫怀疑主义，它的代表人物是皮浪。在那个时代，繁荣的古希腊已经走向衰落，先后被马其顿王国、亚历山大帝国和罗马帝国统治，社会动荡不安，人们的生活没有保障。哲学家们感到很难再有机会去变革现实，因而纷纷转向自身，希望能实现个人的幸福。

　　皮浪的怀疑主义认为面对现实世界，只有感觉是可靠的；理念或者事物的本质都是虚幻的，因为我们认识世界时不可能脱离自身的经验。又因为每个人都从他自己的感觉出发与世界打交道，所以真理只是我们大家约定俗成的。换句话说，客观、唯一的真理是不存在的，哲学家如果非要去寻找人生和世界的真理，那只会非常痛苦。

皮浪认为最好的方式就是把那些超越我们感觉的、我们无法认识的事情悬置起来，不去管它。对于生活，我们要做到"不动心"，让心灵保持宁静的状态。据说有一次皮浪坐船的时候遇到了风暴，当时狂风大作，船快要倾覆了，同行的人都非常惊恐，乱成一团；而皮浪却很平静，他指着船舱里一只正在安静地吃食料的猪对大家说，聪明人应该像这只猪一样，任凭风吹浪打，处变不惊。确实，思考本身是艰难的，透彻地认识世界也绝非易事，在这个意义上讲，哲学家也许是痛苦的，但人毕竟不是一只不会思考的猪，痛苦的思考也是人之为人的意义所在。所以，皮浪说这话虽然有其原因，但太过极端了。

86 《圣经》为什么要分《旧约全书》和《新约全书》？

《圣经》由《旧约全书》和《新约全书》组成。其中，《旧约全书》建立在犹太教的基础上，是犹太人的经书，它记述了犹太民族的历史，内容侧重于讲述上帝创世和犹太人如何通过崇拜他们的神耶和华而得救的事迹；《新约全书》则是基督教的圣书，记载的是耶稣及其使徒的言行和故事，以及早期教会的情况，它也被称为基督徒的福音书。

《旧约全书》大多由神话组成，从"上帝说要有光，于是就有了光"的七天创世，到亚当、夏娃因为被蛇诱惑偷吃禁果而离开伊甸园，再到上帝用洪水毁灭犯罪的人类而让诺亚乘上方舟，再到摩西带领以色列人摆脱埃及人的奴役重新回到耶路撒冷，等等。这些看似不可思议的神话和教义虽然也为基督徒所接受和信奉，但其有关犹太民族的律法和先知之言，更深地影响了犹太人和犹太教。

《新约全书》主要由《马太福音》、《马可福音》、《路加福音》和《约翰福音》四部福音书及启示录组成，它的主旨是通过布道传播和宣扬爱。《新约全书》主要讲述的是耶稣一生的事迹，如为了替人类赎罪被钉死在十字架上，又为了拯救人类而复活等。《新约全书》和《旧约全书》共同组成了基督教的信仰体系。虽然一开始受到批判和镇压，但是从公元 4 世纪开始，以《新约全书》为信仰圣书的基督教逐渐为罗马帝国所接受，最后成为帝国国教；传播至今，其信徒超过 20 亿，分布于全球 150 多个国家和地区。可以说，基督教是目前西方世界最重要的宗教。

基督教在中世纪时期对保存和传播文化起到了一定的作用，同时也在一定程度上促进了西方哲学的发展，且西方哲学家往往具有基督教的信仰背景，因此，基督教哲学成为了西方哲学的重要组成部分。

87 "因为荒谬，所以信仰"是什么意思？

基督教产生之后，哲学和神学的关系问题一直存在争议。大体上存在这样两种基本态度：一种主张用哲学思维来解释神学，即按照古希腊哲学的理性精神从逻辑上去求证上帝和神的存在；另外一种则主张神学属于信仰领域，即对于上帝我们不能去怀疑，也不应该试图去理解，哲学应该是神学的"婢女"。所以教父哲学作为早期的基督教哲学就有了"希腊教父"和"拉丁教父"之分。"希腊教父"的代表思想家是奥古斯丁，而"拉丁教父"的代表思想家就是提出"因为荒谬，所以信仰"的德尔图良。

在基督教发展的早期，面对罗马统治者的政治迫害和哲学家的文化歧视，以德尔图良为代表的一部分护教思想家提出了反理性、反哲学的极端信仰主义思想。德尔图良认为哲学是异教徒的智慧，哲学家只能败坏对上帝的信仰。所以他愤愤不平地说："这些人没有被送去喂野兽，其实完全应该这样做，因为他们是哲学家而不是基督徒。"按照他的理解，哲学家和基督徒是完全不同的，他说："基督徒和哲学家之间哪有什么相似之处呢？在希腊人的信徒和上帝的信徒之间，在追求名声的人和追求生活的人之间，在说者和行动者之间，在建设者和破坏者之间，在统帅和囚徒之间，难道有什么相似之处吗？"哲学家强调从理性的角度分析上帝和基督教，而德尔图良则强调"唯凭信仰"。这一命题的原话是："上帝之子被钉死在十字架上，我不感到羞耻，因为人必须为之羞耻。上帝之子死了，这是完全可信的，因为这是荒谬。他被埋葬又复活了，这一事实是确定的，因为它是不可能的。"后来西方思想界就用"因为荒谬，所以信仰"来概括德尔图良的这一思想。

德尔图良提出这一命题反映了西方哲学中理性和信仰的冲突，虽然西方哲学的主要倾向是继承古希腊哲学的理性传统，但"唯凭信仰"这一理论仍然在基督教神学、神秘主义哲学中有着持久且广泛的影响。

88 奥古斯丁为什么说人因为骄傲而堕落？

奥古斯丁是早期基督教最著名的神学家，他写了《忏悔录》和《上帝之城》两部名著。作为神学家，他以自己的方式证明了上帝的存在，由于他秉承的是柏拉图的哲学传统，所以他的思想带有明显的柏拉图主义痕迹。

奥古斯丁在皈依基督教之前，曾信奉过当时流行的摩尼教，对此他感到十分后悔，并在《忏悔录》中作了彻底的反省。信仰可以改变吗？是的，因为奥古斯丁认为尽管人是上帝创造的，犯有"原罪"，但是人有自由意志，可以作出选择；一个虔诚的基督徒应该选择善的生活，选择信仰上帝。那"原罪"又是如何产生的呢？按照奥古斯丁的理解，亚当和夏娃背离上帝的旨意偷食禁果，是受到撒旦的诱惑而犯下的罪，因为遗传，亚当的子孙就有了"原罪"。人的罪恶就是背离至善，背离上帝。人之所以背离上帝，是因为人不满足，以为自己能像天使和上帝一样，并由此产生骄傲之心。当我们的意志因为骄傲而舍弃比自己更优越的事物选择低下的事物时，罪恶就产生了，人就堕落了。

奥古斯丁认为自从人背离上帝以来，就出现了两个世界，一个是天上的上帝之城，一个是人间的尘世之城。人类的历史就是上帝之城战胜尘世之城的历史，最终上帝所选择的得救的人构成上帝之城，上帝确定要毁灭的人构成尘世之城。上帝之城意味着永恒的幸福，而尘世之城是恶人居住的地方，是我们这个黑暗的现实生活世界。人只有克服自己的骄傲，变得谦逊和虔诚，才能重新回到上帝的怀抱。

89 人们曾用什么方法来证明上帝存在？

中国古代的知识分子研究天理伦常、孔孟老庄，天子贤明的时候，他们可能可以直抒己见、针砭时弊；天子管得严——知识分子不济的时候，他们可能就只能研究同一本书不同版本之间的差别。那么西方知识分子在中世纪的时候在做些什么？他们做得最多的就是证明上帝存在，甚至有神学家抱着极大的热情潜心研究一根针尖上到底能站多少个天使之类的问题。在中世纪，用各种方法证明上帝存在的有奥古斯丁、托马斯·阿奎那和安瑟尔谟。

安瑟尔谟用的是本体论的证明方法。他说，所谓的上帝乃是可设想的无与伦比的伟大的存在者，假设我们可以设想这样一个无与伦比的伟大的存在者——上帝并不真实存在，但是我们其实可以设想它在现实中是实际存在的，那么，可以设想的在现实中实际存在的上帝是否比实际上不存在的上帝更伟大呢？是的，因为他说了一个属性——实际存在性。所以，既然上帝是无与伦比的伟大的存在者，那么它就一定存在，因为它实际存在比它可能不存在要更伟大。

安瑟尔谟采用的是归谬法。在西方哲学史上，还有许多证明上帝存在的方法，比如第一因证明：万事万物都有其发生变化的原因，原因之前又有原因，它们紧密关联、相互影响。那么，引起事物变化最初的原因是什么呢？亚里士多德认为宇宙中存在着一个第一因，即第一推动者——上帝。牛顿在其第一运动定律中阐明了力与运动的关系，然而，他也因此对一个问题百思不得其解：使地球转动的最先动力到底来自哪里呢？他认为可能是上帝踹了地球一脚，之后就弃之不管了，地球由此按照三大运动规律开始运转。这也就是牛顿晚年不再进行科学研究，而是写了上百万字的神学著作的原因。

90 为什么说"知识就是力量"？

培根的那句"知识就是力量"可以说是家喻户晓，老少皆知。关于什么东西最有力量，自古以来就有很多说法。革命歌曲唱得好："团结就是力量，这力量是铁，这力量是钢，比铁还硬，比钢还强。"由此可见，团结是前进时必不可少的一种无形武器，能够让人无往不胜，它是人的力量。那么，"知识就是力量"又作何解呢？

通常的理解是：近代以来最重要的是人才，而人才最重要的素质是知识；也正因为如此，随着时代的发展，"知识就是力量"这句话才会口口相传，广为传播。

"知识就是力量"的原文是"Knowledge is power","power"这个词的最基本的词意是"权力",所以比起将之翻译成"力量",翻译成"权力"更为贴切。培根的这句话实际上说的是,"知识就是权力",即人有了知识以后就会有影响力和操控力。培根的真正意思是,近代的人类可以凭着科学知识的力量获得对世界的统治地位。要知道,从中世纪走出来的近代哲学和科学,在当时仍被基督教神学的阴影所笼罩,许多知识仍是为神学服务的,神学严重地阻碍了哲学和科学的发展。培根说"Knowledge is power"的意思是:有了知识之后哲学和科学就能摆脱基督教、神学的阴影,真正为真理服务,而人们也能真正开启近代哲学和科学之门,而不是走中世纪的老路。

此外,"知识就是力量"这个命题所适用的范围不是个人,而是整个人类。当培根提出这个命题的时候,他乐观地相信只要人类采取新的思维和实验方法,就能实现科学的发展,就可以发现和控制大自然,从而促进生产力的发展,推动人类的进步。所以,"知识就是力量"和"知识就是权力"从根本上表达了一种以人为中心的乐观主义态度。

91 笛卡尔为什么说"我思故我在"?

"我思故我在"这句话的风靡程度,从电视上各种广告、微博上各种签名对其所作的改编就可见一斑,人们都用这一句式来表明"故我在"之前的那个动词对"我"的重要性。然而笛卡尔并不像现代人这样渴望表现自我,他提出"我思故我在",只是为了给认识论以及建立在认识论基础上的近代科学、哲学一个可靠的基础。

笛卡尔认为,要为"认识"找基础,就应该从怀疑一切开始。他提出了四个怀疑的对象:以往的哲学传统、感官、梦境和逻辑推理,他认为这四类对象都是可以怀疑的。以往的哲学体系,一定有许多可

怀疑之处；现实生活中有许多例子同样证明我们的感觉是错觉；逻辑同样可以怀疑，因为任何结论都需要前提，而前提之前还有前提，一旦最初的前提是错误的，逻辑就有被怀疑的充足理由。

那么什么才是无法怀疑的呢？笛卡尔提出：我不能怀疑我在怀疑。既然我怀疑一切，那么我的怀疑就是能够肯定的，我就不能怀疑我正在怀疑这件事情本身。我在怀疑是一个思维活动，所以我不能怀疑我的思维，所以我的思维是真实存在的。这里需注意的是，"故"并非表示因果关系，"我思"和"我在"其实是一个同语反复，"我思"就等于"我在"。

其实，笛卡尔并非真要怀疑一切，他只是要寻找一个认识外界的不可撼动的根基的证明。笛卡尔正是以这样的方式为近代哲学、科学奠定了坚实的基础，同时他自己也被称为"近代哲学之父"，而"我思故我在"也成了近代哲学的一个著名的口号。

92　你知道谁被称为"哲学家中的哲学家"吗？

如果说苏格拉底是为哲学殉道的智者，那么出生在荷兰的犹太哲学家斯宾诺莎则可称得上是西方哲学史上最高尚的哲人。他放弃了巨额财产，一生过着退隐、简朴的生活，以打磨光学镜片为生；他追求真理，忠于自己纯粹的信仰，为此与犹太社团发生冲突，被驱逐出犹太社团，同时还遭受到基督教乃至整个欧洲哲学界的讨伐和迫害。尽管他的哲学观点引起了争论，他的无神论和唯物主义遭到了人们的谴责，但他的生活方式无可指责，而且他是将自己的哲学思想在实践生活中贯彻得最彻底的哲学家。

斯宾诺莎继承和发展了笛卡尔的思想，用几条简明的公理和定理推论出了庞大的唯理论体系。他认为哲学的目的在于获得最高的幸福，这种幸福与世俗的幸福，如财富、荣誉和感官快乐相反，是一种至高的精神幸福，是对真理的追求和信奉，即善的生活。依据我们的理性，我们获得对世界的真观念，这其中最重要的是实体。所谓实体，实际上是唯一的、无限的、不受任何东西限制的，所以实体自身就是自己的原因。实体具有思想和广延两个属性，心灵和身体对应着这两个属性，是平行的。因为实体是自因的，所以它是不朽的；同时，也只有自因的事物才是真正独立的。自然中没有偶然的东西，一切都是按照必然性运作的；但同时，如果可以认识到这种必然性，我们就能真正理解自由。

为什么说他是"哲学家中的哲学家"呢？因为一方面，没有任何一个哲学家能像他那样彻底地将哲学和现实生活结合起来，他的虔诚信仰和对真理的追求使他成为了一个最纯粹的哲学家，除了哲学，他不需要任何别的东西；另一方面，他通过晦涩严密的推理，使哲学家们能够以自己的理解去获得启发、感受和一种活动的决心。他是哲学史上最有哲学气质的人，他教人怎样变成哲学家。

93 为什么莱布尼茨认为我们所处的世界是最美好的？

随着科技的发达，科学家开始猜测是否存在平行世界。平行世界也称多重宇宙，它是一种尚未被证实的猜测。根据这种猜测，在我们的宇宙之外，很可能还存在着其他的宇宙，这些宇宙是我们的宇宙的可能状态，其基本物理常数和我们所认知的宇宙可能相同，也可能不同。300多年前，"千古绝伦的大智者"莱布尼茨就提出了这个猜想，只不过他用此来证明上帝存在。

狄德罗的《百科全书》中有个词条叫"莱布尼茨主义"，它是这样说的："当一个人考虑到自己并把自己的才能和莱布尼茨的才能作比较时，就会弄到恨不得把书都丢了，去找个世界上极偏僻的角落躲藏起来以便安静地死去。这个人的心灵是混乱的大敌：最错综复杂的事物一进入他的心灵就秩序井然。"莱布尼茨是历史上被测定为智商最高的人之一，他与牛顿几乎同时提出微积分，从而奠定了高等数学的基础。他在当时几乎所有的科学领域都有所建树，确实是一个让天才都难以望其项背的人。

莱布尼茨认为可能存在无数的世界，只要它们不违背逻辑。而全能全善的上帝必定会在无数的可能的世界中选出一个最好的世界给予我们，因为他是善的。或许现实世界中确实存在许多地方还值得改进，但是上帝一定已经在所有可能的组合中，选出了最好的组合给我们。如果说上帝是全善的，世界上又为什么有恶存在呢？莱布尼茨给出的答案是：上帝创造出恶是为了让人能够体会到善，而人在克服恶的过程中就表现出了自己趋向善的意志和能力，这恰恰证明了上帝的伟大和善良。

94 洛克为什么说人的心灵是一张"白纸"？

近代西方哲学大体上分为大陆唯理论和英美经验论两大流派。唯理论认为真理的标准是清晰明白的，它来源于天赋观念；认为通过理性思维和演绎逻辑，我们最终可以认识整个世界。经验论则认为天赋观念是不存在的，人通过自己的感觉获得经验知识，而归纳推理能保证人类知识的增长和社会的进步，因此感觉是认识的基础。洛克是经验论的集大成者，他以经验论思想批判了唯理论哲学，提出了认识论上著名的"白板说"。

洛克认为天赋观念是不存在的，它实际上是中世纪经院哲学和基督教神学的残余，阻碍了人们对世界的正确认识和科学的发展。心灵是什么？洛克认为人刚刚出生的时候，其心灵就如同白板或白纸，上面没有任何的标记和痕迹；后来我们通过经验慢慢地在空白的心灵上留下印记，从而获得了知识。我们所有的知识都来源于后天的经验，比如通过吮吸母乳我们知道了香甜的味道；通过灼伤我们知道火的特性，总之，通过后天的经验和教育我们习得了一切知识。经验又分为两种，一种是直接经验，那是我们在自己的人生中切身体验到的；另一种是间接经验，即书本知识，是前辈或别人的直接经验的积淀。所以，归根结底，一切知识来源于经验。

经验论哲学有其合理性，一切实验科学都是建立在经验的基础之上的，但是不能就此否认演绎推理的作用，比如逻辑学和数学（尤其是高等数学）就很难用经验来加以说明。而且如果凡事都要用经验来说明的话，那面对尚未或不能经验的对象，我们就容易陷入极端的怀疑主义。

95 霍布斯为什么用狼与狼之间的关系来形容人与人之间的关系？

近代哲学家在提出自己的社会政治思想时，往往会对早期的人类社会进行一些推测，如设想人类初期的生活状态是怎样的等，这种学说我们称之为"自然状态"学说。人在自然状态下的生活，和其在人类社会形成、国家建立后的生活是完全不同的。

有关自然状态的情况，不同的思想家依据自己的理论有不同的描述。卢梭和洛克认为，原始时期是一个黄金时代，那时候人很少，自然资源（蔬果、动物）极其丰富，人过着无忧无虑的生活，正所谓"饱食终日、无所用心"，人与人之间也没有任何的纷争和矛盾。

英国哲学家霍布斯则不这样认为，在他看来，虽然原始时代物质资源很丰富，但是因为没有任何法律的约束，也没有形成任何的社会规则，所以人更多地表现出自私的一面。他推测，那时候如果有人为了某样东西——比如水果——产生了矛盾，由于没有人来做裁判，他们最终只能通过武力来解决问题，在这样的情况下，必定是身强力壮的人占据优势；又由于每个人都担心他人可能会威胁到自己的安全，因而不得不事事倍加小心提防，这样一来，大家都过着惶惶不可终日的生活。

正是出于这样的推测，霍布斯认为，在"自然状态"下，人与人的关系就像动物界里狼与狼的关系一样，永远处在一种争斗和不安全的状态之中，这就是所谓的"人对人是狼"。他认为，为了结束争斗、结束这种状态，大家就签订契约建立了国家。在此之后，由于有了法

律和各种规章制度的保障及制约，人们就不能随意对外使用武力了，同时，国家会保护每一个公民的生命和财产安全。

霍布斯的"自然状态"学说虽然难以从历史上得到实证，但作为一种猜想是有其合理性的，对于我们理解社会和国家的产生也有帮助。

96 卢梭为什么认为文明是充满罪恶的？

1749年盛夏，卢梭去巴黎访问他的好友、百科全书派的领袖狄德罗，途中小憩时他偶然翻阅一份《法兰西信使报》，看到了第戎学院以"论科学与艺术的复兴是否有助于敦风化俗？"为题的文章，顿时思如泉涌，写出了《论科学与艺术》，一举成名。

在卢梭看来，自然是美好的，原始状态的人是生来自由平等的；人类社会早期是黄金时代，那时候没有私有制，每个人都是独立的个体，他们没有争斗，从自然界获取自身所需要的一切资源。私有制的产生虽然促进了生产力的发展，给人类带来了文明，带来了科学和艺术，但文明充满了罪恶，人类陷入了争斗和苦难之中，统治阶级通过剥削劳苦大众维系自己的统治。卢梭认为，人类因为进入阶级社会而丧失了优良的品德，健全的人性因为物质利益和科学技术的腐蚀而扭曲，这就是异化。

18世纪启蒙运动时期的思想家坚信人类依凭理性的力量可以摆脱愚昧和迷信，科学和艺术能帮助人成为独立的主体。他们相信人类社会在理性和科学的支配下必将走向一个理想的社会，历史是不断进步的。卢梭虽然也是启蒙思想家，但他从浪漫主义的角度出发，认为应该用自然的美好代替"文明"的罪恶；科学和艺术如果不能遵循人的自然本性，那么它们不但无助于道德风尚的提高，反而会加速人的堕落。不仅如此，他还认为，科学和艺术向来是为统治阶级服务的，劳苦大众很难享受到文明所带来的成果。

卢梭的这种浪漫主义文明观虽然偏激，但对后世影响很大。比如，后来的人本主义哲学就发展了卢梭的异化思想；又比如，法兰克福学派的思想家针对今天科学技术的发展直接提出了"科学技术是意识形态"这一深刻的见解。对于这一命题，关键是看科学和艺术是不是为多数人所掌握，是不是为社会大部分人的利益服务，如果不是，我们就不能忽视它们的负面影响。

97 为什么拉美特利说人是一台机器？

18世纪法国唯物主义者拉美特利写过一本书，名为《人是机器》。为什么他会这样说呢？

当时，困扰哲学界的一个问题是人的心灵和身体的关系究竟是怎样的，此前的哲学家笛卡尔提出了"身心交感论"，而斯宾诺莎提出了"身心平行论"。拉美特利是一个医生，他从自己的角度提出了"人是一台机器"。

拉美特利认为，要了解人的心灵的本质，一定要从后天出发，必须以经验和观察为指导。在探索人体这座迷宫时，他指出，人"归根结底却是一些动物和一些在地面上直立着爬行的机器而已"。人与动物相比，只不过是一台更加精致、更加复杂的机器，人的一切活动都是机械运动。这台机器运转正常，人就处于健康的状态；反之，如果某些零部件出了问题，人的心灵就会紊乱，身体就会患上疾病。人在很多本能活动上不如动物，只是因为有了教育和后天环境的影响，人才胜过了动物。

拉美特利又进一步依据当时医学提供的大量材料，证明了人的心灵活动完全取决于机体的组织状况，他认为有多少种不同的体质，便有多少种不同的精神、不同的性格。比如游牧民族因为以肉食为主，所以常常表现出彪悍的性格特点。不仅如此，各式各样的心灵状态都与大脑的组织结构有密切的关系。

拉美特利用唯物主义的观点说明人的生理现象，批判宗教神学，这无疑是一种进步，但"人是机器"这一思想明显忽视了人的创造性和多样性，是片面的。不仅如此，这一命题在笛卡尔哲学的基础上强化了一种机械唯物主义的观点，这也是18世纪法国唯物主义的一大缺陷。

98　哲学史上的"哥白尼革命"是什么？

在近代以前，天文学都坚持"地心说"。当时的人们都坚信地球是整个宇宙的中心，上帝如此爱着人类，一定会让地球作为中心，而让其他星体围着地球旋转。在当时，如果有谁说地球不是中心，那就是对上帝的亵渎。波兰人哥白尼在1543年创立了"日心说"，就此开启了近代天文学之门。"日心说"之所以又被称为"哥白尼革命"，是因为它颠覆了那个时代人类对宇宙的认识，明确提出太阳是太阳系的中心，地球围着太阳转，从而改变了人们对天体的认知，动摇了欧洲中世纪宗教神学的理论基础。

那么，康德哲学为什么被称为哲学史上的"哥白尼革命"呢？在康德之前，哲学家们普遍认为，人的感知是由外界事物所决定的，外界事物对感官的刺激形成了知识，外界事物的改变促使知识也随之发生改变。所以，我们的认识归根结底来源于外界事物。但康德却提出了不同的看法，他认为，人对外界事物的认识恰恰是人的思维赋予外界事物的，是人的知性范畴作用于感觉提供的经验材料而形成的。在人的认识与外界事物的关系上，恰恰是人占主体地位，人能够为自然立法。

康德转换了人与自然在认识上的关系，就如同外在对象是地球，人是太阳，康德赞同的是"日心说"，也就是说他认为知识的形成应该以人为中心，而不是像此前的人们所认为的那样，人完全为外在事物所决定。所以，康德哲学捍卫了人的尊严和自由，力图纠正此前关于人的认识被外界事物所束缚这一哲学认识。他强调了人类中心主义的思想，因此，康德哲学被称为哲学史上的"哥白尼革命"。

99　什么东西能对人的行为起到"绝对命令"的作用？

康德《实践理性批判》的结尾部分有这样一段话："有两样东西，我们愈经常愈持久地加以思索，它们就愈使心灵充满日新月异、有加无已的景仰和敬畏：在我之上的星空和居我心中的道德法则。我无需寻求它们或仅仅推测它们，仿佛它们隐藏在黑暗之中或在视野之外逾界的领域：我看见它们在我面前，把它们直接与我实存的意识连接起来。"

在康德看来，人是理性的动物，他必须遵循某种道德的律令。这些道德律令具有绝对性，不仅不以人的意识为转移，而且对人的行为起着"绝对命令"的作用。康德提出了三条对后世伦理学有深远影响的道德律令，分别是：无论做什么，总应该使你的意志所遵循的准则永远同时能够成为一条普遍的立法原理；任何时候都应该把人当成目的，不应该把人当成工具；任何人都应该遵循意志自律的原则，将自己的意志当成是颁布普遍规律的意志。康德的绝对命令的一般内容是对启蒙时代所提倡的人的自由、平等和博爱思想的高度哲学概括。

实际上，对康德这个思想还可以有另外一种解释。康德认为哲学应该建立在科学的基础上，这样，它就能像牛顿所建立的自然科学一样得到长足发展；同时，需要用卢梭所倡导的人的自然情感（同情心、自然本性）来促进哲学的变革。所以，"位我上者，灿烂星空"是献给牛顿的敬意，"道德律令，在我心中"是对卢梭思想的一种继承。

100 为什么说"存在即合理"？

这是德国著名哲学家黑格尔提出的命题，他在《法哲学原理》中说："凡是合乎理性的东西都是现实的，凡是现实的东西都是合乎理性的。"这句话后来被概括为"存在即合理"。

怎么理解这一命题呢？黑格尔认为哲学是对世界的总结，是对已经发生的事情的反思，按照他的理解，世界和历史是从一个初级的阶段不断发展到成熟水平的，而世界也总是从不合理的状态发展到合理状态的。在漫长的发展过程中，不成熟的、不合理的事物总会被慢慢淘汰，而合理的事物才会存在。黑格尔认为，在他所生活的 19 世纪的德国，哲学、政治生活已经到了最为完善的阶段，正是从这个角度出发，他才说"凡是现实的东西都是合乎理性的"。

但是黑格尔这个命题还有另外一层含义，就是"凡是合乎理性的东西都是现实的"。我们仔细思考后会发现，对于哲学来讲，这个命题具有革命性的意义。事物总是被分为新事物和旧事物，新事物往往是符合发展规律、具有更强的合理性的，黑格尔所说的"凡是合乎理性的东西都是现实的"，蕴含了这样的意思：如果一个事物是新事物，如果它具有更强的合理性，那即便它现在还没有变成现实，它也必将突破阻碍，超越旧事物而变成现实。如果这样理解，那么黑格尔的这个命题就具有了很强的革命性，因为它使人们认识到更合理的新事物最终会取得胜利。

101　为什么最能体现哲学意味的动物是猫头鹰？

黑格尔是 19 世纪德国伟大的哲学家，他构建了一个庞大的唯心主义哲学体系，在这个体系中，他对那个时代已知的知识进行了系统的总结。在黑格尔看来，哲学具有两个特点：第一，任何哲学都具有时代性，哲学和哲学家不能超越他们的时代，就像人不能超越自己的皮肤而存在一样。第二，哲学是一种事后的反思，它教会我们透过日常生活看到其背后的本质。只有当某个事物、某个事件、某段历史已经完成，哲学家才能对发生的事情进行思考。

出于对哲学的这种理解，黑格尔在《法哲学原理》中说了这样一句话：密涅瓦的猫头鹰，要等到黄昏到来才会起飞。猫头鹰经常是白天睡觉，晚上出来觅食的。所以黑格尔用猫头鹰来比喻哲学，他的意思就是哲学的任务在于对已经发生的事情进行总结和思考。黑格尔还认为，到了19世纪他所生活的年代，尤其在他的祖国普鲁士，所有的一切都已经发展到完备的程度，此前的哲学家分别对哲学作出了自己的贡献，而他肩负的使命就是最终完成哲学。如果你接受黑格尔对哲学的定位，那么我们确实可以说猫头鹰是最能体现黑格尔所倡导的那种哲学精神的动物，它是哲学家的图腾。

102　叔本华为什么说人生都是悲剧？

19世纪的德国哲学家叔本华通过意志主义哲学掀起了西方哲学的一场革命，这场革命标志着西方哲学从近代向现代的转型。不仅如此，叔本华还将传统的形而上学问题与人生的意义问题直接挂钩，把哲学从哲学家的高头讲章中解放出来，使之恢复了原始活力。

叔本华认为"世界是我的表象"，这并不是说世界是由我创造的，也不是否认物质世界的客观存在，而是说它对我们呈现，被我们所表象，即世界对我们呈现的永远只是我们表象它的那个样子。表象背后的世界我们可以认识吗？康德认为那是不可认识的彼岸之物，叔本华同意康德对现象界和自在之物（彼岸之物）所作的区分，只不过他认为虽然人们依靠理性不能认识自在之物，但是依靠非理性可以知道，那决定现象界的真正力量是意志，是生命意志。所以，叔本华的哲学也被称为"意志主义"。

叔本华认为意志从根本上讲是盲目的，是没有根据和理由的，它就是一种盲目的冲动、一种无穷的努力或永恒的生成，它是一种原始的生命力，是每一种事物（不管是无机物还是有机物）想要永远持存下去的欲望。在动物那里，生命意志表现为自我保存和繁衍后代；在人这里，生命意志表现为满足自己生存需要的种种活动。

然而，欲望是无穷的，人的欲望不可能全都得到满足，所以人会感到痛苦。叔本华说："欲求和挣扎是人的全部本质。"就像佛教所说的，人生的痛苦之一在于"求"之"不得"。得不到是一种痛苦；得到之后又会有新的欲求，新的痛苦。所以叔本华认为所谓的幸福与享受只是欲望的暂时停止，人从来都是痛苦的。人就这样被痛苦和空虚所包围，人生本质上就是一个一贯不幸的状态。真正的解脱之道是佛教哲学所向往的消除欲望和寂静涅槃。这就是叔本华的悲观主义哲学，尽管它体现了时代的特征和对人生的思考，但不得不说它过于极端了。

103 尼采为什么说"上帝死了"？

德国哲学家尼采认为，西方哲学从苏格拉底以来一直到基督教，始终都是束缚人的生命和意志的精神枷锁。在他看来，一部西方哲学史就是一部体现弱者道德的形而上学史。这种哲学，尤其是基督教强调的那种以德报怨、"有人打你的右脸，连左脸也转过来让他打"的思想具有很大的危害性，因为它扼杀了天才和英雄，并且使本来健康的人变得孱弱，使人的意志变得萎靡不振。

尼采认为他的哲学使命就是要教给人们超人的哲学，让人们明白权力意志才是世界的真正本原，只有那种面对生命的勇气和战士的精神才能使我们的身体和心灵变得健康。为此，他批判整个基督教，提出了那个著名的口号："上帝死了。"

尼采说"上帝死了"有两层意思。其一，曾经统治西方近两千年的基督教思想到了 19 世纪后期已经失去了其合理性，变得没有活力了。他认为，基督教并没有拯救我们，相反使人变得越来越堕落越来越邪恶，没有希望的人最后杀死了上帝。其二，上帝死了之后，人怎么办？尼采认为如果没有了上帝，人就获得了真正的自由，新人就会产生，他们会承担起自己的命运，展现出强力意志；因此，上帝死了会使人在一段时间内陷入虚无主义，变得彷徨无助，但当人越过这一阶段后，他将会得到真正的拯救。

104 人的精神为什么要经历从骆驼到狮子再到赤子这三个阶段？

在《查拉图斯特拉如是说》这本书中，尼采很形象地为我们勾勒出了人的精神所经历的三个阶段。

尼采说，骆驼是人的精神经历的第一个阶段。在我们的心目中，骆驼只需要很少的水和食物，就能在环境恶劣的沙漠中负重前行。尼采认为人也是这样，最初阶段他并没有任何自由，以弱小的力量来面对这个复杂残酷的世界，而且他还不得不肩负着理想去努力。骆驼的优点是所需甚少，它的缺点则是没有抗争的勇气，永远只听从主人的指令。人也是如此，当我们还小的时候，父母和老师都教我们要听话，做个乖孩子，这既能让我们进步，但也可能会使我们丧失勇气和独立思考的能力。

在经历了骆驼阶段之后，人的精神进入了第二个阶段——狮子阶段。狮子是万兽之王，它能让小动物们闻风丧胆；狮子是威风凛凛的，它有力量撕碎整个世界。狮子的缺点在于它虽然能破坏和打碎一个旧的世界，但不能创造一个新的世界，或者换句话说，狮子虽然拥有了自由和力量，但是它并不知道如何去使用这种力量。人也是如

此，在长大之后，其体力和智力都得到了很大的发展，这使得人在自己生活的领域里面成了自己的主人，拥有了力量和资源，获得了自我的认同。但是，人往往还是不开心、不快乐，因为他会觉得自己的力量找不到一个合理的释放空间，很难成就自己的事业。

比狮子阶段更进一步的是赤子阶段。这听起来似乎很奇怪，然而尼采认为，虽然赤子看起来很柔弱，但是新生婴儿充满了无穷的可能，他代表了一切的希望，每一个新生的婴儿都是对旧世界的克服。做人也应该如此，不能固步自封，而应该不断地去尝试新的生活，要对生活充满热情，同时也要保持一颗婴儿般纯洁的心灵。这样，我们才能让生活始终充满可能和希望。

105　维特根斯坦为什么自称是"给哲学治疗"的医生？

　　哲学会患病吗？这个问题看起来很奇怪，但是 20 世纪伟大的哲学家维特根斯坦不仅认为哲学"患病"了，而且还以治疗哲学的病患为己任。维特根斯坦出生于奥地利的一个巨富之家，父亲是钢铁大王，和斯宾诺莎一样，他也放弃了巨额财富带来的优裕生活，选择了哲学。凭着对哲学的热爱和追求真理的热忱，维特根斯坦成为了分析哲学的集大成者。

　　分析哲学认为西方哲学长期处于争论之中且进展缓慢的一个很重要的原因就是在语言和概念的使用上出了问题。许多形而上学的概念，比如"本体"、"上帝"、"灵魂"等，都是无法被证实也经不起逻辑推敲的，所以传统的形而上学成了"玄学"。早期的维特根斯坦也持这种观点，当时他还和其他分析哲学家一起倡导建立一种科学的人工语言，试图将哲学纳入逻辑分析的领域。那个时候，在他看来，哲学的目的是思想的逻辑澄清，是命题的澄清，这种澄清的过程就是对哲学进行治疗。在其早年的著作《逻辑哲学论》中，他自诩解决了一切哲学问题。

　　后来，他意识到自己理想中的人工语言存在缺陷，于是他的研究发生了重大的转向，最终构建了后期维特根斯坦哲学。

　　后期的维特根斯坦同样重视分析的方法和对语言的研究，只不过他用日常语言取代了人工语言。他认为日常语言是完全正当的，没有必要再去创造一种人为的理想语言。应该做的是回到日常语言的正确用法上来，因为并非日常语言本身，而是传统哲学对日常语言无意义的误用，导致哲学陷入无谓的争论。他认为，人类有一个根深蒂固的习惯，就是对普遍统一性的追求，而事实本身是乱、变、多的。在日常生活中，当人们提到诸多事物的名称时，其语言含义都是清楚的，不会引发歧义，而且语言的多义性恰好顺应了环境变化的需求。而在哲学家那里，由于习惯和精神的束缚，他们往往会陷入"什么是时间"、"什么是空间"的困惑中，仿佛有一种不变的东西叫作"时间"或"空间"。问题提得不得法，自然百思不得其解。在他看来，一个陷入哲学问题的人就好像是掉入捕蝇瓶的苍蝇，东撞西突，找不到出路。而他所需要做的，就是为迷路者指明出路，帮助他们走出来，这条出路是迷路者因囿于自己的误解、偏见和习惯而无法发现的。维特根斯坦认为，这一出路非常平凡，那就是正常使用日常语言。

因此，维特根斯坦的药方就是：遵守日常语言的用法习惯，在实际语言交往中更多地了解语言，中止对词语的"哲学解释"。这样就可以消除折磨人们思维的哲学伪问题，达到治疗"疾病"的目的。

106 梦真的可以反映人的无意识吗？

中国人常常将梦视为灵异的象征，认为梦代表了神秘的特殊的征兆。不仅中国人如此，西方人在很长时间内对于梦也持神秘主义态度。1900 年，奥地利心理学家弗洛伊德出版了他的著作《释梦》（又译作《梦的解析》），为我们揭开了梦的神秘面纱，开创了心理学的精神分析学派。

弗洛伊德认为人的心理就像巨大的冰山。这座冰山分为两个不同的层次，处于表层的是人们有意识的精神生活，它只占整座冰山的很小一部分，是"浮在海面上的冰山一角"；冰山的大部分是在水下隐而不见的，那就是我们的无意识。由于我们只注意意识，所以往往忽视了无意识才是真正决定人的心理活动的力量。这里的"无意识"是一个心理学的概念，跟我们平日里说的"无意识"不同。那么怎么理解无意识呢？弗洛伊德认为，我们可以通过神经病症状、人们日常生活中的口误和笔误、玩笑以及梦来理解无意识，这其中最重要的是梦。

精神分析理论认为，梦是对人们无意识欲望的满足。以"力比多"为基础的无意识是一种本能，它要求得到发泄；但是文明、道德和社会生活要求人们遵循一定的礼仪和秩序，所以这种无意识的欲望被压抑了，于是人就产生了焦虑。焦虑作为一种心理能量，必须通过一定的途径释放出来，否则人就会患心理疾病，梦就起着这样一个释放的作用。然而，人的意识习惯于否认赤裸的本能（尤其是性本能），这使得梦境表现出光怪陆离的幻象；同时，梦也会通过压缩、置换、戏剧化和象征手法等，使得人们在醒来之后要么忘记了梦境，要么对其百思不得其解。因此，释梦是个很复杂的过程，但是，依据精神分析的科学方法，人们能解释神秘的梦，从而进入无意识的心理世界。

107 为什么胡塞尔认为西方世界的危机是科学的危机？

胡塞尔是现象学的开创者。在胡塞尔看来，哲学的重要功能是给自然科学提供一个确实可靠的基础；近代自然科学之所以蓬勃发展，是因为笛卡尔通过"我思故我在"这一命题开创了一种理性主义的主体哲学，这个"思维的我"就是近代哲学和自然科学的"阿基米德点"。

但是到了 19 世纪末 20 世纪初，西方世界遭遇到了巨大的危机，其表现在自然科学上是数学和物理学的危机（后由于爱因斯坦的相对论而得到解决），表现在哲学上则是虚无主义的泛滥。胡塞尔试图建立一种现象学，以此"面向事物本身"。这种现象学既批判当时流行的用心理现象来解释文化的"心理主义"，也批评事后回溯的"历史主义"。他提出建构"先验自我"，以此来为自然科学的新发展提供新的基础。

在很多人看来，第一次世界大战的爆发是帝国主义国家争夺资源的结果，西方世界的危机是政治和经济的危机。但是胡塞尔不这么看，他认为正是哲学危机和自然科学危机导致了西方世界萎靡的精神和颓废的气息，而西方世界所走过的道路可以溯源到通过知识去认识和控制世界的古希腊传统，如果两千年来这条道路是错误的，那么唯一的办法就是回到出岔子的地方，重新去开辟新的道路。

到了晚年，胡塞尔认为，在科学的世界产生之前，其实有一个生活的世界；而这个生活的世界才是我们应该去认识和把握的，它是我们走出西方危机的关键。

108 为什么萨特说"他人即地狱"？

20 世纪法国著名哲学家萨特从现象学出发创建了存在主义哲学，他提出了"存在先于本质"的学说。萨特认为，人生来并没有固定的本质，也没有人性上所谓的各种规定性；人是一种主观性和超越性的存在，他总是要在生活中进行各种抉择、展开人生的各种行动，最后才形成自己的本质。人是绝对自由的，因为人的存在就是自由；甚至于不作抉择也是一种选择，也是自由的体现。以自由为基础，萨特建立了一种独特的人道主义。

这种人道主义把人的超越性和主观性当作人的思想、行动乃至人类生活的一切出发点，认为人是一种不断把自己推向将来的存在，是具有能动性和创造性的存在。由此产生了一个问题，如果每个人都是独立的存在，都依据他的主观性在世界舞台上表演，那么这样的存在者将如何面对别人呢？因为人总是要在社会中生活的，而社会是由不同的人以及人际关系、人际交往所构成的，所以萨特的主观哲学就不得不回答人与人交往的问题。换句话说，当每个自由的人的自由，与他人的自由发生冲突的时候，应该怎么办？

按照萨特的观点，每一个人都是从自己的主观立场出发来看待他人的，总是把自己当成主体，把他人当成自己的对象；在我把他人视作对象的时候，他人也把我视作了对象，因此个人自由总是与他人自由处于对立地位，各人之间的关系必然是一种对立和冲突的关系。尊重别人的自由无非是一句空话，所以他在剧本《间隔》里借剧中人物之口提出了"他人即地狱"这一观点。

不难看出，萨特的这种哲学尽管有其合理性，但是带有明显的唯我论色彩，与康德提出的人是目的而不是工具的伦理主张有很大的区别。晚期的萨特修改了这个极端的理论，强调社会环境对人的制约，着重研究了建立在"匮乏"基础上的群体的特点和辩证法。实际上，对主体之间关系的研究是当代西方哲学的一个重要内容，比如德国哲学家哈贝马斯的交往行为理论就是对克服主体性哲学的一个有益尝试。

109 为什么梅劳-庞蒂认为"肉身"才是世界的根本？

梅劳-庞蒂是 20 世纪法国著名哲学家，他创立了知觉现象学，并运用现象学的方法对西方传统哲学展开了批判。在他看来，传统西方哲学最大的问题就是主体和客体截然二分，要么陷入客体决定主体的宿命论，要么陷入主体征服、控制客体的唯心主义。为了从主客二分的困境中走出来，找到一条新的出路，梅劳-庞蒂提出了"身体"（肉身）这一概念。

难道这是要重新回到西方古代哲学强调的人的感觉享受吗？显然不是。梅劳-庞蒂的"身体"不同于人们一般所理解的要吃喝拉撒的纯粹肉体，它是一个哲学概念。在他看来，"肉"是身体的基质，同时也是观念的基质，它是与两者都不同但又包含着两者的东西。换句话说，我们不能认为身体是纯粹的物质，因为我们依靠身体和外在的客观世界发生关系，它是我们的感觉和知觉的承载体，具有主动性。但是我们也不能认为肉身是纯粹的精神，因为我们的身体确实客观存在，而且肉身的状态直接影响我们的精神和心理状态。

肉身是一个结合了物质和精神的哲学概念，它意味着可见者与不可见者、物质与精神的交织，意味着我们的精神和外在世界的彼此通达。不仅如此，它还意味着主体和客体不存在谁决定谁，它们相互作用，通过肉身它们是可逆的。从我们的身体方面说，肉身意味着"我能"；从世界的角度说，肉身则表现为"可能性"。所以梅劳-庞蒂认为，肉身才是世界的根本。换句话说，他通过这个概念以及相应的思想批判了传统西方哲学，提出了自己解决问题的办法。

110 海德格尔说"向死而生"是什么意思？

海德格尔被认为是 20 世纪西方最伟大的哲学家之一，他的思想极大地影响了我们当代世界。海德格尔认为西方哲学从柏拉图开始就犯了一个根本的错误，那就是我们总是去关心一个个的"存在者"，而忘记了去问这些存在者为什么存在。换句话说，一部西方哲学史就是一部存在被遮蔽和遗忘的历史。他认为尼采是最后一个形而上学家，在尼采之后的哲学家必然会追问的是"存在"，而这种追问是以独特的存在者——人（海德格尔称之为"此在"）为出发点的。海德格尔将存在与时间结合起来以澄清西方哲学的错误，进而开创新的哲学，这就是他将其成名作取名为《存在与时间》的原因。

传统哲学把时间理解成是一维的、均匀流逝的、无限的、无始无终的；而流逝的时间是不可能追回的。这种起源于亚里士多德的时间观尽管有助于我们理解世界，但实际上它存在很大的缺陷。和别的哲学家一样，海德格尔也认为时间分为过去、现在和未来三个向度，但是他反对过去决定现在、现在决定未来这样一种线性的时间观，认为这种时间观其实是一种宿命论，它不能解释当下的意义，而且遮蔽了存在。因此，他认为流俗的时间观让我们在世沉沦，陷入一种非本真的异化状态。

那么解决这一问题的办法是什么呢？海德格尔认为，我们的当下（时间的现在维度）不是由过去决定的，相反，它是由未来决定的。此在（人）的独特之处就在于它的超越性，他向着未来展开他的生活，"此"即人的"谋划"。比如当我们在做诸如排队这样无聊或无奈的事情的时候，如果沉于当下，我们就很难摆脱无奈，但是如果我们想到结束这事之后可以去做我们真正想做的事情，那么当下的无奈就变得易于忍受了。将这种态度推到极致，比如经常想想自己终有一天是要死亡的，或者说想想自己的生命已来日无多，那么我们就可能让当下的生活充满严肃感和紧张感；因为死亡这个未来的向度赋予我们的当下以意义，所以一种本真的生活在海德格尔看来就是"向死而生"。

111　现代人为什么要"逃避自由"？

弗洛姆是 20 世纪著名的西方马克思主义理论家。他在 1941 年出版的《逃避自由》一书中指出，随着资本主义社会的建立，现代人从封建社会那种不自由的状态中解放出来，第一次拥有了人格和行动上的自由。本来，自由对人而言是一件好事，但由于资本主义社会是一个不合理的社会，这种自由对现代人而言变成了一种沉重的负担。现代人不得不依靠一个人的力量去面对社会，他失去了传统社会中家庭、宗亲或者集体对他的保护，他变得越来越孤单，越来越无助。也就是说，资本主义一方面使人们摆脱了传统的出身、门第、地域、体制等束缚，使个人获得了前所未有的自由，另一方面，它也给人带来一种孤独、陌生和不安全的感觉，使人在心理上产生焦虑感。于是人们便设法逃避自由。

　　自由对现代人而言具有双重性。从积极的角度讲，它让我们变得独立且有力量，让我们可以摆脱束缚去追逐自己的理想；从消极的角度讲，这种自由让我们陷入孤立无助的状态，让我们失去了给予我们安慰、帮助的家庭和集体，从而迷失在复杂的社会之中。面对自由的二重性，弗洛姆认为现代人有三种选择。第一种，因害怕这种自由而想重新回到过去依附的状态，回到集体和家庭的怀抱。也就是说，因为害怕自由带来的孤单和渺小感，主动放弃自由。这种选择在某种程度上确实能给我们的心理带来舒适感，但显然它是错误的选择。第二种，既不愿意回到过去，也不能积极面对未来，处于一种矛盾的状态。弗洛姆指出，现代社会之所以有那么多人出现各种心理问题、患上精神疾病，恰恰是因为这种对自由的矛盾态度。第三种，也是唯一正确的一种选择是积极自由。我们既要珍视自由带给我们的独立性和尊严，同时又要积极面对现代社会中自由带给我们的负面影响，用积极的行动令人性得到升华，理想得以实现。在保持独立的同时，我们也应与别的独立的人展开交往，从而促进自身人格的发展，获得完整的积极的自我同一性。

112　为什么本雅明说任何一部文明史同时也是一部野蛮史？

　　本雅明是20世纪德国著名的哲学家、西方马克思主义思想家。

在他的绝笔《历史哲学论纲》里，他提出了一个著名的命题："没有一座文明的丰碑不同时也是一份野蛮暴力的实录。"以此，本雅明批判了历史进步主义思想，强调文明的发展同时伴随着它的阴暗面，他尤其提出，不能忘记历史上的无名英雄。

在本雅明看来，传统的历史都是成王败寇的历史，胜利者掌握权力之后，总是按照自己的标准来书写历史。从这个角度讲，不存在所谓的"客观历史"。如果局限于梳理所谓的客观史料，以中性的角度去研究琐碎的问题，那就是一种应该被批判的"历史主义"。

本雅明认为，一切统治者都是他们之前的征服者的后裔，他们得到所有的战利品，而这些战利品就是"文化财富"。但是，这些财富是怎么来的呢？毫无疑问，是广大劳动人民用自己的生命和汗水创造出来的，广大劳动人民是历史上的无名英雄。可是，我们的历史书不会记下他们的名字，历史记载的只是那些英雄和杰出人物。从这个角度讲，所有的历史都意味着遗忘，而遗忘即是背叛。繁荣的文明背后，是无数的血与火、汗与泪；每一段文明的进程中都充满着不公正和无谓的牺牲。所以，文明史同时也就是野蛮史。

本雅明提出，面对历史的正确态度是：首先，我们应该明白历史并不是直线前进的，它充满了曲折，甚至有时候也会倒退。对历史的进步主义和乐观主义态度是启蒙之后的产物，但是这种态度是片面的。其次，我们应透过文明的表层看到它内里的残酷和野蛮，因为人类文明的任何一次进步都付出了相应的代价。最后，我们应该始终站在被统治阶级的立场，去记住不该被遗忘的劳苦大众和那些为人类文明进步作出牺牲的无名英雄，记忆意味着承诺，意味着救赎。

113　齐泽克说人类历史有三种悲剧，他指的是什么？

齐泽克是斯洛文尼亚当代著名的哲学家，他长期致力于将精神分析理论和马克思主义哲学相结合，并通过对心理学、主体性和大众文化的研究，形成了极为独特的学术思想，确立了自己的政治立场。

在《有人说过集权主义吗？》一书中，齐泽克以通俗的方式向我们解释了古代、近代和当代的三种悲剧形式，并且通过对三种悲剧的分析帮助我们理解西方不同的时代。

第一种悲剧是"他不知道这件事，因此他做了"的悲剧。典型的例子就是俄狄浦斯。俄狄浦斯是古希腊悲剧作家索福克勒斯的代表作《俄狄浦斯王》中的主人公，是一个被遗弃的王子，神判定他的命运是杀死自己的父亲娶自己的母亲为妻子。为了避免这一可怕的命运，他的父母将刚出生不久的他遗弃在森林里，但命运是残酷的，最后他在不知情的情况下，还是陷于"弑父娶母"的命运。齐泽克认为，古代社会的悲剧多是这一类悲剧。

第二种悲剧是"他知道这件事，因此不去做"的悲剧。典型的例子是哈姆雷特。哈姆雷特隐约感觉到自己的父王是被叔父和母亲谋害的，但是他不能完全相信父王的幽灵对他说的话，他知道报仇意味着对母亲的伤害，所以一直犹豫着，迟迟不肯去复仇，并在痛苦的思忖中喊出了那句"生存还是死亡，这是一个问题"。近代社会的悲剧多为此类悲剧。

第三种悲剧则是"他明明知道这件事，但还是要去做"的悲剧。很多人认为我们这个时代已经没有悲剧了，其实不然；今天的悲剧恰好在于我们虽然知道很多事情是没有意义的，或者说知道很多事情是不对的，但我们还是忍不住要去做。比如很多时候我们知道上网玩游戏、看肥皂剧不能带给我们什么意义，但还是在不断地做这些事情；又比如很多人知道抽烟对健康有害，但还是去做了。这就是我们这个时代的悲剧。

114 福柯为什么说 "人死了"？

20 世纪的西方哲学受到尼采很大的影响，尤其是他那句振聋发聩的 "上帝死了"，使我们不断去思考这个时代的命运。法国思想家在此基础上进一步发展了尼采的思想，他们提出：如果上帝死了，那人应该怎样？人的命运是从此成为自己的主人呢，还是进一步陷入虚无主义的泥淖？

法国哲学家福柯则提出了一个新的观点——"人死了"。乍看起来这个观点很吓人，其实仔细分析，福柯并不是说现代人真的死了，而是指人文社会科学 "死了"。福柯认为，17、18 世纪的古典时代是一个很重要的时期，在这一时期许多关于人的科学产生了。如，生理学、解剖学的产生使我们可以将人的身体作为科学研究的对象；心理学的产生使我们从此以后可以科学地分析各种心理现象；人类学的产生使我们可以去研究整个人类的历史。他认为，正是由于这些直接以人为对象的科学的产生，我们才得以建构出 "人"。换句话说，"人" 是在古典时代 "产生" 的，人是一个晚近的 "发明"。

但是到了 20 世纪，情况发生了变化，原来支撑 "人" 的各门科学纷纷遭遇到危机。比如，精神分析告诉我们，是无意识和本能决定了人的意识和各种心理现象，由此心理学就遭遇到了危机；又如，人种学和结构人类学的产生使我们不得不改变传统的对人性的看法；其他关于 "人" 的学科领域也出现了类似的状况。因此，福柯认为我们不能像原来那样去分析和研究"人"了，或者说传统意义上对"人"的分析和研究没有存在的合理性了，所以他说"人死了"。这个"人"在西方存在了两三百年，后来像在沙滩上画出的一张笑脸一样被海浪冲刷掉了。当然，人并没有死去，只是我们今天要从新的角度来研究"人"，要构建新的关于"人"的科学。

115 为什么培根说"知识就是力量"，福柯却说 "知识就是权力"？

当培根提出"知识就是力量"（Knowledge is power，此处的 power 也有人译作"权力"）的时候，资本主义社会刚刚诞生，他的这句话体现了那个时代的人对知识和控制世界的乐观主义态度。但是到了 20 世纪 60 年代，资本主义社会发生了巨大的变化，西方哲学也从近代认识论发展到了结构主义、后结构主义等。

福柯总结了 16 世纪之后西方文化的发展，认为从词与物的关系角度看，西方的知识经历了四个发展阶段：文艺复兴时期，那时候知识就是我们的语言和外在事物的统一；17—18 世纪的古典时代，人们开始用语言（词语）来再现外在事物的秩序；19 世纪，词语已经不表示真实事物了，而是人对物的一种再现；到了当代，词语只表示其他词，它只是涉及其他符号的一个符号。

由于社会的发展和劳动的分工，现代人所掌握的专业知识往往限于较狭窄的领域，比如大学分为很多专业，一个人学历越高，所研究的学问就越精细。知识成为一个独立的系统之后就会展开对人的统治。比如，所谓专家就是掌握某种专门知识的人，因为人们大都对自己所学之外的领域缺乏了解，所以只好求助于专家，但是专家并不一定就是正确的；再比如，在传统社会中，人们对自己的身体是很了解的，但是随着解剖学和生理学的诞生、临床医学的发展和医疗的普及，人们就不那么了解自己身体的健康情况了，遇到任何问题只得求助于甚至依赖于医生。更重要的是，社会通过知识来进行统治，人们今天拥有某种专门的知识，往往意味着能相应地获得各种（政治的、经济的）地位和权利；同时，社会也会建立各种规训系统对人们的身体、言语和行为进行规范，而规范实际上意味着控制。

福柯是后结构主义的代表，他提出了"知识就是权力"的命题。在他看来，知识并不是客观的，科学也不完全是中性的；在当代社会，知识往往与政治、经济系统结合在一起，对现实生活中的人进行各种控制，所以知识就是权力。

116 为什么镜子中的那个"我"的形象可能是虚假的？

20世纪法国著名思想家拉康提出了"镜像自我"的理论。拉康反对此前的西方哲学，认为哲学家们都犯了一个错误，那就是误以为"我"是存在的。拉康指出，不管是笛卡尔的"思维的我"，还是克尔凯郭尔的"宗教的我"，或是存在主义的"存在的我"都是虚假的。他认为，对"自我"的理解是建立在镜像基础上的。

拉康说，一个刚刚睁开眼睛的婴儿如果照镜子，他是认不出镜子中的人就是自己的；同样，动物也认不出镜子中的自己，你将一只小猫或小狗抱到镜子前，它只会对着镜子中的自己汪汪大叫或伸爪狂挠。我们是什么时候开始具有自我意识的呢？拉康认为，婴儿大概到了1岁左右时会开始慢慢明白镜子中的那个影像就是自己，从此以后他开始形成了自我意识。

但是，镜子是很容易欺骗人的，拉康指出，我们在形成"镜像

自我"之后，就一直被两个关于自我的形象所支配。一个是"理想自我"，即父母、老师以及其他人不断向我们灌输的那个好好学习天天向上的"我"。那个"我"是听话的孩子、好学生，是孝顺懂事的"我"。另一个是"自我理想"，是我们从小对自己未来生活的一种规划，是要做科学家、作家的"我"，是要走遍世界到处旅行的"我"。

在拉康看来，"理想自我"和"自我理想"都是从"镜像自我"中产生的，它们很可能都是虚假的。真正真实的存在其实是在我们自身之外的。换一个说法，我们从镜子中看到了自己，形成了自我意识；但是当我们形成自我意识之后，我们就应该学会抛开镜子，到外部世界独立地去展开自己的生活。

117 为什么说数字化时代形成的虚拟空间会为
   传统哲学带来一场革命？

如果古典时代的哲人们穿越时空隧道来到我们这个时代的话，他们一定会瞠目结舌。对他们来说，我们这个时代充满了莫名其妙的事物。

以前的哲学，从柏拉图、苏格拉底到尼采、海德格尔，从孔子、老子到现代哲学，都是现实性的哲学。在传统范围内，无论何种哲学，都是以现实世界作为自己的出发点的。现实性是传统哲学繁荣之根。现在，虚拟性恰恰就是针对现实性而来的，因而这将是一场真正的哲学革命，是对传统哲学的根本的扬弃。虚拟就其本身来说，无非是数字化方式的构成。虚拟通过数字化方式为人类提供了一个虚拟空间，而这一虚拟空间与网络、电脑、高科技等相结合，将人类带入了一个前所未有的数字时代。虚拟这一方式，是人类中介系统的深刻革命，是数字化革命。

虚拟是与现实相对立的。现实的东西不需要虚拟，只需要模拟和反映。对于虚拟来说，它的真正含义是在虚拟空间中形成那种对于现实来说不可能的可能性，并进一步形成荒诞的、悖论的、梦幻的虚拟。这种虚拟是与现实对立的，是在现实性范畴框架之外的。传统总是对那种不可能的可能性抱以嘲笑，以为那是痴人说梦。虚拟正是变痴人说梦为正常的一种方式，它把痴人说梦中的虚幻梦幻变为真实。当然，虚拟不是万能的，也不是什么都可以虚拟的，但虚拟至少在虚拟空间通过数字化的方式存在着，不管人们对它抱什么样的态度。面对虚拟，人们若普遍接受，它就会转化为真实。虽然这种真实区别于日常生活的现实，但它并非虚假，它也有其与现实性原则相对应的建构原则。这样，传统哲学关于物质与观念、现实性与可能性之间的关系就受到了挑战。如何回应这一挑战，是今天哲学面对的一个重大课题；而虚拟与虚拟空间势必带来哲学和思维上的重大革命。

118 如何才能提升人的幸福感和成就感？

20世纪著名哲学家汉娜·阿伦特认为西方现代社会之所以陷入危机，是因为人们将亚里士多德所开创的政治思想遗忘了。按照亚里士多德的共和主义理论，一个人只有参与"共同体"的生活才能完善自己，获得幸福。

阿伦特认为，人通过三种方式与世界相联系：劳动、工作和行动。劳动是人解决衣食住行问题、满足自己生理需求的方式，它通过作用于自然界和社会，使人获得生活的基本物品。工作是人通过自己的行为制造出可以存留更长时间的物品。劳动的产品往往会在短时间内被消耗掉，而通过工作制造出来的物品则不同，它们的存留时间，有时甚至比人的生命更长久，比如一座教堂、一本经典著作。具体来说，因为人知道自己的生命有限，所以通过工作制造出物品，以实现人生的意义，从而在不同的程度上达到不朽。

劳动和工作很重要，离开它们，人就不能生存；但人生的意义并不仅仅是解决生存问题，人应该有更高的精神追求。和苏格拉底、亚里士多德这些哲人一样，阿伦特觉得，有一种存在方式是真正属于人的，这就是行动。她认为，行动是人的社会性的体现，是人在人群"共同体"中与他人进行的一种自由、平等的交往；在古希腊，当城邦公民召开大会民主地协商城邦事务的时候，就体现了人的这一属性。人在行动的过程中感觉到自己生存的意义，满足了自己的精神需求，这种需求单靠劳动和工作是不能满足的。因此，行动比劳动和工作更重要。

阿伦特还认为，以往的社会过于强调劳动和工作；19世纪的经济学家和哲学家看到了劳动的意义，但过于强调劳动背景下现代社会所面临的危机。在她看来，人们今天的生活水平虽然提高了，幸福感和成就感却没有提升。因此，她主张在相对富裕的当代社会，应该重新突出行动对于人的意义，让人们在平等而民主的交往中去获取真正的存在感。

马克思主义哲学

119 马克思为什么称普罗米修斯是哲学历书上最高尚的圣者和殉道者？

马克思17岁的时候写了中学毕业论文《青年在职业选择时的考虑》。他在文章的结尾写道："如果我们选择了最能为人类而工作的职业，那么，重担就不能把我们压倒，因为这是为大家作出的牺牲；那时我们所享受的就不是可怜的、有限的、自私的乐趣，我们的幸福将属于千百万人，我们的事业将悄然无声地存在下去，但是它会永远发挥作用，而面对我们的骨灰，高尚的人们将洒下热泪。"这是马克思第一次表达对普罗米修斯的敬意。普罗米修斯是希腊神话里代表抗争和不屈服的神，他是泰坦巨神的后代，受到以宙斯为代表的希腊神话诸神的排挤。在希腊神话中，普罗米修斯从天上盗取了火种送给人类，使人们从此告别茹毛饮血的时代，也不必再惧怕黑夜和寒冷；不仅如此，普罗米修斯还教给人类各种生存的技能。为此他受到了惩罚，被捆缚在高加索山的巨石上，日夜承受瀑布冲刷和老鹰啄食心脏的痛苦。可以说，普罗米修斯是为了人类的幸福和解放而受苦的神。

也许是在普罗米修斯精神的引领下，年轻的马克思"选择了最能为人类而工作的职业"。他一生为了无产阶级的解放而颠沛流离、受尽苦难，最终成为一位改变世界的思想家，将宝贵的财富留给了世人，他也因此被称为"人间的普罗米修斯"。

1841年，马克思在他的博士论文《德谟克利特的自然哲学和伊壁鸠鲁的自然哲学的差别》的序言里，引用了古希腊悲剧作家埃斯库罗斯《被缚的普罗米修斯》里的话作为自己的哲学宣言，再次表达了对普罗米修斯的敬意。他说："普罗米修斯是哲学历书上最高尚的圣者和殉道者。"马克思这么赞颂普罗米修斯，和他对哲学的理解以及对自己人生的定位是分不开的。马克思认为哲学就是应该批判现存的不合理社会，从思想上解放人；而作为哲学家，马克思从一开始就将理论奠基在为争取最广大人类的解放和幸福而奋斗终生的事业中。为此，马克思不仅不畏艰难险阻，为追求真理而不断勇攀思想高峰，而且为推翻旧世界、建立新世界而不息战斗。这正是马克思伟大和崇高的地方。

120 马克思说现代人陷入严重异化的境地，对此应该怎样理解？

在《1844年经济学—哲学手稿》这本书里，马克思提出了劳动异化理论。所谓异化，是指随着社会历史的发展，人越来越脱离其本真的理想状态，精神上出现了扭曲，呈现出非人的面貌。哲学上有关异化的学说肇始于卢梭，在卢梭看来，人本来是性善的，过着无忧无虑的自由生活，但随着私有制的发展，人背离了这种理想状态，从而丧失了自由，生活于枷锁之中。马克思发展了卢梭的思想，他也认为异化表现为人丧失了自己的独立性和自由，为外物所控制和奴役。但他还认为，异化是资本主义社会所特有的一个现象，它不仅体现在遭受痛苦的工人的生活中，也体现在看起来很享受的资本家的生活中。随着资本主义的发展，异化越来越严重，这集中体现在资本主义的拜物教思想上，即商品拜物教、货币拜物教和资本拜物教。

　　具体说来，马克思认为资本主义社会的异化是一种劳动异化，它有四个方面的表现。首先，劳动产品和劳动者相异化。一个人的劳动产品本来应该归他自己所有，但是在资本主义社会，工人劳动生产出的商品属于资本家，工人只赚得一份工资，资本家却不劳而获。其次，劳动行为与劳动者相异化。按照马克思的理解，劳动是人的本性，人在劳动过程中不仅提升了自己的体力和智力，而且获得了心灵的愉悦；但在资本主义社会，由于劳动产品属于资本家，所以工人没有劳动积极性，劳动成了为养家糊口不得不背负的沉重负担，工人甚至认为只有下班之后不劳动的生活才是幸福的，这是劳动本身的异化。再次，人与自己的类本质相异化。劳动本来是人区别于动物的本性，但异化把人自由自觉的劳动变成了仅仅是维持肉体生存的手段，这使得人与自己的类本质相异化，在某种程度上，人又重新变成了动物。最后，人与人相异化。由于人和自己的劳动产品、和自身的劳动行为、和自己的类本质相异化，而人对自身的关系，只有通过对他人的关系才能成为现实，所以前三种异化导致了人与他人相异化，人与人之间只剩下赤裸裸的利益关系。

　　马克思的劳动异化理论无情地揭露了资本主义社会的不合理现象，他将人类的历史看成是劳动对象化、异化和扬弃异化的历史。这种理论尽管还不是成熟时期的马克思思想，但它对于我们理解和批判资本主义、理解和批判现代西方人本主义思想，都具有重要意义。

121 马克思主义关于人类社会发展分期的理论到底是 "五阶段论" 还是 "三阶段论"?

马克思、恩格斯创立了历史唯物主义，为我们提供了正确理解人类历史的理论武器。虽然在不同的时期，马克思、恩格斯对人类社会发展的分期有不同的划分方式，但包括"五阶段论"和"三阶段论"等在内的各种命题，都是他们从不同的角度对人类社会发展规律作出的理论解释，是异曲同工的。

在《德意志意识形态》和《资本论》里面，马克思、恩格斯以西欧社会的发展为典型，将人类社会的发展大体分为了五个阶段。在《〈政治经济学批判〉序言》中，马克思写道："大体说来，亚细亚的、古代的、封建的和现代资产阶级的生产方式可以看作是经济的社会形态演进的几个时代。"［结合他们对共产主义社会的展望和论证，这些社会形态可分为我们习惯上说的"五阶段"，即原始社会、奴隶社会、封建社会、资本主义社会和社会主义社会（共产主义社会）。］不同的国家和民族，其社会形态大体上都会按照这个顺序发展，尽管依据具体的国情可能会有跨越，同时每一种社会形态在不同的国家也可能呈现出不同的样貌，但总的方向是不变的；人类历史在发展过程中，虽然可能有跨越和曲折，但不会倒退。这是马克思主义坚信历史进步论的表现。这种分期的理论为我们理解人类历史的发展提供了一个基本思路。

在《1857—1858 年经济学手稿》中，马克思依据对资本主义社会的拜物教理论和异化理论的研究，提出了一个新的分期模式。他以人的自由全面发展为理想尺度，将人类社会的发展分为三个阶段："人的依赖关系"、"以物的依赖性为基础的人的独立性"、"建立在个人全面发展和他们共同的社会生产能力成为他们的社会财富这一基础上的自由个性"，即人依附于人、人依附于物和人的自由全面发展三个阶段。具体说来，在原始社会、奴隶社会和封建社会，个人由于没有人身的独立和自由，只能依附于家庭、国家或个人，他们的命运往往被其他的人所掌控。随着资本主义社会的建立，人拥有了一定的自由，可以摆脱对别人的依附了，但是资本主义社会的自由只是形式上的自由，因为个人还未能获得全面的发展，必须依赖商品，这种状态发展到后来就是物（商品）控制人的状态，也就是今天社会普遍的状态。马克思指出，到了未来的共产主义社会，随着物质产品的极大丰富，人不仅能摆脱他人的控制，而且能摆脱商品的支配，真正得到自由全面的发展。

122 马克思一生的"两大理论发现"指的是什么？

1883 年马克思去世后，恩格斯主持了他的葬礼。在《在马克思墓前的讲话》中，恩格斯指出了马克思一生中的两大理论发现，其一是剩余价值理论，其二是唯物史观。他这样说："一生中能有这样两个发现，该是很够了，即使只能作出一个这样的发现，也已经是幸福的了。但是马克思在他所研究的每一个领域，甚至在数学领域，都有独到的发现，这样的领域是很多的，而且其中任何一个领域他都不是浅尝辄止。"

具体说来，马克思之前的政治经济学家，比如亚当·斯密和大卫·李嘉图，已经通过自己的研究发现了系统的商品理论和劳动价值论。但是古典政治经济学一直没办法解释资本家的财富是怎么获得的，或者说他们能感觉到剥削的存在，但是不能科学地解释剥削产生的原因。而马克思通过对资本主义社会的研究，在《资本论》这本巨著中通过对商品二重性和劳动二重性的分析，通过对必要劳动时间和剩余劳动时间的区分，揭示了剩余价值产生的真正原因和资本家剥削的秘密，从而为我们理解资本主义社会提供了科学的理论依据，并且预言了资本主义社会必将灭亡。

在马克思之前的历史观要么陷入历史循环论，要么是单线进化论，都不可能真正揭示人类社会的发展规律。马克思通过研究指出，历史的发展首先建立在个人的基础上，只有当人满足了其自身的衣食住行等基本需要，才能从事精神文化的研究；同时，正是人的需要以及满足需要的行为推动了历史的发展。更明确地说，是生产力和生产关系的矛盾、经济基础和上层建筑的矛盾，以及这两组矛盾的不断解决，推动了历史的发展。这就是唯物史观或者历史唯物主义。马克思的剩余价值理论和唯物史观揭示了人类社会发展的一般规律，揭示了资本主义运行的特殊规律，为人类指明了实现自由和解放的道路以及从必然王国走向自由王国的途径，这正是他为人类思想史作出的巨大贡献。

123 什么是资本主义的"卡夫丁峡谷"，我们能跨越它吗？

"卡夫丁峡谷"的典故出自古罗马史。公元前321年，在第二次萨姆尼特战争中，五万人的罗马军团受到萨姆尼特人的伏击，战败于卡夫丁峡谷。萨姆尼特人在峡谷中用长矛架起形似牛轭的"轭形门"，强迫罗马俘虏屈辱地从轭下穿过。后来，人们用"卡夫丁峡谷"一词来比喻战败者所蒙受的耻辱和灾难。

马克思用"卡夫丁峡谷"来形容资本主义的原始积累及其罪恶。俄国女革命家查苏利奇曾写信询问马克思，在落后的俄国是否必须通过先发展资本主义才可能走向社会主义，马克思在复信草稿及正式复信中提出了"跨越资本主义的'卡夫丁峡谷'"这一设想。他认为资本主义制度虽然促进了生产力的极大发展和人类社会的进步，但是它不仅有其难以克服的矛盾，而且在起源上也有黑暗的一面。换句话说，资本主义制度虽然有其进步性，但是它也曾给人类带来过灾难。通过贩卖黑奴、殖民掠夺、圈地运动等惨无人道的行径，资本主义完成了它的原始积累，它把"生产者和生产资料相分离"、"把劳动同它的外在条件分离开来"，这种原始积累充满血与火，是肮脏龌龊的。资本主义制度走向成熟稳定之后，虽然创造了大量的社会财富，但是剩余价值被资本家攫取，造成社会贫富的严重分化，广大劳动人民依然处于贫穷和被剥削的地位，这是资本主义制度本身的恶，是它自身摆脱不了的。

因此，马克思试图打消东方暂时落后的民族对资本主义制度的迷信和盲目崇拜，他指出资本主义制度会因为它不可克服的矛盾而必然走向崩溃。由此，他进一步指出了"跨越资本主义的'卡夫丁峡谷'"的可能性。这里的"跨越"是指暂时落后的民族，由于其独特的国情和时代背景，有可能直接跨过资本主义这一发展阶段而进入社会主义；这样就有可能削弱甚至避免资本主义社会带来的罪恶，摆脱资本主义造成的耻辱。马克思的"跨越资本主义的'卡夫丁峡谷'"的设想，对于我们理解资本主义社会，以及探讨东方暂时落后民族的社会历史发展的问题具有重要意义。

124 为什么说马克思主义是哲学家难以跨越的高峰？

法国著名哲学家萨特在《辩证理性批判》中曾指出：马克思是人类历史上最伟大的思想家之一，马克思主义在今天依然是西方哲学难以企及和跨越的高峰，任何一个西方思想家都不能忽视马克思主义哲学，当面对马克思主义的时候，他们无法跨越这座高峰，只能绕道而行。

这是西方思想界对马克思和他的思想的一个中肯的评价。实际上，2000 年英国文化界在评选千年著名思想家的时候，也曾将马克思选为千年以来伟大思想家的第一名。

为什么马克思主义在今天仍有旺盛的生命力呢？首先，马克思透彻地分析了资本主义社会，马克思主义是对资本主义进行的最为系统和科学的理论研究。既然资本主义仍然是世界上主要的社会形态，那么建立在对其批判基础上的马克思主义就不会过时。相反，随着社会的发展，马克思对资本主义的分析和批判越来越显示出其生命力。其次，马克思的思想建立在为劳苦大众或社会底层呐喊和争取权利的基础上，只要这个社会还有不平等和剥削的现象，只要社会大众还被各种力量（包括政治的、经济的和文化的）所统治，那么以解放为宗旨的马克思主义就将继续吸引和激励后来人。最后，马克思主义是一切现实的社会主义制度的理论基础，而社会主义制度至今仍在完善发展，因此，马克思主义也将随着现实社会主义制度的发展而不断发展。

125 什么是"西方马克思主义"？

《关于费尔巴哈的提纲》和《德意志意识形态》在 1845 年的问世，标志着马克思主义学说构建的完成。随后的半个世纪，是马克思、恩格斯继续发展他们理论的时期，同时也是马克思主义随着国际工人运动的开展在全世界广泛传播的时期。马克思主义产生之后，不同的国家和地区依照自己的国情、文化传统及不同的历史境况，对马克思主义有着不同的理解，马克思主义在各国各地区的发展道路也不尽相同，这些都是出现多种马克思主义的原因。

大体说来，20 世纪对马克思主义的理解有四种不同的模式。第一种是由列宁领导的十月革命所创建的苏联，以及后来出现的社会主义国家。它们将马克思主义作为指导思想，根据自己的国情，在不同的方面发展了马克思主义，极大地促进了马克思主义在世界范围的传播和发展。第二种模式源于西方资本主义国家的主流意识形态，它们将马克思主义视为对资本主义最大的理论威胁，误解和歪曲了马克思主义。第三种模式源于西方资本主义社会中有一定独立性的知识分子，尤其是一些大学教授，他们将马克思主义视为西方思想史的重要组成部分，将其作为纯学术进行理解和研究，这种做法对我们从理论上理解马克思主义有一定的帮助，但削弱了马克思主义的革命性和批判性。

第四种模式就是西方马克思主义，它是在总结俄国"十月革命"取得胜利而中欧、西欧爆发的一系列革命遭遇失败的原因的基础上产生的，代表人物多是西方的左翼人士。经过近一个世纪的演变发展，西方马克思主义仍然是当代西方重要的思潮：在理论立场上，它区别于西方世界占统治地位的资产阶级思想，尊重和发展马克思主义，强调对资本主义要无情地批判；在对马克思主义哲学的理解方面，它区别于"第二国际"和"第三国际"等正统的马克思主义。西方马克思主义重视对马克思主义哲学、社会历史理论、辩证法和异化问题的研究，批判了当代资本主义制度，对我们理解当代社会和发展马克思主义具有重要的理论和现实意义。

126　毛泽东对马克思主义哲学的理论贡献体现在哪里？

毛泽东思想是马克思主义中国化的伟大成果，是中国共产党长期坚持的科学的指导思想。毛泽东思想不仅指导中国革命和建设取得了成功，而且在纯哲学理论方面也对马克思主义哲学中国化作出了巨大贡献，这主要体现在《实践论》和《矛盾论》两部著作中。以《实践论》和《矛盾论》为代表的毛泽东哲学思想，不仅是马克思主义哲学思想中国化的经典理论，而且对马克思主义哲学的发展也产生了深远的影响。

《实践论》写于 1937 年，是毛泽东为抗日军政大学所作演讲的讲稿。《实践论》以马克思主义的实践观点为基础，以认识和实践——知和行的相互关系及其矛盾运动为中心，系统阐释了能动的革命反映论的基本原理，丰富和发展了马克思主义的认识论。毛泽东区分了感性认识和理性认识，指出认识是"去粗取精、去伪存真、由此及彼、由表及里"的过程，认为在经历了从感性认识到理性认识、从理性认识到实践的两重飞跃之后，我们才能形成正确的认识。

《矛盾论》也是为抗日军政大学所作演讲的讲稿。在这本书里，毛泽东系统地阐释了以对立统一规律为核心的辩证法思想，强调了具体问题要具体分析的重要性。他指出矛盾无处不在、无时不有，它存在于一切事物中，存在于一切事物的始终，具有普遍性；同时矛盾又具有特殊性，同一个事物中有主要矛盾和次要矛盾之分，同一个矛盾中也有矛盾的主要方面和次要方面之分。

《实践论》和《矛盾论》作为毛泽东最重要的哲学著作，为中国共产党的思想路线和思想方法提供了十分重要的理论基础。

科 学 哲 学

127 古希腊的哲学家是如何解释天体不规则运动这一问题的？

古希腊哲学家柏拉图认为，宇宙中的天体是完美的化身，而在所有的运动之中，匀速圆周运动又是最完善的。按照这样的思路，天体的运动也应该是匀速圆周运动。柏拉图在其《蒂迈欧篇》中对这一观点作了详细论述。

然而，人们通过天文观察却发现，并非所有的天体都像柏拉图所设想的那样是按照完美的轨道来运动的。这该作何解释？柏拉图的哲学体系以前从未发生过这样的事情。

于是，他给弟子们提出了这样一个要求：找出能够完美解释为什么有些天体（一些行星）看上去并不是在做匀速圆周运动的理论。在柏拉图的众多弟子中，数学家、天文学家欧多克斯提出了一个相对完美的理论，即"同心球叠加"。在柏拉图学派看来，天球是天文学中的一个假想概念，它是以任意点为圆心，任意长为半径的一个球面；而天体则被想象成是附着在天球上、在天球的带动下运动的。欧多克斯认为，那些不做匀速圆周运动的行星其实是在多个（往往

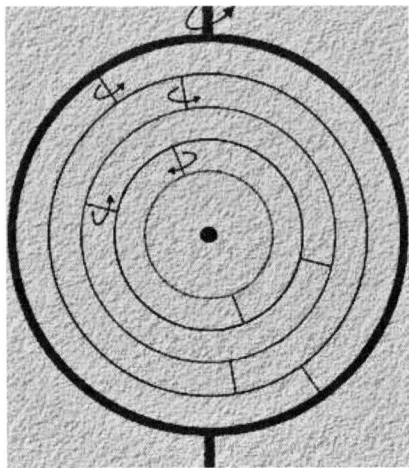

欧多克斯的同心球模型
资料来源:吴国盛《科学的
历程》(第二版)北京大学
出版社2003年版

是四个)经过叠加的天球的带动下运动的,若依据不同天球各不相同的转速和半径等参数进行运算,人们就能够比较准确地还原出天体的运动情况。

柏拉图学派的哲学家用自己的智慧解释了天体不规则运动的原因。在此,我们关注的并不是这种理论正确与否,而是他们解释此类问题时所用的方法。在科学史上,这样的方法被称作"拯救现象"。意思是,一旦确立了某个被认为是正确的理论之后,如果遇到现实观察与理论预测不相符的情况,仍然尽力以理论来解释现象,即通过各种方式,使超出预测的不规则现象仍能够用原先的理论来进行解释,也就是以理论来"拯救"现象。

这种针对具体现象而不断修正理论模型的方式,表面上看是在力图构造能够描述和解释现实的理论,实质上是把理论置于一个高高在上的位置,预先默认了理论的正确性,然后以理论指导对现实的理解。对于这种传统的思想方式,我们有必要在了解的基础上,进一步体会这样做的利与弊,这将对我们的思考有所裨益。

128 毕达哥拉斯学派的成员为什么要把希帕索斯
   抛到海里？

　　你知道数学史上三次著名的危机吗？也许你会奇怪，一向以追求确定无疑著称的数学也会遇到遭受质疑的危机。这是怎样的危机呢？这里就先来讲讲发生在古希腊时期的第一次数学危机。

　　在古希腊早期哲学的各个流派中，有一个流派可以说是十分特殊的，这便是著名的毕达哥拉斯学派。这个学派最崇拜的东西不是自然或者神灵，而是"数"。哲学家毕达哥拉斯是这个学派的创始人和领袖人物。他认为数学是最为高尚的事物，因此当然应该是纯粹的；而纯粹的事物应该由理智通过确定无疑的逻辑推理得出，不需要现实经验的帮助。"万物皆数"是这个学派的口号，意思是世界上所有的事物，无论它们的关系多么纷繁复杂，都可以用"整数"或者"整数的比"，即"分数"的形式来表示，这种"数"被称为"有理数"。按照他们的说法，所有的数量关系都是"可公度的"，即"有公共的度量单位"。毕达哥拉斯学派对自己的理论信心十足，认为这是颠扑不破的真理。在此基础上，他们发展了许多关于数的理论，比如早期的数论、著名的勾股定理等。

　　然而，再完美的理论也总要迎来挑战。该学派后来的一位数学家希帕索斯在研究等腰直角三角形时发现，这种三角形的斜边与其直角边的长度之比既无法用整数，也无法用分数来表述，它竟然是"不可公度"的"无理数"。这个发现震撼了毕达哥拉斯学派。借用美国科学哲学家托马斯·库恩的说法，这个"共同体"遭遇到了前所未有的"危机"。神圣的原则遭到了怀疑！这在当时的数学界掀起了一场巨大的风暴，直接动摇了毕达哥拉斯学派的数学信仰。学派的同仁无法接受这个事实，相传他们把发现无理数的希帕索斯抛到了海里，似乎这样便能维护住自己的教义（毕达哥拉斯学派是具有宗教性质的）。

其实，不幸的希帕索斯发现的便是 $\sqrt{2}$，它是一个无限不循环小数，因此不能用分数的形式来表示。这一发现在当时极大地冲击了人们的信仰和观念，从根本上推翻了人们之前的普遍认识。这便是数学史上的第一次危机。

129 无穷小等于"0"吗？

"无穷小等于'0'吗？"这一问题的提出引发了第二次数学危机。

17世纪，随着人们对科学理论与实践的认识日益提高，科学家开始面对越来越复杂的数学问题。比如确定某一运动物体在某一时刻的瞬时运动速率、其在一段时间内的连续变化情况，或者某一曲线的斜率或长度等。英国科学家牛顿和德国哲学家莱布尼茨在前人基础上，分别独立地创立了微积分以解决这类问题（关于微积分发明权究竟属于谁的争论，至今仍十分激烈）。微积分被应用于科学计算中，帮助人们顺利地解决了许多实际问题。

那么，这一在实际应用中被使用得得心应手的数学理论，缘何在其形成的早期会引发第二次数学危机呢？原因就在于微积分理论对于"无穷小量"的处理方式上。

如果我们知道速率是距离和时间的比值，要计算某物体在时刻a上运动的瞬时速率，就应该将其表达为 $\Delta s/\Delta t$（Δ 表示前后两点的距离或时间间隔量），处在分母位置上的"Δt"越小，计算得到的速率的值也就越接近于时刻a的瞬时速率。由于 Δt 值是一个无穷趋近于"0"的值，因此微积分理论就干脆把它作为"0"来看待了。这样，实际的计算问题是解决了，但是理论的基础性问题却随之而来。

英国哲学家贝克莱就此对微积分理论的基础逻辑部分提出了质疑。他认为，将 Δt 设置为"0"是不正确的，因为分母等于"0"是没有意义的；但是如果 Δt 不等于"0"，那么它小数点之后的数量无论多么的微小，都不应该被任意取消掉，因为数学是严密而确定的学科。贝克莱提出的这个问题，在数学史上被称为"贝克莱悖论"，它引发了第二次数学危机。

危机的解决经过了一个多世纪的漫漫征程，该问题于 17 世纪中后期被提出，然而直至 19 世纪早期"极限论"（用不等式来描述极限）诞生，人们才重新审视了无穷小和"0"之间的关系。后来，数学家们沿着这条道路，建立起严谨的极限理论与实数理论，从而使微积分学这座人类数学史上雄伟的大厦建立在牢固可靠的基础之上。微积分的基础问题终于得到了圆满解决，数学史上的第二次危机也终于彻底解决了。

130 理发师该不该给自己刮胡子？

1918 年，英国大哲学家、数学家罗素以故事形式提出了一个悖论。故事说的是有一位理发师，他的原则是只为城里那些不给自己刮胡子的人刮胡子。有一天，理发师发现自己的胡子也需要刮了，于是问题便出现了，他究竟该不该给自己刮胡子呢？如果他不给自己刮胡子，那么他就属于这个城里不给自己刮胡子的人，按照他的原则他就应该给自己刮胡子；如果他给自己刮胡子，那么按照他的原则他就不应该给自己刮胡子。因此，无论他是否给自己刮胡子，这位理发师都将遭遇矛盾。这便是著名的"理发师悖论"，也称"罗素悖论"。

"理发师悖论"不仅给理发师带来了难题，更是引发了数学史上

本人只为
不给自己
刮胡子的
人刮胡子

的第三次危机。"理发师悖论"涉及"集合"的概念，简单地说，数学中的集合指由一个或多个确定的元素构成的整体。如果把"理发师悖论"转化成数学问题，可以大致作如下表述：假设有两类集合，第一类集合中的元素不包含自身，第二类集合则以自身作为元素。假设集合 P 是第一类集合，那么它就是一个不包含自身的集合，既然它包含所有不包含自身的集合，那么它也应该包含自身。这就相当于如果理发师不给自己理发，那么他就应该给自己理发。假设集合 P 是第二类集合，那么它就该以自身为元素，而 P 却是一个包含着不包含自身的集合的集合，所以它就不能包含自身。这就相当于，当理发师想自己刮胡子时，他无奈地发现又回到了不该给自己刮胡子的处境。上述便是罗素悖论在数学上的意义。

这一悖论之所以会引发从 19 世纪末到 20 世纪的第三次数学危机，是因为它撼动了由康托尔等人奠定的集合论的基础，这犹如一个科学家在他的研究工作即将结束时，发现其工作的基础崩溃了。集合论被认为是现代数学的基石，"罗素悖论"则从根基上动摇了它，这在数学界和逻辑学界引起了极大的震动。自此之后，数学家们致力于从根本上解决这一悖论。目前比较公认的观点是，虽然聪明的数学家想出了各种各样的办法来修正集合论的基础，但问题的解决似乎总是不够完美。纯粹、严密的数学大厦那本该是具有完全确定性的基础依然受到动摇。因此，从这个意义上来说，第三次数学危机的余波仍未平息。

131 世界上存在"白乌鸦"吗？

"世界上所有的乌鸦都是黑色的"，这似乎是世人皆知的一般常识，但这个命题一定是正确的吗？即使我们已经见过一万只乌鸦，而它们统统是黑色的，我们也不能保证第一万零一只乌鸦依然是黑色的。我们无法排除这种可能性：世界上有许多未被我们发现的乌鸦是白色的，这些白乌鸦永远躲在我们的脑后，从不进入我们的视野。而只要发现了一只白色的乌鸦，那么之前的命题就将被推翻。英国哲学家波普尔据此创立了"证伪主义"。

证伪主义认为，不断增加的内容或者证据，其实并不能证明一个理论的正确性。对于"世界上所有的乌鸦都是黑色的"这一命题，无论我们发现多少只黑乌鸦，都不能保证它是正确的，而一只白乌鸦的发现则会立即否定掉这个命题。这与传统的"证实主义"的观点恰恰相反。证实主义认为，符合理论预测的事实被发现得越多，理论就越可能是正确的。比如某个理论认为"世界上所有的乌鸦都是黑色的"，那么随着越来越多的黑乌鸦被观察到，这个理论就越来越难以被推翻。

波普尔反对这种观点。他认为，只有能被经验证伪的命题或理论才是科学的，否则就属于非科学。通俗地说，所谓"非科学"就是指一些不符合精确性要求的，不能以实验等方式来检验的理论，比如宗教、神话等。波普尔认为，无论一个理论按照它内部的规定能够证明多少现象或拥有多少支持它的例子，如果它无论如何也不可能被驳倒，即它是不可能被证伪的，那么这一理论至少不是科学理论。比如有的民间宗教相信存在某种能够主宰大地丰收或歉收的神灵，同时提供了许许多多例子来说明通过进行定期的祭祀活动能够得到神灵的眷顾。无论其是真是假，每增加一个这样的例子，这种理论就增添一份可信度，然而我们无论如何也驳不倒它，因为我们不可能找到这位神灵并证明他并不主宰着大地的收成。

科学研究是近现代人类生活中的主要活动之一，证伪主义所强调的批判精神为我们更好地理解科学理论的本性、发展模式等提供了新的思维方式。就让我们大胆假设，小心求证，凭借自己的智慧去发现那只"白乌鸦"吧！

132 科学世界为什么也会发生革命？

讲到"革命"，想必大家联想到的往往是运筹帷幄、揭竿而起、刀光剑影等。的确，社会历史中的革命往往预示着政权的交替、朝代的更迭。那么科学世界中是否也会发生革命呢？答案是肯定的。革命并非政治家的专利，探究大自然奥秘的科学家在自己的研究领域中有时也会扮演"革命弄潮儿"的角色。

美国科学哲学家托马斯·库恩在1962年出版了《科学革命的结构》一书，就科学革命的缘起、过程及结果进行了分析，提出了著名的"范式"理论。

什么是"范式"呢？简单来说，范式就是在某一发展阶段，建立在某种公认的、并成为传统的重大科学成就基础上的一种模型或信念，这一时期的科学家虽各有所长、各有创造，但都不会远离这一模型来工作。如牛顿的经典物理学在很长一段时间内便是物理学研究的"范式"，因为这一理论对物理世界的解释与预测是最准确的，它得到了物理学家的信赖，成为一定时期内这门学科的方法论信条。即使实践中出现小小的"反常"，人们也不会为此担忧，因为这些小问题不会触及他们所信奉的理论的核心部分，不会动摇整个"范式"的地位。只要努力，这些"反常"很容易就被解决了。在库恩看来，科学就是一定时期内在某个"范式"的作用下不断"解谜"的活动。

但是，当"反常"频频出现，并且再三调整"范式"也无法解决它们时，"范式"就面临"危机"了。如根据经典物理学，光是沿着直线传播的，因此，当观测发现光线在靠近强引力场的情况下会发生偏折时，经典物理学就无法对其作出解释了。

当"危机"在原有"范式"中无法被解决时，"科学革命"便产生了。科学家通过艰苦的努力，终于发现有新的理论可以成功地解决困扰着旧"范式"的"危机"，于是，该领域的研究进入了新的时代——新"范式"时代。科学活动从反常期进入了又一个新的常态期，完成了"范式"的转换。还是以"光线偏折"的例子来说明，经典物理学无法解释的现象，在爱因斯坦的广义相对论中却得到了准确的解释，于是相对论物理学便在20世纪成了继经典物理学之后的物理学的新"范式"。

危机的深化引发了新旧范式更替的科学革命，科学因革命而进步。库恩的理论为我们勾勒了科学革命的过程，而他所选取的历史主义视角也为我们理解科学活动提供了新的思路。

133 科学世界中存在无政府主义吗?

"无政府主义"原是政治哲学用语,指的是一种反对政府管理与统治、倡导个人自由与发展的态度或主张。那么,它怎么会存在于科学研究领域呢? 这要从波普尔的学生费耶阿本德说起。

大致来说,20世纪科学哲学的研究可以分为批判理性主义与历史主义两大流派。前者以波普尔为领军人物,认为凡具有可证伪性的理论都是科学的;后者以库恩为代表,他用"范式"来说明科学理论的发展,指出理论的提出和评价首先取决于整个社会的文化背景以及科学共同体的偏好。费耶阿本德虽是波普尔的学生,但他的哲学观点却与导师大相径庭。他认为科学活动受到人类历史、社会活动等外部因素的深刻影响,可证伪性不是科学划界的标准。同时,他激进地认为库恩的"范式"也是没有评判标准的,因为人们无法说明新的范式比旧的范式更优秀,这就是范式的"无公度性"。所以,在20世纪的科学哲学界,他既反对逻辑主义的理性观点,又放弃了历史主义提供的判定标准,成了另类甚至是异端。

他认为,近代科学从某种意义上说就和宗教一样,是通过宣传、感染、吸引甚至武力征服的方式来使人们接受它的。处于领先、强势地位的科学拥有更好地表达主张、宣传思想的话语权,这就和统治者拥有政权一样。因此,寻求某种规范以衡量科学的好坏是没有必要的;正确的态度应该是让科学自由地发展,让不同的科学理论在现实社会各种因素的影响下,自由而自然地发生变化与交锋。由此,他提出了科学领域的"无政府主义"——有时也被更直接地称为"什么都行"。

费耶阿本德的观点新颖而富有争议,它让我们认识到对于科学活动的理解是多维度的,同时也为我们的思考提供了新的角度。

134 拉卡托斯的理论为什么会让人联想到土星？

从外形来看，土星可以说是太阳系中最美的行星了。它拥有独一无二的土星环，远远望去，就像在腰间系上了一圈薄纱。如若以模型来表示英国科学哲学家拉卡托斯的"科学研究纲领"理论，那么，它就类似于拥有土星环的土星。

这个纲领可以分为三个部分——"硬核"、"辅助性保护带"和"方法论机制"。处于中央核心地位的叫作"硬核"，相当于土星，它是某一科学通过长期的考验和论证而形成的相对稳定和牢固的基本理论，不会轻易地被个别的反例所推翻。外层称为"辅助性保护带"，相当于土星环，它由一些辅助性的理论和假设构成，像土星环围绕土星那样围绕着"硬核"，保护"硬核"不轻易遭受打击。当某一"反常"出现时，"辅助性保护带"将对其作出回应，这就是"方法论机制"；这种机制可以是积极的"正面启发法"，即主动面对"反常"，在具体研究中将"反常"进行转化，也可以是消极的"反面启发法"，即修正"辅助性保护带"自身，尝试以接纳"反常"的方式来解决问题。当然，科学理论总有发展期和衰退期，在衰退期，"辅助性保护带"将逐渐失去应对"反常"的能力，最终使受其保护的"硬核"无法再继续被使用，于是，旧的"硬核"就会被新的"硬核"所替代。

拉卡托斯的这个"科学研究纲领"为我们提供了另一种理解科学发展模式的理论。一方面，他重视历史条件、社会环境对科学活动的影响，认为在研究科学理论的发展时也应当注重对"外史"的研究；另一方面，他认为"内史"同样重要，科学活动的内在逻辑仍是研究的重点。因此，可以说，拉卡托斯的哲学观点带给我们的最大启示就是：应同等地重视科学活动的"内史"与"外史"。拉卡托斯为我们提供了一种全面看待问题的方法，而这种态度在几乎所有的学习研究领域都是十分可贵的。

135 你知道科学知识是如何增长的吗？

在科学哲学领域，有一个关键问题便是科学知识是如何逐渐增多的。不同的哲学家或者学派对此有各自不同的看法。比如，"归纳主义"认为，科学知识是通过对经验世界的不断观察推导得出的；库恩认为科学知识的增长是通过一系列"范式"的转换来实现的；拉卡托斯则提出"科学研究纲领"的概念，认为新纲领替代了旧纲领就是科学的发展。那么，波普尔是如何回答这个问题的呢？其答案用一个词来表达就是"解决问题"。他认为科学起始于问题：出现了问题，人们才会想要去解决，于是产生了致力于解决这些问题的科学理论；而科学理论也由此处在不断被修正的过程之中，这便实现了科学理论的更新、进步和科学知识的增长。用图来表示就是：

问题 1（P1）—假说（TS）—证伪（EE）—问题 2（P2）……

问题 1，指人们在实际生活、研究中遭遇到了问题，产生了困惑，于是开始思考如何解决它。TS（Tentative Solution）是针对问题 1 提出的一种可能的解决方案，它包含某种假设、猜想的成分，所以需要不断地接受检验。检验的方法便是"证伪"，这一过程被称为"EE"（Error Elimination），即消除错误。当问题 1 被解决后，人们又会产生新的问题，即问题 2，于是，新一轮解决问题的过程又开始了。在这个循环往复的过程中，对问题的科学的解决方案变得越来越复杂、越来越精确，新的科学理论不断代替旧的科学理论，科学知识不仅在数量上不断增长着，在质量上也不断进步着。

波普尔的这一理论展现的是一个开放的、未知的，而不是一个封闭的、决定论的科学世界。我们无法预测接下来会发现什么问题，因此也无法知道该提出怎样的解决方案。由于新的问题总是层出不穷，所以，一方面，理论是否还会变化发展是不可预测的，另一方面，科学理论将朝哪个方向发展也是未知的。这与近代流行的机械决定论的观点相对立。在这个开放的科学世界中，潜藏着无穷的可能性，存有无数值得我们去探索的问题。

还有一个值得我们关注的地方就是，波普尔认为科学的发展起源于"问题"的发现。这与传统的认为科学起始于对经验事实的积累、对自然的观察等观点有本质的区别。

古希腊哲学的集大成者亚里士多德在他的《形而上学》中说过这样一句话：哲学起源于对外部世界的惊奇。波普尔认为科学起始于发现问题，这一观点与前人的思想高度契合。所以，请热情地投入关于生活、学习、人生的思考吧，相信你会有许多可贵的收获！

136 除了主客观世界外，还有第三个世界吗？

从理解、认识这个世界的角度来讲，世界对于我们而言分为主观的和客观的。主观世界指人的意识、精神世界，而客观世界指外界的物质对象。那么，在主客观世界之外还有其他的世界吗？究竟有几个世界存在呢？

波普尔认为，除了通常所说的主观和客观世界之外，还存在一个"世界3"。

什么是"世界3"呢？波普尔认为，世界1相当于客观世界，即物质世界，如无机物、有机物，如生物体，包括人及其大脑等；世界2相当于主观世界，即人类的精神世界，比如人的意识、心理活动、感觉等；而世界3则是由人类精神产物构成的世界，即客观知识的世

界，如艺术作品、科学理论、房屋等一切可见诸客观物质的人的精神内容，或体现人的意识的人造产品和文化产品。

这三个世界处于相互统一并交互影响的状态。世界首先是物质的世界，从无机物发展到有机物，物质越来越复杂。接着，"意识"产生了。意识的产生是世界从世界1发展到世界2的标志。意识活动是人类所独有的活动，因此世界2（包括世界3）是人类独有的世界。有了意识活动，人类社会才产生了语言、文字，而后才有了丰富多彩的艺术、文化、科学等活动。

世界3虽然也是精神世界，但与世界2多少带有自发性、主观性不同，世界3具有客观性。这种客观性与作为物质世界的世界1所具有的客观性又不同，它是精神领域的客观，表现为人类精神活动的成果，这种成果可以是已经现实化了的，比如一部文学著作，或者一辆自行车；也可以是还在构思之中没有现实化了的，比如还没有被制造出来的机器、一个理论猜想等。无论世界3中的内容有没有在现实中被实现，它们都是独立于人的主观思想的客观知识。因此，世界3高于世界1和世界2，它来源于前两个世界，但又反过来对前两个世界具有指导、引领的作用。

波普尔的划分，强调了人创造出的客观知识对人类社会的作用。世界3是一个无限丰富的世界，我们的梦想、期待、思考在这里成形，并走向现实。所以，就让我们多思考、多探索，让自己那个小小的世界3变得更加丰富吧！

137　你知道中国科技史上那个有名的"李约瑟难题"吗？

如果观看或者阅读中国近现代的一些影片或书籍，我们常常会发现当时的中国人在提到枪炮的时候，往往要在前面加上一个"洋"

字，以说明这些现代武器是外国人发明的。然而回望历史长河，我们的先辈们在技术方面也有着许多成就，如东汉的造纸术、宋代的印刷术、指南针和火药等，这些发明都极大地影响了世界文明的进程。另外，我国在天文学、数学、医学、地质学等领域也卓有建树，涌现出张衡、祖冲之、李时珍、徐霞客等一大批杰出的代表。

那么，为什么在古代，即公元前1世纪至公元16世纪，中国的科学技术发展水平远超同时期的欧洲，但到了17、18世纪，近代科学和工业革命却没有发生在中国，而是发生在了欧洲，以至于许多新的技术都成了"洋货"呢？同样的，在社会的政治、经济方面，即使不少人认为中国在明中后期已经出现了资本主义的早期萌芽，但资本主义却最终没有在中国得到发展，其原因何在？这就是著名的"李约瑟难题"，它由英国科学家李约瑟在20世纪30年代提出，给我们带来一种具有比较性质的思考。

文艺复兴后，欧洲的科学文化得到了大发展。正是在15—17世纪的这段时间内，整个欧洲冲破了中世纪的黑暗，迎来了新时代的曙光；从18世纪工业革命开始，西方世界正式进入了近代科学的发展时期。而这段时期的中国，虽然仍与外界保持着一定范围与程度的交流（如郑和七下西洋），但大部分情况下，尤其是在清代，都处于"闭关锁国"的状态。中国人像待在培养皿里一样与外界隔绝，丰富活跃的外部世界及其快速的发展步伐极少能够影响到我们，于是我们与时代的进步失之交臂。

西方的思维模式更倾向于形而上的思考，即用抽象的（理性）思维探索事物的本源、问题的本质、自然的规律等。这种重视理论与纯粹探索的态度，为进行自然科学研究奠定了基础。而中国的思维模式更着重于对人生价值的思索以及对实用的探究，无论是理论的创新还是技术的改良都服务于生活本身。如欧洲的炼金术与中国古代的炼丹术都是追求提取某种稀有的物质，但炼金术在欧洲发展成了化学，而炼丹术在中国则被用于为帝王制造长生不老药。另外，西方人更富于向外扩张和探索的精神，而中国人似乎更倾向于选择独善其身的生活方式。因此，火药在中国只是火药，到了欧洲则成了西方人扩张殖民版图的武器。

"李约瑟难题"不仅是科学技术史上的一个学术问题，它也促使我们对近代中国在经济上的发展形态进行思索。它是一个抛砖引玉式的提问，引起了我们对于自身文化的反思。

138　为什么太平洋小岛上那些长有厚实短喙的雀鸟特别活跃？

为什么在有些地区，某种类型的生物会表现得特别活跃、种群数量也相对更多呢？比如在太平洋的某个小岛上，那些有着厚实短喙的雀鸟就特别活跃，数量也特别多。面对这种现象，你会作何思考和回答呢？

无论你对哪类知识感兴趣，喜爱人文学科还是自然科学，相信有一个人的名字你一定不会陌生，那就是达尔文。达尔文自童年时代起，就对自然界充满了好奇。青年时代，他以"博物学家"的身份搭乘"贝格尔号"游历了世界上的许多地方，对各地的动植物进行了大量详细的研究，并由此提出了能够说明地球上生物进化发展规律的理论——自然选择理论。

根据自然选择理论，生物体的"性状"会依照优胜劣汰的自然法则不断演化。所谓"性状"，是指生物体的所有特征。这种特征有些是表面的，如长颈鹿的长脖子，某种雀鸟短而厚的喙等；也有些是内在的，比如人类的血型、狮子奔跑的速度等。按照达尔文的理论，在漫长的时间里，生物体的性状会根据生物对环境的适应而发生变化。例如，某地区的一种雀鸟喜好食用一种外壳坚硬的果子。假设在一开始，该种群中有些雀鸟长着薄而细长的喙，有些则长着短而厚实的喙。由于果子的外壳很坚硬，长有细长喙的雀鸟在凿开果壳时将花费更多时间且有弄断喙的危险。而长着厚实短喙的雀鸟则幸运得多，它们能以相对小的力气凿开坚硬的果壳，另外，它们厚实的喙也不易被果壳弄伤。久而久之，长有细长喙的雀鸟或因不能有效凿开果壳吃到果实而挨饿，或由于在凿果壳时弄断了自己的喙而活活饿死；而长着厚实短喙的雀鸟却因为能够有效地吃到果实而幸存下来并不断繁衍后代。在这一过程中，无形的自然选择已经在发挥作用了。由于第一种雀鸟有很高的死亡率，它们所繁衍的后代数量也急剧减少，因此它们的基因就很少能被遗传下来，直至最后，这类长着细长喙的雀鸟会在这一地区消失。这是自然选择的结果，也是在那些地区，长有厚实短喙的雀鸟特别活跃的原因。

达尔文的自然选择理论不仅在生物学界被广泛接受，许多人文学科也纷纷用它来解释自身学科理论的发展。在 20 世纪初中国社会发生变革的年代里，进化论被广泛关注，人们用它来解释社会的变迁和改革；进化论思想给中国带来了思想理论的新风。

139 每一滴水的下落形态都是本来就注定的吗？

如果有人告诉你，山间飞溅的瀑布中的每一滴水会以怎样的形态落入水潭都是事先注定的，你将作何感想？

这是 18 世纪法国著名的数学家、天文学家拉普拉斯提出的一种严格决定论观点。拉普拉斯认为，宇宙中所有的事件是如何发生的都可用数学方程式来表示，事件与事件之间严格遵循着因果律。比如，假设我们能够知道一颗小石子在某一时刻的所有运动参数，那么就能通过完善的计算推算出它之后的所有运动情况。在拉普拉斯严格决定论的世界图景中，只要初始情况确定了，接下来所发生的一切其实都是注定了的。一方面，自然界中的所有一切都是可预言、可被事先了解的；另一方面，既然一切都是被预先规定了的，那么其实就不存在真正意义上的自由选择。

如果事情真的是这样，那么我们的人生是否也早就被决定了呢？有的人想成为企业家，希望能在工作中发挥自己的创意与构想；有的人想成为教师，教书育人，授业解惑。青春之所以美好，是因为未来总是充满希望、有着无限的可能性，只要在今天不懈努力，将来一定能有所收获。但是，如果有人告诉你，你的未来，无论是几十年还是几分钟后将发生的一切都是已经被注定了的，那你还会对它怀有憧憬吗？

从某种意义上说，拉普拉斯的决定论也是一种宿命论。但作为当时的主流观点，它在科学界流行了近两个世纪，对科学研究的影响很大，当时的科学家就是在这样的理论背景下研究事物的运动的。比如，人们利用牛顿力学计算物体的运动，甚至预见了天体的存在。所以说，拉普拉斯的决定论思想在一定范围内、在一定程度上是有效的，它激励着科学家发展科学理论以解释宇宙万物。然而，理论的解释力总有一个限度，20世纪的量子力学就以自己的方式颠覆了这种"决定论"，这是后话。

140 太阳明天必然会照常升起吗？

如果地面上的一块普通石头是温热的，那你一定会觉得是某种东西给予其热量并使其变热的，因为石头自身不会发热。于是我们开始在周围寻找原因：地面将热量传递给了石头？还是天空中的太阳将石头晒热了？什么是石头变热这个"结果"的原因呢？又如，太阳每天早晨从东方升起，千百年来未曾改变，于是我们就认为无论是明天、后天，还是一万年之后，太阳都将照常升起。

以上两个例子所涉及的都是日常生活中的常识：石头不会无缘无故自己变热；太阳明天会照常升起。然而，英国哲学家休谟却对我们的常识提出了质疑。

休谟认为，当我们初次面对相继出现的两个事件或现象时，其实并不会马上从中看出其因果关系来。比如当我们发现石头是热的，抬头又看见明晃晃的散发着热量的太阳时，我们不会马上得出石头之所以变热是因为太阳的照射这一结论。因果关系之所以会产生，是由于我们在经过多次观察后发现，当太阳照到这块石头上时，它就变热了。因此，人只有在反复看到（或经验到）总是相继出现的两件事情之后，才会产生一种习惯性的联想或信念，把发生在前的事情视为后者的"因"，把发生在后的事情视为前者的"果"。如果没有这种特殊的联想倾向，同样的情况无论发生多少次我们都不会将它们联系起来思考。所以，休谟认为，因果律并非客观规律，它只是"习惯"的产物。

那么，人们为何会把"太阳每天照常升起"视作宇宙的真理呢？休谟认为那是因为归纳法迷惑了我们。归纳法依赖的是经验事实，在过去的岁月里太阳曾经千百万次地从东方升起，但这千百万次的经验记录难道就能被归纳为规律吗？在他看来，经验所能报告的只是当下直接发生的事情，无法扩展到我们未曾经验的事情。那么，是什么使我们确信明天太阳必然会照常升起呢？正是"未来将符合过去"这一假设。

休谟对于因果律、归纳法的质疑在哲学上被称为"休谟问题"。

休谟问题一直被公认为是一个困难的哲学问题。仅从逻辑上说，休谟提出的质疑的确很难被驳倒，然而，如果我们用这种思维一味地质疑现实生活、科学事实，那么，且不说人类历史的进步，就连我们每个人的日常生活都将受到影响。因此，我们既应该善于思考、学会质疑，也应该牢记：在真实的生活中，任何怀疑都应该是有限度的，客观、辩证地思考和看待问题是十分重要的思维素质。

141 假相为什么能迷惑我们？

所谓"假相"就是那些以虚假的面目呈现于我们面前，从而妨碍我们认识事物真相的东西。那么，在科学活动中，人们会面对怎样的假相？这些假相又为什么能够迷惑住聪明的科学家呢？

英国哲学家弗朗西斯·培根认为有四种假相困扰着人们，它们是影响科学发展的障碍。

首先是"种族假相"。大家可别望文生义地认为这与当代热议的种族歧视问题有关，培根所谓的种族假相是针对人性固有的缺陷而言的。培根认为，人类推崇理性，把理性视为世间最重要的东西，因此人往往把自己的尺度当成衡量事物的尺度，以自己的理性来理解世界、衡量世界，以自己为中心来思考问题。这种假相使人在认识事物时常常把主观臆想强加于客观事物，而科学活动需要的是客观性，即要能够放弃主观上的成见来看待问题。因此，培根指出，人要学会客观地看待问题，不要处处以自我为中心来思考问题。

其次是"洞穴假相"。"洞穴"指的是每个人由于各种主客观原因而形成的自己特有的观察问题、思考问题的角度、习惯。就拿吃饭来说，有的人一看到蔬菜就觉得不好吃、不愿意尝试，殊不知蔬菜中的营养对我们的身体是多么重要，且有些蔬菜经过烹饪味道也是非常可口的。由于每个个体都有自己的思维习惯和思考角度，因此，人们在看待问题时难免有失公允、囿于偏狭，犹如居住在一个特殊的洞穴中，受狭窄天地的限制，观察事物时必然会带有片面性。培根希望我们能走出自己的"洞穴"，客观地看待这个世界。

第三是"市场假相"。想象一下集市的场景：熙熙攘攘的人群、多种多样的货物、各种不同的方言……人们通过语言进行思想交流，语言使用不确切时会产生很大的歧义，引起思想上的混乱，妨碍人们的认识。培根认为，语言在沟通中出现的问题会对思想交流造成困难，因此要致力于消除语言使用过程中的混乱现象。

最后是"剧场假相"。剧场是上演各种各样戏剧的场所，历史上的各种理论、思想犹如分别上演的戏剧，各有千秋、各领风骚。然而，如果盲目地崇拜传统的思想体系或迷信权威，那么这些给予人们教益与启发的思想就会限制人们自己的思想。如果你尤其赞同、喜爱某一种理论，甚至到了信奉的程度，那么你将不由自主地用它来指导自己的思考，它的弊端也会对你造成负面的影响，使你对事物产生错误的认识。培根认为，历史上许多流行的思想体系都具有这样的副作用。

这四种假相，不论是先天具有的还是后天形成的，都会迷惑人们的认识，妨碍科学进步。培根所处的时代是近代自然科学开始起步的时代，他在那个时代所作的思考在今天也仍然富于教益。

142 物质可以被无限分割吗？

物质可以被无限分割吗？如果可以的话，物质的最小结构又是什么呢？这个现代科学仍在探索的问题，从古希腊时代开始就已经有人在思考了。最早思考这一问题的当属原子论者。

　　相传留基伯是古希腊早期自然哲学家中原子论的创始人。他和他的学生，另一位著名的哲学家德谟克利特认为，世界的本原（古希腊早期自然哲学家喜欢用"本原"这个词来表示组成世界的最基本的东西）是"原子"和"虚空"。原子是物质世界中不能再往下细分的最小微粒，它们有无穷多的数量。诸多原子在虚空中运动着，有时分离、有时结合，从而形成了世间万物。组成万物的原子，就单个来看它们的性质并没有不同，只不过由于自身的大小、形状和所处的位置不一样，才构成了各种不同的物体。

　　原子论者的想法有一定的道理。首先，他们认识到世界上的物质是多样的并且处于不断的变化之中，同时，他们也意识到组成这些复杂事物的基本结构应该是一致的。也就是说，基本的微粒——原子在运动中生成了万物。但是，如果世界上的原子都紧密地挤在一起，那它们又如何运动呢？因此，原子论者认为"虚空"的存在和"原子"一样重要。没有虚空，原子就没法运动；没有运动，就没有新的分离与结合；没有分离与结合，事物就没有变化。

　　原子论者关于事物最小微粒的设想对后来的科学发展有很大的影响。距原子论者活动年代较近的著名的哲学家伊壁鸠鲁就继承并修正了古典原子论。而后，17 世纪的法国科学家、哲学家伽桑狄进一步研究和宣传了原子论。到了 19 世纪，英国化学家、物理学家道尔顿研究并提出了近代科学的原子论。他的近代原子论观点融合了化学研究的新发现，认为原子的种类与化学元素的种类是等同的。到了现代，道尔顿原子论中对原子物理特性的描述得到了更正，不过自古希腊以来的对原子概念的理解则一脉相承地被保留了下来。

　　长久以来，人们对于物质最小结构形态是什么的思考和探讨一直没有止息，体现了人类永不停歇地追求真理的精神。希望古代原子论者的理论能为我们的思考带来启发。

143 医生为什么能从X光片中看出病人的病灶？

如果给你一张人体脑部的 X 光片，你能够通过观察发现哪些东西呢？假如你是一个小学生，你所看见的可能只是一块灰黑的影像，或许你生物课成绩不错，能够知道 X 光片上的影像显示的是人的大脑。假如你是一名医学院的低年级学生，或许能从片子上读出更多的信息：左右两个半球、起伏的沟回、后方的小脑等，但许多细节的地方你或许仍然难以解读。而假如你是一位颇有资历的医生，就能读出关于这个大脑的更具体细微的秘密：这部分是完全正常的，那部分有病变的征兆，这里已经萎缩了，那里仍能维持基本的功能等。

这个例子说明了什么呢？它说明，面对同样的观察对象，影响观察结果的并不仅仅是不同的视觉或观察条件，更关键的是观察者自身的认知情况。小学生和医学院低年级学生之所以不能像有资历的医生那样读出丰富的内容，原因就在于他们还不具备医生所拥有的渊博的医学知识、丰富的临床经验，而正是这些因素使医生能够观察到其他人所观察不到的东西。对医生来说，其专业知识和工作经验，"带领"着他观察 X 光片的眼睛，使得他可以发现其中的问题。所以说，对于有理论准备的观察者来说，观察对象将展现出丰富的内容；而对于理论准备不足的观察者来说，观察对象所显示的或许就仅仅是图像而已了。

按照英国哲学家波普尔的观点，理论是先于观察的。其意思是，纯粹的不带有目的的观察就仅仅只是"看"而已。比如我注视着每一辆从面前开过的汽车，由于我的观察并没有目的和方法，所以我只是"看到"有汽车开过而已。如果我是带着任务来观察的，比如观察汽车的牌照号码，我就会发现原来所有汽车的牌照上都有三种符号：一个代表省（或直辖市）的简称的汉字、几个大写的英语字母和若干阿

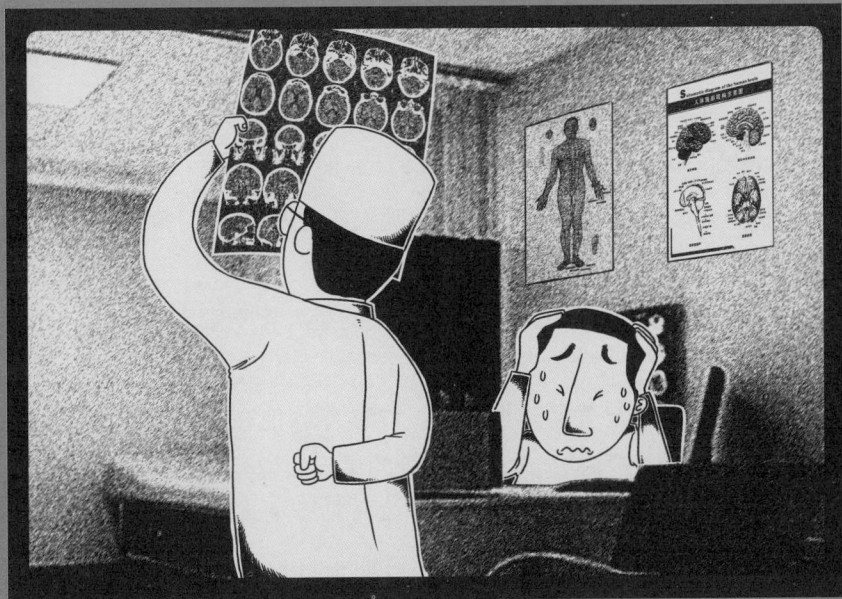

拉伯数字。或者我是一位汽车工程师，可以通过在汽车行驶的路面上预先安装的某种装置获得一系列数据，通过对这些数据进行分析，我就能够知道哪些车性能不错、哪些需要及时修理，这和医生看 X 光片的道理是一样的。

波普尔的观点告诉我们，科学观察是在理论的指导下进行的，它并不是盲目和随意的活动。从另一个角度来理解，它也告诉我们，一种规律、理论之所以能够被发现或创建，是因为人的理智预先按照自己的意图对自然进行了观察和理解，即康德所说的"人的理性为自然界立法"。正是通过这些受理论指导的观察活动，人们才对自然有了更多的认识与把握。

144 你知道最早解释天体演化的人是一位哲学家吗？

想象一下，在一个宁静的夏夜，你抬头仰望夜空，天上繁星点点……如此美景总是令人浮想联翩。此时，爱思考的你或许会问：天空中这么多的星星是怎么形成的呢？千百年来人们曾以各种方式尝试着解答这个问题。

较早以科学的方式来解释天体演化的是大哲学家康德，他对科学理论的哲学式思考使他创立了星云假说。

康德是 18 世纪著名的哲学家。1755 年，他在著作《宇宙发展史概论》中提出了一种描述太阳系起源的星云假说。拉普拉斯是当时著名的天文学家、数学家，他在 1796 年也独立地提出了关于太阳系起源的星云假说。由于他们在相近的时期各自独立地提出了相似的学说，因此人们把这一学说合称为"康德—拉普拉斯星云假说"，这是一个由哲学家和科学家共同提出的著名科学假说。

星云假说认为，太阳系起源于一个旋转着的原始星云，这个星云由许多各种各样的小微粒组成。原始星云在万有引力的作用下，不断地进行收缩，在收缩的过程中，引力最强的部分吸引了更多的微粒从而形成了较大的团块。在太阳系中，这个最大的团块就是太阳，它具有最强的引力，能够吸引一群行星围绕着它旋转。根据小微粒聚成大微粒的假设，引力强弱不同的其他团块又分别形成了其他大大小小的行星。于是，原始星云就在万有引力的作用下"凝聚"成了现在我们所知道的并生活于其中的太阳系。

康德—拉普拉斯星云假说在当时产生了很大的影响。当然，由于 18 世纪的数学和科学观测水平都还比较有限，所以这一假说难免存在缺点和不足。但是，客观地讲，从目前天文学的研究成果来看，这一假说的基本思路还是正确的。

左侧竖排书脊文字：十万个为什么 人文社科

145 科学家做实验一定要使用仪器吗？

生活在 21 世纪的我们已经知道，在真空的环境下，一个重的物体和一个轻的物体同时从同一高度落下，两者应该是同时落地的。那么，科学家是如何得出这个结论的呢？这就要先来讲讲什么是"理想实验"。

意大利科学家伽利略是近代自然科学的先驱人物之一。在力学上，他发现了"自由落体定律"，从而否定了统治欧洲思想长达千余年的亚里士多德物理学；在天文学上，他自制了一架天文望远镜——史称"伽利略望远镜"，并用它观测到了木星的四颗卫星。我们现在所说的"理想实验"也与伽利略有关。

"理想实验"和真实的摆弄仪器的实验不同，这种实验只发生在我们的头脑中而无需借助仪器，所以它也被称为"假想实验"或者"思想实验"。在做此类实验时，科学家先在思维内部构造出实验的情景，再通过逻辑推理的方式想象实验的过程并推测实验的结果，从而得出某种结论。在无法借助仪器、设备进行实验的情况下，这种实验方法是一种很重要的科学理论研究方法。伽利略曾做过两个著名的"理想实验"。

大家知道"惯性定律"是牛顿的三大运动定律之一，它告诉我们，任何物体在不受外力作用的情况下，总保持原先的静止状态或匀速直线运动状态不变。牛顿是在总结前人研究成果的基础上提出该定律的，而伽利略就曾研究过这个问题。伽利略发现，让一辆小车从一个斜面下滑，如果斜面使用的材料摩擦力较大，比如铺条毛毯，那么小车很快就会停下；如果选用摩擦力稍小些的材料，比如一块丝绸，那么小车就会滑行得远一些；如果所铺的材料摩擦力更小，比如一块玻璃，那么小车就能滑行得更远一些。于是，他就想，或许小车滑行的距离与摩擦力大小有关。一个没有摩擦力的平面对小车的滑行会有怎样的影响呢？在这里，他遇到了一个问题：在现实中找不到一个摩擦力为零的平面。

面对这样的问题，伽利略在思想中继续他的实验。由于之前的真实实验表明，是摩擦力的存在影响了小车滑行的距离，并且随着摩擦力的不断变小，小车的滑行距离不断增加。因此，从逻辑上来讲，如果存在一个完全光滑的、没有摩擦力的平面，那么，小车将在这样一个"理想"的平面上永远滑行下去。就这样，伽利略在无法进行真实实验的情况下，通过"理想实验"得出了自己的结论。

第二个著名的"理想实验"就是本文开头讲到的关于自由落体运动的实验。伽利略发现，一个重的物体和一个轻的物体的下落速度，在空气阻力变小的情况下，其差异亦会变小。于是，他通过假设存在一个没有空气阻力的真空状态来进行"理想实验"，并得出了"自由落体定律"——物体下落的速度与它的轻重无关（只与时间有关），从而否定了亚里士多德所认为的，重的物体下落得更快的传统见解。

"理想实验"虽然只发生在科学家的头脑中，却并非科学家的空想。它是在真实实验的基础上，通过抽象分析来进行的特殊实验。所以说，"理想实验"也是符合逻辑的实验，它虽然不在现实中发生，却具有思想上的真实性。

146 你知道天王星是怎样被发现的吗？

众所周知，太阳系中除了地球之外，还有其他行星在绕着太阳周而复始地运行。按照过去的说法，我们认为太阳系中有九大行星；而自 2006 年 8 月 24 日第 26 届国际天文学联合会之后，根据新的标准，原本排在最末的冥王星被排除出了大行星的名单。因此，目前太阳系中只有八大行星，其中天王星是近代发现的第一颗行星。那么，你知道天王星是如何被发现，又为何被命名为"天王星"的吗？

1781年3月13日，英国天文学家威廉·赫歇尔在自己家中观测到了天王星，并在之后将其确定为一颗行星。在天王星之前的五大行星都是在古代就被人们观测到了的，而天王星直到近代才被发现。虽然在此之前，已有天文学家多次观测到天王星，然终因观测设备的缘故而无法将它确定为行星。赫歇尔和他的妹妹——历史上第一位女天文学家卡洛琳·赫歇尔共同研制了大型反射式望远镜，并用它对星空进行了长期的观测，终于在金牛座附近发现了这颗遥远的太阳系行星。它的特别之处在于：其自转轴倾斜角度非常大，达到98°。因此，它就好像斜斜地躺在自己的绕日轨道上在运转，这与其他大部分的行星不一样。

该给这颗新发现的行星起什么名字呢？一开始，赫歇尔想将其命名为"乔治星"，因为当时的英国国王是乔治三世；也有人建议直接用发现者的名字，叫它"赫歇尔星"；最后，人们还是决定按照之前为五大行星命名的方法，即用神话中神的名字来为它命名。值得一提的是，别的行星都是用罗马神话中神的名字来命名的，而这次人们则以希腊神话中的天神乌拉诺斯来命名它，翻译成中文便叫"天王星"。

赫歇尔发现天王星的故事让人们体会到了科学观测工具对科学发现、科学进步有着多么重要的影响。如果没有赫歇尔兄妹对天文观测设备的不断改进，或许那个时代就不会发现天王星。所以说，科学研究既要动脑，也要动手；实验设备和实验方法、实验设计一样，都是科学研究非常重要的组成部分。

147 为什么说海王星是被"计算"出来的？

海王星处于太阳系边缘，它第一次确定地被人观测到的时间是1846年9月23日的夜晚，观测者为德国天文学家加勒。那么，为什么说海王星是被"计算"出来而不是被观测发现的呢？让我们把时间往前拨回到1845年。

在赫歇尔于1781年通过自制的反射式天文望远镜发现了天王星之后，人们发现天王星的实际运行轨道与按照牛顿力学计算出的它应该"行走"的预期轨道不太一致。面对这个问题，科学家们大致形成了两派意见：一方认为，或许是牛顿力学的预测能力有限，在预测像天王星这样遥远的行星时显得力不从心；另一方则认为，牛顿力学没有错，问题在于，或许天王星附近还有一个未被发现的天体，它的存在影响了天王星的运行轨道，使天王星没有完全按照科学家计算出的轨道来运行。

在天文学中，一个天体由于受到其他一个或若干个天体的吸引而偏离了自己的运行轨道的情况被称为摄动。如果真像第二种意见所说的那样，那么，对天王星造成摄动的那个神秘天体在哪里呢？

1845年，英国天文学家亚当斯以天王星受到摄动影响为前提，通过艰苦的运算得出了自己的结论，他认为，在天王星附近存在一颗新的行星，正是它影响了天王星的运行。在差不多的时期内，法国天文学家勒维烈也通过自己的计算得到了几乎相同的结论。他把写着计算结果的论文给了之前提到的加勒，后者通过观测终于发现了后来被称为"海王星"的这颗行星。正因为海王星是首先通过数学计算被"定位"到，然后再由天文学家按照计算的结果在天空中"按图索骥"将其找到的，所以说它是被"计算"出来的。

给海王星命名也经历了一番曲折。由于英国天文学家亚当斯先前已通过计算准确地定位了海王星，只是英国皇家天文台没有对他的成果表现出应有的关注，才导致英国人错失了首先观测到海王星的机会。因此，在为新行星命名时，英法两国各执一端，都认为自己有这个权利。就在人们犹豫着海王星该有一个英国名字还是法国名字的时候，勒维烈建议还是使用传统的命名方式，即用罗马神话中海神尼普顿的名字来为其命名，从而避免了不必要的纷争。

发现海王星的故事让我们体会到数学、天体力学的强大预测能力；从哲学的角度来讲，这便是理论对实践的指导作用的生动体现。

148　为什么说一只蝴蝶扇动翅膀能引发一场龙卷风？

大家听说过"蝴蝶效应"这个词吗？想象一下这样一个神奇的场景：一只小小的蝴蝶在南美洲亚马孙河流域的热带雨林中扇了几下翅膀，却引发了几周后美国得克萨斯州的一场龙卷风。小蝴蝶真有这么大的能量吗？

提出"蝴蝶效应"的是美国气象学家爱德华·诺顿·洛伦兹，他在 1972 年正式使用这一说法。他说，蝴蝶扇动翅膀虽然是自然界中极微小的动作，但即使如此也会引起它身边空气系统的变化，当然这种变化是细微的；而这些细微的气流变化又连续引发了周围空气系统的变化，由此形成了某种空气系统中的"连锁反应"。这就好像我们用手指轻轻触倒第一块多米诺骨牌，排列在它之后的骨牌就会一个接着一个地倒下一样。最终，所有这些变化引起了某个遥远系统的巨大变化。所以说，一只小蝴蝶能引发一场龙卷风在理论上是可能的，并非科学家在危言耸听。

令人惊讶的"蝴蝶效应"激发了人们对"混沌学"的热情。什么叫混沌学？混沌指的是一个具有确定性的系统中看似随机的不规则

运动。比如我们熟悉的天气系统就是一个典型的混沌系统。天气系统很复杂，各个环节相互影响，看上去缠绕不清，令人摸不着头脑；但从理论上来讲，我们还是有可能理清其中的千头万绪的。混沌学就是这样一门关注、研究各种混沌现象的学问。混沌现象不仅仅发生在气象学中，数学、社会科学中也都有混沌现象。有一首有趣的小诗是这样写的："丢失了一个钉子，坏了一只蹄铁；坏了一只蹄铁，折了一匹战马；折了一匹战马，伤了一位骑士；伤了一位骑士，输了一场战斗；输了一场战斗，亡了一个帝国。"一个帝国的覆亡竟然与一颗小小的钉子有着如此直接的联系！这个例子向我们展现了生活中的混沌现象。我国古代那句耳熟能详的名言"失之毫厘，谬以千里"，说的也是这样的意思。

如今，混沌学已成为一门炙手可热的前沿学科。对我们来说，了解一些混沌学的知识，结合生活实际来思考一些相关的问题，对于训练发散性思维是大有裨益的。

149 宇宙为什么会变得越来越混乱？

如果大家对物理学尤其是热力学感兴趣的话，想必听说过"熵"这个词。"熵"指的是某个系统中的混乱程度。这里的系统可以指一个充满实验物质的烧杯，也可以指整个浩瀚的宇宙，同时，我们也可以将熵的概念扩展到社会科学领域。

"熵"的概念在 1868 年由德国物理学家、数学家克劳修斯提出。他认为宇宙中的能量是恒定的，而"熵"值趋向于一个最大值，也就是说，系统中的混乱程度总是在不断增加的。为什么呢？

热力学第一定律是能量守恒定律。比如我们燃烧一块木头来取暖。通过燃烧，木头被烧成了灰烬，但是它的能量并没有消失，而是转换成了其他形式，比如热和光。这种能量的转化是等值的，即在这个过程中能量既没有增加，也没有减少，只是转换了形式而已。由此推得，整个宇宙也是如此。虽然宇宙中发生着不计其数的变化，但无论怎么变，宇宙中总能量的值从它诞生之日起就没有变过。

我们可以燃烧木头来取暖，但是，我们不可能把这块燃烧过的木头再烧一次并取得同样量的热。这就是热力学第二定律要告诉我们的：当"能量"从一种状态转换到另一种状态时，我们必然有所损失。我们损失的是在将来能被我们用来再次做功的能量。而"熵"正是一个表示在某个系统中那些不能再被转化来做功的能量之总和的单位。所谓"覆水难收"，说的就是这样的道理。虽然从盆里泼洒出去的水落到了地板上，看上去并没有消失，但是我们若想把这些水再收集到盆里则是十分困难的；即使我们用某种方法把泼出去的水全部收集到了原先的盆里，为了完成这个任务也必然要耗费很多的人力物力。

从某种意义上来说，"熵"同样可以被用来表示人类社会的某种状态。古希腊和中世纪的人们认为，人类社会是一个从有序逐渐变化到无序的衰退过程。这样一种消极的世界观反映的是社会历史领域中的某种熵增原理。我们总是听到这样的抱怨：人心不古、道德沦丧，这个世界好像变得越来越混乱、无序。从"熵"的角度来说，的确如此。就好像随着生活条件的改善，现代人也在"制造"出越来越多的生活垃圾，为了妥善地处理这些困扰着生活的"废物"，我们发明了许许多多的方法：填埋、降解、分类、循环利用等；这些方法在一定程度上缓解了困境，但同时也消耗了大量的人力、物力；而无论方法多么先进，也总有许多垃圾无法被"变废为宝"。

"熵"的概念虽然早在19世纪就被提出，但它的重要性和前沿性在今天仍然值得我们关注和思考。

150　为什么数学不属于自然科学？

假如有人告诉你，数学不是科学，你会感到惊讶吗？或许你会觉得，各种科学，如物理学、化学等的发展都离不开数学；而科学家们无论是写实验报告，还是发现自然规律，或多或少也都要用到数学。那么，为什么数学会被排斥在科学大门之外呢？

科学，按照其研究对象，可以分为自然科学、社会科学、思维科学，以及贯通这三个领域的哲学和数学。从这个分类方式中我们可以发现，数学及哲学是被单列出来的，这说明它们与其他科学是不同的。我们在这里所说的"科学"主要指自然科学。

自然科学探究的是大自然、宇宙的奥秘，它是通过对材料进行实验操作、收集数据等方法，探索物质世界的运动、变化规律的科学。虽然自然科学有很多理论，但从本质上来说，它是经验的、具体的，比如地质学家研究某种岩石的构造和成分等。自然科学的研究起源于对经验事实的搜集、整理，没有这些基本材料，自然科学的理论便是无源之水。

而数学在起源上就和自然科学不同。数学知识来源于人脑的抽象思维，比如在平面上以定点为圆心、定长为半径作一个圆，这在几何学上是很容易想象的，但在现实生活中要找这么一个"理想的"圆却是不可能的。当然，这并不是说数学的起源脱离人类的生活实践，恰恰相反，数学与自然科学一样，它的产生和发展与现实生活中的需要紧密相关，并非数学家的空想。只不过自然科学是通过搜集和研究经验的、物质的事实得到发展的；而数学则需要我们将现实情况转换为头脑中的抽象模型，比如几何学中的"点"、"线"、"面"等概念，并在思维中运用这些抽象的概念一步步地推进研究的发展。

在了解了数学为什么不是科学之后，相信你对什么是科学、什么是数学也会有进一步的认识和体会。

151 蜘蛛网与直角坐标系有什么关系？

蜘蛛网与直角坐标系，它们似乎是风马牛不相及的东西，可是在法国哲学家笛卡尔那里，它们却成了有密切联系的事物。这里就来讲讲笛卡尔发明直角坐标系的故事。

笛卡尔出身于贵族家庭，虽然天资聪颖，但从小身体就不怎么好，经常得病。有一天他又病了。病中的笛卡尔仍在思考着如何将代

数和几何结合起来的问题。突然，墙角一只正在织网的蜘蛛引起了他的注意。蜘蛛爬上爬下，忽左忽右，最终在墙角结起了一张大网。受到蜘蛛结网的启发，笛卡尔发现，可以把蜘蛛看作一个点，而它在空间中运动的每一个位置都可以通过一组确定的数字来表达。笛卡尔把墙角看作一个点，并把它称为"原点"，而从墙角延伸出的三条线——两条水平方向的线，一条垂直方向的线——就像三条两两垂直的数轴。在这个由三条相交于一点，并且两两垂直的数轴组成的空间中，每一点的位置都可以通过它落在不同数轴上的数值来表示，比如写成 P（x, y, z）。这就是笛卡尔构思的直角坐标系的雏形。有了这样的数学工具，笛卡尔把"数"与"形"巧妙地结合在了一起，极大地拓宽了数学研究的领域。

笛卡尔之所以能发明直角坐标系，从另一个角度看，与他的哲学思想也有着密切的关联。与培根提倡科学归纳法不同，笛卡尔推崇数学演绎法。他认为数学具有其他学科所不具备的确定性，这种确定性是哲学研究、方法论研究所必需的；另外，与归纳法相比，演绎法由于严格遵循某种逻辑推理的结构，不受事实情况的影响，因而具有某种必然性。几何是直观的，代数是抽象而精确的，如果能有一种方法将两者结合起来，那就堪称完美了。直角坐标系就是基于这样的思考被发明出来的；也正是因为有了直角坐标系，几何学才发展出了解析几何这一分支。

152 科学家是如何给物种起名字的？

我们每个人都有属于自己的名字，姓名包含着许多信息，如家族的姓氏，也许还有父母对你的期许等，有的外国人还在孩子的名字中加入祖先的名字以纪念先人。有了名字，我们就能在社会生活中和他人区分开来。有些人出于爱好或者工作的需要，还给自己起了"笔名"或"艺名"，这些富有个性色彩的名字，有时更能让人联想到其拥有者所具有的特点。

那么，世界上千千万万个生物物种的名字又是怎么来的呢？人们用什么方法给它们命名呢？

早在古希腊时代，大哲学家亚里士多德就提出了属加种差的定义法，对动植物进行简单的分类，后来的人们就沿袭了他的分类法给动植物命名和归类。但是，随着人类文明的进步，特别是近代科学的发展，到了16、17世纪，科学家又不断地发现了大量的动植物。这就好像原来你的书架上只有几十本书籍，虽然它们有的是小说、有的是教科书，但对它们进行分类后还是比较容易找到的；然而，假设你拥有了大量的藏书，比如十万本，这时再沿用原先粗糙简易的分类法就会有许多问题。一方面，由于原来的分类不够细，某一大类下仍有大量书籍，而且它们互相之间也有较大的差异；另一方面，由于某一类下聚集了太多的书籍，想要寻找某一本书便会像大海捞针一样。当时的科学家也面临着类似的困难。

为了解决这个问题，科学家们主要采用了两种分类方法来对动植物进行归类。一种是"自然分类法"，即根据某一生物的多种器官形态（比如植物的根的形态、花萼的形态、花瓣的形态等）来对其进行分类；另一种是"人为分类法"，即仅根据生物的少数器官，有时甚至是某一个器官的形态来对其进行分类。两种方法各有利弊。

瑞典博物学家林奈是近代生物分类学的鼻祖，他对于生物分类方法的主要贡献是建立了更完善的人为分类法和双名制命名法。他将生物分为纲、目、属、种。同时，考虑到当时学术界对于生物的命名呈现出一种混乱的状态——对同一类物种，你有你的叫法，我有我的称呼——他提出了一种包含"属名"和"种名"的双名制命名法，即对任何物种都用两个拉丁文名字组合在一起来命名。这种简单、有效的命名方法得到了学界的广泛接受，产生了很好的效果。

生物分类法的产生和发展，使我们认识到，在科学研究中，采用科学合理的方式方法是多么重要，希望这对我们的学习思考也有所帮助。

153　你知道古希腊三大数学难题吗？

相传在古希腊一个叫提洛斯的岛上曾爆发了一场瘟疫，当地人非常害怕，便向守护神阿波罗祈求保佑。在一系列祈祷后，人们获得了神的旨意：如果将神庙的正立方体祭坛扩大为原来的两倍，那么瘟疫就可被驱散。于是人们开始动手建造一座新祭坛。可是，由于他们把立方体的长、宽、高都扩大了一倍，因此造出来的新祭坛不是原来的两倍，而是八倍！大家都很苦恼：如何才能造出一个是原来祭坛两倍大的新祭坛呢？

这个问题放到现在或许很好解决，但当时能用的工具只有直尺和圆规，因而无法解决这一难题。

在古希腊哲学家中，有一群思维活跃的思想者，他们喜欢与人辩论，能在法庭上像律师一样帮助别人赢得诉讼。他们便是大名鼎鼎的"智者"。在那个哲学与数学不分家的时代里，这些智者派哲学家不仅能够纯熟地运用各种辩论技巧、哲学概念，对数学也有自己独到的见解，而上文提到的这个问题正是智者们所思考过的著名的"古希腊三大数学难题"之一。

古希腊三大数学难题的另两个难题是："化圆为方"，即用尺规画出一个正方形，它的面积要等于一个已知的圆的面积；以及"三等分任意角"，即用尺规将任意角度的角三等分。

这三大数学难题有两个共同点值得我们注意：第一，它们都是几何学问题；第二，人们只能用直尺和圆规来解题。作出这样的特殊规定与当时思想家的思考风格有关，他们追求简单、理想的图形，认为直线、圆都是一些最基本的几何图形，所以再复杂的图形也应该可以被最终归结到它们身上。另外，当时的人们虽然爱好抽象思维，但在几何学上却坚持任何想象中的图像都必须要能够被"白纸黑字"地画出来才算数，由此也形成了当时重视作图的研究特点。

虽然"古希腊三大数学难题"在 19 世纪被陆续证明是不可解的，但自它们被提出以来，古希腊乃至后来的数学家、思想者都不断地对它们进行了探究，由此也发展出了许多数学方法。

154 阿基米德为什么会死在罗马士兵的刀下？

古希腊数学家阿基米德在罗马士兵攻入城池的时候，还在地上认真地研究着几何图形。专注于研究的阿基米德，对拿刀指着他的士兵说："请等我把这个问题算完。"接着，他便不幸地死在了那个无情、无知的士兵的刀下。

听完这个故事你作何感想？阿基米德为什么会遭此厄运？是因为他对真理的追求使他将生死置之度外，还是因为罗马士兵的野蛮无知？如果适当地结合科学史，我们会发现，这个故事中的两个人物——阿基米德和罗马士兵，他们各自的行为恰好折射出古希腊与古罗马这两个历史时期的文化精神。

说起古希腊你会联想到什么？苏格拉底之死，柏拉图的理念论，还是亚里士多德的形而上学？而谈到古罗马，你又会想到什么？或许你会想到恺撒大帝、东征西讨、大修水利和兴建各种公共建筑。由此，我们可以清晰地感受到古希腊文化精神与古罗马文化精神的差异：古希腊崇尚抽象而纯粹的理论研究，古罗马则注重实用。

可以说，古希腊时代的科学家、数学家们更为关注头上的星空、宇宙的真理，他们致力于研究天体的运行、各种各样的几何图形；古罗马的科学家、学者们则更讲求实用，不太重视那些抽象的、繁琐的理论研究，对他们来说，建设自己的城邦、扩大国家的版图是更为重要的事情。因此，古罗马拥有高超的建筑水平、科学的城市生活设施、良好的公共医疗体系，这些现实生活领域中的发展和进步，直接受益于应用科学研究的成果；至于那些纯粹的理论研究，则被科学家们放在了一个次要的位置。阿基米德的遭遇，显示出了

他作为一位典型的古希腊数学家内心所秉持的那种执著、纯粹的对于真理的追求；而罗马士兵的行为，则体现出了罗马人好斗、注重实效的特点。

其实，我们很难说哪一个是更好的态度。一方面，我们要了解古希腊精神的可贵之处：精确、严格、纯粹。没有这样的精神，古希腊人不可能在哲学、艺术、科学上取得如此之高的成就。另一方面，古罗马精神也有很多可取之处：实用、有效、实干。正是这种建设更好生活的热情，才造就了如此辉煌的罗马帝国。从科技史的角度来看，无论是追求科学真理，还是提倡技术创造，对于科学发展来说，都是非常重要的。

155 "电子"真的存在吗?

"电子"存在吗?如果从科学的角度来看,这是一个该由物理学家来回答的问题;但是如果从哲学的角度来思考,我们就会问:科学理论中提到的那些物质实体是真的存在,还是仅仅只是为了理论的需要而提出的假设?这便涉及科学哲学领域的科学实在论与反实在论的问题了。

科学实在论诞生于20世纪60年代的美国,创立者是塞拉斯以及普特南等哲学家。他们认为,像原子、光子这样的科学理论中的实体是真实存在的,并不是虚幻的假设。一种科学理论的实体,比如"电子",只要能产生一定的效果,它们的真实性就能得到认可;同样,一些物理过程,比如"电流回路"也具有真实性。由此,科学实在论者根据科学认识的成就和结论来证明客观物质世界是真实存在的,他们认为,不断进步的科学理论为我们越来越精确、逼真地描述着大千世界。从一般意义上来说,科学实在论是一种具有唯物主义倾向的科学哲学理论,是现代西方科学哲学的一个流派。

那么,在科学哲学领域有没有人反对科学实在论者的观点呢?当然有。反实在论者认为,并不是所有物理理论的对象都是真实存在着的,它们中有一些是科学家在构建科学理论的过程中构造出来的,并不具有客观的真实性。

科学实在论与反实在论作为两种观点相反的理论,其作用是相辅相成的。它们从各自不同的角度,丰富着我们对于科学的认知,进而帮助我们更好地理解和运用科学理论。

156 你知道人类社会发展过程中经历的三次浪潮吗?

"第三次浪潮"既是美国思想家托夫勒1980年出版的著作的书名,

又是他对当代社会的一种看法。那么，还有第一和第二次浪潮吗？有的。托夫勒在《第三次浪潮》中指出，迄今为止的人类社会经历了三次浪潮，它们分别是农业化浪潮、工业化浪潮和形成于 20 世纪的信息化浪潮。每一次浪潮都促进了人类社会的大发展，为人类社会带来了深刻的变化，对人类文明、人们的生活状态产生了巨大的影响。

"农业化浪潮"大致发生在 1 万多年前。在那个时期，人类从茹毛饮血、居无定所、依靠打猎和采集为生的原始人逐渐进化成为拥有相对固定的家园、懂得如何种植各种谷物的人类先民。农业的发展使人类进入了一个崭新的社会历史时期，为更加先进的文明的出现和发展奠定了基础。

"工业化浪潮"发生在 17 世纪末。由英国工业革命引领的欧洲工业化进程，在随后的几百年内席卷了世界上大部分地区，可以毫不夸张地说，我们的现代社会就是那次工业革命的产物。工业化浪潮使人们逐步改变了延续了千百年的以农业为主导的社会经济模式，大机器生产代替了原先的手工劳动和小作坊工作模式。卓别林的名作《摩登时代》反映的就是在这样一个工业化、机械化高度发展的时代中人们心态、行为的转变乃至异化。

20 世纪中后期，人类阔步进入了一个信息化的时代，也就是托夫勒所描述的第三次浪潮发生的时代。许多高新技术的开发和应用逐渐占据最显要的位置，那些在农业时代甚至是工业时代所无法想象的事情，都在这一时期成为了现实。试回想，在 20 世纪初期，电脑还没有被发明，电影还处于"默片"时代；哪怕是到了 20 世纪 90 年代，互联网也还没有像现在这么普及，手机等移动通信设备的拥有情况也远远没有达到现在这样几乎人手一部甚至几部的程度。而今天，笔记本电脑、平板电脑、智能手机等高科技产品，已然成为我们生活中的"标准配置"，对许多年轻人来说，这些设备更是他们须臾不可离身的"宝贝"。

托夫勒认为，第三次浪潮使社会表现出了前所未有的知识化、多元化和分散化，用信息爆炸来描述这个时代的特征是再确切不过的了。

对人类社会经历的三次浪潮，我们应从哲学的角度进行反思，客观地评价它们的利与弊，这样才能对社会发展有一个更为深刻的认识。

157 科学史为什么要分"内史"和"外史"？

"燃烧"为什么会产生？人们对这个问题已争论了几百年。起先，科学家提出"燃素说"，认为在可燃物中存在一种叫作"燃素"的微小颗粒，"燃烧"是这些小小的"燃素"因受热等原因离开可燃物引起的。后来，法国化学家拉瓦锡发现了氧在物质燃烧过程中起到的关键作用，这才推翻了"燃素说"，推动了化学科学的进步。在科学史研究中，这类历史就被称为"内史"，即"科学内部史"。科学内部史的研究对象主要是科学自身发展、演化的历程，其研究的内容包括科学理论、实验工具、数学方法等的发展和演变。研究科学内部史，目的是通过具体了解某一门科学的理论、研究方式，探究其内在的逻辑结构，以对科学的本性有更进一步的了解。

相应地，"外史"当然是指"科学外部史"。科学外部史研究的对象主要是那些科学自身发展因素以外的，同时又对科学发展有着重要影响的外部因素。这些因素涉及我们社会生活的方方面面，例如某一时期的社会制度，科学家进行研究时所具备的条件和受到的限制等。如中国古代社会虽然能工巧匠辈出，但政府并不鼓励科学研究、创造发明，人们甚至认为制造器械是奇技淫巧。如果读书人喜好钻研自然科学知识，就会被认为是不务正业，甚至被人鄙视。这种社会风气从很大程度上抑制了我国古代科学技术的发展。在欧洲，情况就大不相

同了。人们对新奇的科学发现是很感兴趣的，对于科学家的理论贡献也十分重视，牛顿等大科学家受到人们的普遍崇敬，英、法等国也很早就创立了皇家科学研究院，科学家们通过频繁的书信往来探讨学术问题在社会上传为佳话。推崇科学的社会风气，为科学研究提供了较好的社会条件，有利于科学技术的发展。

科学史研究是科学哲学的重要组成部分，没有科学史的科学哲学是空洞的，没有科学哲学的科学史是盲目的。科学的"内史"和"外史"分别从内部和外部分析、研究科学发展的本性，丰富、发展了人们对于科学的认识。

158　为什么说哥白尼的日心说具有革命意义？

"哥白尼式的革命"常常被用来形容一些在知识领域或者社会生活中发生的革命性、突破性、颠覆性的变化。那么，究竟什么才是真正的哥白尼革命呢？这要从托勒密的地心说讲起。

托勒密是古希腊的天文学家，他认为地球是宇宙的中心。地球自身静止不动，而其他行星或者恒星则是被镶嵌在"天球"上，按照自己的轨道周而复始地进行着绕地运动的。地心说运用"本轮—均轮"的模式描述了一个群星绕地进行运动的宇宙图景，是一个看似合理、符合当时人们想象的宇宙模型。

15、16 世纪是欧洲的大航海时代，越来越多的远程航行以及越来越精确的天文观测推动了天文学的进一步发展。一些天文学家崇尚古希腊的"简洁"传统，对托勒密体系的繁复深感不满。于是，在古希腊天文学家阿利斯塔克和一些阿拉伯天文学家的理论的启发下，哥白尼的日心说诞生了。

哥白尼是一位波兰天文学家，他在《天球运行论》（又译为《天体运行论》）一书中，系统地阐述了自己的日心说理论。哥白尼认为，太阳是宇宙的中心，地球等其他行星绕着太阳运动。另外，地球除了日复一日的绕日"公转"运动之外，每天还进行着自身的维持一定倾斜角度的"自转"。日心说大大简化了托勒密的宇宙模型，同时也更好地说明了太阳系中天体的运动情况。

当时的教会恪守的是亚里士多德的哲学体系，拥护的是托勒密的宇宙模型。哥白尼的理论将地球从宇宙中心这一神圣的位置上拉了下来，使之成了太阳的"附属"，这与当时思想界的主流想法迥然不同。另外，由于本在人们心目中静止不动的地球，在哥白尼的理论中却有着丰富的运动，人们甚至担心地球会在运动中"分崩离析"；而自然万物居然能够在运动着的地球上生存也使人们感到不可思议。这一系列来自社会的不解和教会的压力，使得哥白尼不敢马上公布自己的研究成果；这部划时代的伟大著作，直到 1543 年 5 月 24 日，哥白尼临终前，才正式出版。

对现代人来说，地球绕太阳运行似乎是天经地义的事情，我们甚至已经知道太阳也并不是宇宙的中心。然而，在哥白尼所处的那个时代，日心说简直就是离经叛道；也正因为此，这一理论才具有真正的革命意义，时至今日，哥白尼仍是一位值得人们尊敬的伟大的天文学家。

159 实用主义为什么又被称为工具主义？

大家都知道，美国哲学家杜威是实用主义的代表人物，他认为，实用主义就是一种工具主义，与其把科学家在研究中所使用的概念、科学理论、定律看作是对客观实在的真实反映，不如把它们看作是帮助人类认识世界、整理经验材料的工具。杜威的实用主义思想对 20 世纪的哲学产生了重大影响。

那么，在科学哲学中，工具主义又是什么意思呢？

科学家在进行科学活动时会使用两种不同功能的语言：观察语言和理论语言。观察语言被用来描述客观世界、研究对象；而理论语言则是对观察语言进行整理、分析的"工具"，"朴素工具主义"和"激进工具主义"反映了对待理论语言的两种不同态度。

朴素工具主义认为，观察语言是对客观世界的描述，它是真实的；而理论语言是一种工具，在科学研究中的作用是整合、联系，它不是对客观世界的真实描述，不具有描述"实在"的作用。激进工具主义则认为，无论是观察语言还是理论语言，它们要发挥作用，要与真实的外部世界发生联系，都要通过"科学实践"这个环节；因此，只有"科学实践"这一环节才是真实和实在的，唯有通过科学实践，观察语言和理论语言才能真正地与外部世界发生关系，用于研究真实世界的事物。所以，激进工具主义比朴素工具主义更为"激进"，它认为，无论是观察语言还是理论语言，它们都是工具性的。

工具主义的思想是 20 世纪科学哲学研究的主流思想之一。无论是朴素工具主义还是激进工具主义在本质上都认为科学活动是我们认识自然、与世界打交道的工具，只是在程度上有所差异。工具主义理论一方面反映了 20 世纪开始盛行的实用主义思潮，另一方面也使我们能够以一种更客观、更冷静的态度去理解科学的本质，而这种态度对于我们的学习、思考都是大有裨益的。

160 在哲学家眼中，人类用哪些方法与自然打交道？

人们用哪些方法与自然打交道呢？ 18 世纪法国百科全书派哲学家狄德罗认为，人类在认识、探索自然的时候，主要运用了三种方法：观察、思考和实验。

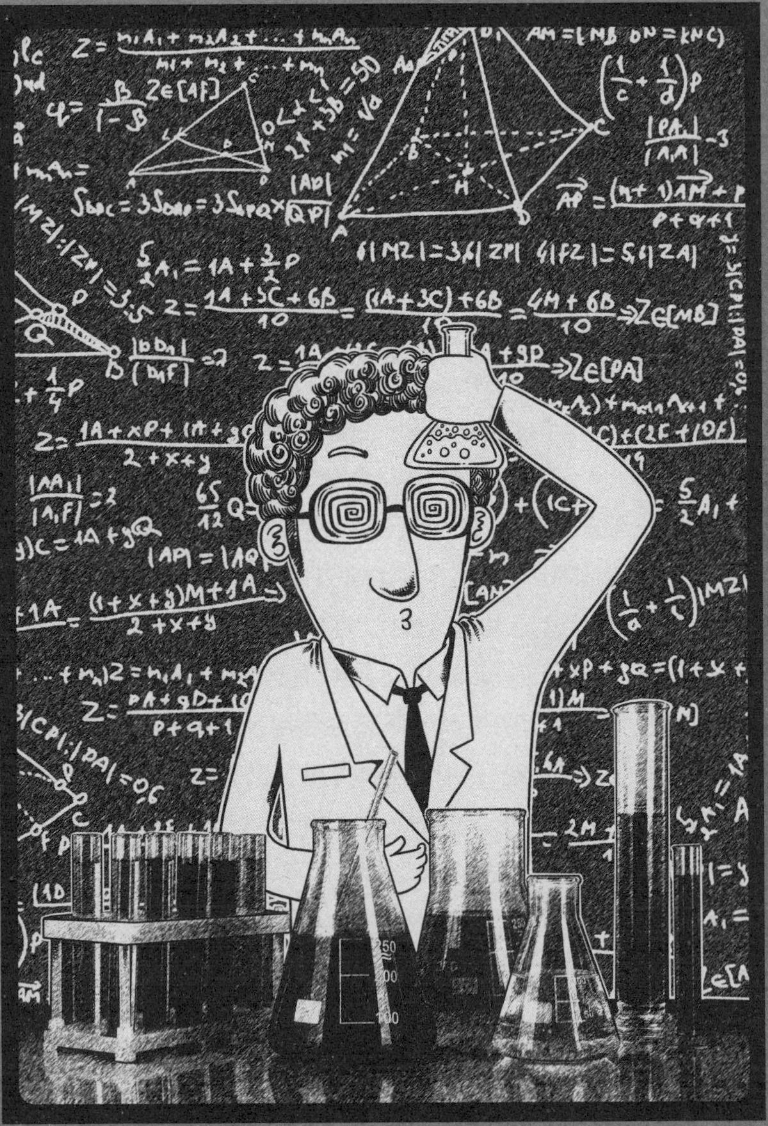

　　狄德罗的哲学思想具有英国经验主义的倾向。经验主义认为，我们的知识并非先天地存在于头脑之中，而是来源于感觉经验。狄德罗提出，为了认识自然，进行"观察"是第一个步骤。如果科学家不观察、不重视观察，那么这样的科学研究就是空洞且缺乏素材的，甚至也是不可能的。任何科学的理论，只有建立在对自然现象、宇宙万物的准确、客观观察的基础之上，才是有价值的，否则，它们就只是一些没有意义的空想，经不起现实情况的考验。

　　继观察活动之后，"思考"活动是我们认识自然的第二种关键方法。试想，一位科学家勤勤恳恳地收罗了一大堆标本，统计了一大堆数据，但是如果他不善于对这些物质材料进行思考，那么所有的这些材料不过只是一些无用的标本、死的数据。为了让通过经验观察收集来的素材"活起来"，科学家要具有一定的思考能力，要能够在思想上对收集来的素材进行整理，从而更进一步地理解和利用它们。狄德罗十分强调"思考"在认识自然过程中的重要性，他认为，正是这个步骤，使我们收集来的简单素材升华为可用于科学研究的资料。

　　认识自然的第三个主要方法是"实验"。我们心中的科学家形象，多是穿着白大褂在实验室中摆弄器具的样子。这当然只是科学工作的一部分，但无论是研究应用性学科的科学家，还是拿着稿纸进行计算的理论科学家，他们的思想、理论要付诸现实，都要通过实验来进行检验；同时，实验也将推动理论的发展，比如近年来在欧洲开始运转的大型粒子对撞机就是一个很好的例子。

　　当然，狄德罗思想中的"实验"，主要指的是科学家在进行科学研究时所做的实验，并不涉及更为广泛意义上的社会实践。而这也是我们在理解狄德罗以及与他同时期的思想家的哲学思想时需要注意的地方。

161 在现实世界之外还有其他的"可能世界"吗?

你有没有设想过,在我们生活着的这个世界之外,还有一个完全不同的世界,在那个特殊的空间里,正在上演着许多在科幻小说里才有的故事?我想告诉你,有些哲学家和逻辑学家就是这么认为的。

他们认为除了我们目前所生存的这个现实世界,还存在着无数个和我们这个世界并行的"可能世界"。从逻辑上讲,就是在"真命题"(指在我们的现实生活中表现为真的命题)和"假命题"(与现实生活中的事实相反的命题)外,还有一个"可能命题"。这种命题的特殊性在于,它的真假是不确定的,它是"可能真"的。也就是说,即使这个命题在我们这个世界是不可能的、不真实的,但它有可能在某个"可能世界"中是真的。比如"天空中下着'面包雨'"这个命题:哲学家们认为,虽然在我们这个世界,迄今为止都没有发生过天空不下雨而下面包的情况,但从逻辑上来说,我们也不能否认这样一种可能,即存在着一个未知的星球,在那里,从天空中落下的不是雨滴,而是面包。无论这听起来多么荒诞,但在逻辑上却是不容否定的。

在西方哲学史上,最早提出可能世界理论的哲学家是德国的莱布尼茨。他认为理论上存在着无数多个可能的世界,而我们的世界是所有可能世界中最完美的一个。他还认为,虽然在不同的世界中可能发生完全不同的事情,但有些东西在任何一个可能世界中都必须是一致的,那就是"必然真理"。必然真理指的是那些在逻辑上具有充足理由的基本原则,比如"单身汉是未婚男子",在任何世界中它都是真的,因为所谓"单身汉"指的便是"未婚男子"。

美国逻辑学家、哲学家刘易斯则认为,可能世界和我们生活于其中的现实世界是一样真实的。现实世界是诸多可能世界中的一种,而我们只是凑巧居住在这个世界里。有了可能世界，那些平时无法解释的问题便能够被理解了。比如逻辑学中著名的"反事实条件句"："假如 A，那么 B。"由于反事实条件句中的前件具有反事实的性质，即它所表达的内容与现实情况是不相符的，如"天上下'面包雨'"，因此在我们的世界中无法判断其真假。有了可能世界，这个问题就可以得到解释了，在我们的世界里不可能的事情，在其他的世界里也许是可能的。

可能世界的理论引起了理论界的争议，这些争议进一步推动了哲学家、逻辑学家们对于"可能世界"理论的研究。

162　英国的海岸线为什么被认为是无限长的？

作为一个岛国，英国有着蜿蜒的海岸线。一般来讲，无论海岸线有多么绵延曲折，我们总能使用某些测量方法来测定它的长度。可是，1967 年，数学家曼德布罗特在著名的学术杂志《科学》上发表了名为《英国海岸线有多长》的论文，提出了令人震惊的观点：英国海岸线是无限长的。

曼德布罗特认为，由于英国的海岸线是那么曲折蜿蜒，所以我们事实上很难区分出这一段的海岸线和那一段的海岸线究竟有什么不同。形象一点来说，如果同样从高空中进行拍摄，一段 1000 千米长的海岸线与一段 100 千米长的海岸线，其形态是极其相似的。所以，无论取多小的单位，被测定的那一小段海岸线总是表现出相似的蜿蜒曲折。从这个意义上来说，虽然英国海岸线存在于有限的区域之中，但要真的对其进行严格的测量，其结果是无限长的。

曼德布罗特在大量的研究中发现，这种局部和整体具有高度相似性的情况广泛地存在于自然界的各个角落：一片树叶或枝条的形态类似于整棵大树的形态；原子核的形态与太阳系的形态如出一辙……他把这种在事物的整体和部分之间表现出的形态上高度相似的情况称为"分形"，并由此创立了"分形几何学"。通过对分形几何学的研究，人们惊讶地发现，分形的情况在自然界，甚至在社会生活中是如此普遍，所谓的"一沙一世界"在分形理论的意义下竟可能是活生生的现实。

分形理论的具体演算方式和论证过程是相当复杂的，我们在这里需要了解的是，通过研究分形的情况，我们对自然界的各种物质形态有了更深入的了解，也从中获得了更大的启迪。对于哲学思考来说，分形理论更是具有某种革命性的意义：它让我们能够更深入地理解部分和整体的关系、有限和无限的关系等基础的哲学问题。在科学哲学领域，分形理论的研究是一个前沿课题。甚至在日常生活中，分形理论也有许多用武之地，比如在设计衣服图案时，艺术家就可以利用分形图形的画法设计出复杂又充满几何美感的图形。

分形理论虽然才盛行了几十年，但对它有所了解，甚至着手研究它，对于我们思考哲学问题或者研究其他学科都是有益的。

163 在什么样的情境中，可以说一只猫既是死的又是活的？

你知道著名的"薛定谔之猫"吗？它是由物理学家薛定谔在1935年提出的一个思想实验。实验假设有一只小猫被放置在一个箱子里，箱子里有一个玻璃瓶，里面装着少量放射性物质，如果放射性物质衰变并释放出毒气，就会毒死小猫。由于放射性物质什么时候发生衰变是不确定的，因此，在我们打开箱子观察之前，小猫就处于既是死的又是活的这两种状态"叠加"的情境中。

薛定谔的这个思想实验说明了什么呢？说明量子力学与我们熟悉的牛顿力学不同，它关注的是微观世界中粒子运动的规律。由于研究的是微观领域，它的许多描述只有在微观领域中才是现实的，若放到宏观的日常生活中就会出现悖论，例如小猫的这种既生又死的状态，在现实生活中是令人十分费解的。常识告诉我们，在同一个时刻，某个物体要么在 A 点，要么在 B 点，无论它能移动得多么迅速，只要具体到某一时刻，它的位置就是确定的；而量子力学通过其在微观领域中的一系列实验否定了这个常识。量子力学的基本原理是测不准原理，它把所有的物质都看成是某种"波函数"，而微观粒子具有波粒二象性，它们的运动状态和宏观的物质有极大的不同。

量子力学的诞生和发展是 20 世纪 20 年代末一批科学家共同思考的结果。德布罗意、海森伯、玻尔、薛定谔、爱因斯坦等都为量子力学基本理论的构建贡献了自己的力量。量子力学中的一些现象是人们难以理解的：微粒在人们观察它之前，既可以在这里，又可以在那里；微粒的有些成对的物理量，不可能同时被人们观测到。解释和研究这些现象，不仅对物理学，而且对我们的日常思维都是很大的挑战。因此，可以说，量子力学的诞生对思想界产生了很大的影响。对于尝试思考哲学问题的我们来说，了解一些量子力学的基本原理能有效地帮助我们拓展思维。

164　为什么在相对论中时间会变慢？

对现代物理学感兴趣的朋友或许看到过这样的例子："尺变短"、"钟变慢"。这是相对论物理学中的经典例子。那么，对物质世界的这种认识是怎么得来的呢？

牛顿经典力学体系告诉我们，时间和空间是独立的，彼此没有联系，物体在不同参照系中的运动可以通过"伽利略变换"（一种数学变化法则）统一起来。然而，爱因斯坦在 20 世纪初提出的相对论打破了这一流行了几百年的传统观点，对现代物理学产生了划时代的影响。相对论的提出依赖于复杂的数学计算，要想真正理解它需要有高等数学的基础。而对于我们来说，适当地了解相对论的一些主要原理则不那么困难，且这样做对思考哲学问题是很有启发的。

　　相对论是一种解释物质运动、时间和空间关系的物理学理论，分为狭义相对论和广义相对论。狭义相对论创立于 1905 年，它有两条主要的原理：第一条是相对性原理——所有的物理定律在任何惯性参考系中都成立，这是相对论的基础原理。第二条是光速不变原理——无论在什么参考系里，即不管是在地球上还是在火星上，真空中的光速都是确定值 C，这条原理相当重要。爱因斯坦经过计算后发现，时间和空间的关系，在从一个参考系移到另一个参考系里时，发生的变换是"洛伦兹变换"，而不是牛顿力学所采用的"伽利略变换"。正是这一发现，使爱因斯坦得出了一些重要的结论。比如，同一把尺子的长度，在运动的参考系中和在相对静止的参考系中是不同的，其在运动方向上的长度短于其在相对静止状态下的长度；在时间上，一座运动中的时钟走得比相对静止着的时钟要慢，等等。这些结论颠覆了我们以往对事物的认知，而爱因斯坦则用自己的理论完成了对它们的论证。

　　创立了狭义相对论之后，爱因斯坦又在 1916 年完成了对广义相对论的论证。广义相对论认为，物理定律在所有参考系中都具有同样的数学形式。相对论的巨大贡献在于，它颠覆了传统的绝对时空观，认为时间、空间、物质运动是统一的，物体的质量和能量是有联系的（可用质能关系式 $E = mc^2$ 表示）。这些思想不仅在物理学领域掀起了革命，在思想文化方面也为我们带来了源源不断的启发。

165　如果克隆技术足够先进，能复制出一个同样的"我"吗？

相信大家对于"克隆"这个词一定不陌生，它是指利用生物学技术通过无性生殖的方式复制出与原个体具有同样基因的生物的过程。而这种被应用于此的生物学技术就叫克隆技术。1996 年第一只通过克隆技术被创造出的动物"多利羊"诞生于英国爱丁堡市的一个研究所。多利并不是分娩出她的母羊的孩子，她的基因来自另一只芬兰的绵羊。所以，事实上，多利不是任何一只羊的孩子，她是一只被人工复制出来的羊。

克隆技术问世后，成了人们街谈巷议的话题，而随着这一技术的日益进步和完善，对于克隆人的讨论也日益热烈。大家知道，科学技术的发展就像飞速行驶的火车，在为我们带来便捷的同时也带来了风险和问题。如果克隆技术发达到可以复制出人类来，那么许多宝贵的生命将得到延续，人类可以从某种意义上实现长生不老：一个旧的"我"死去了，另一个在生物学意义上与这个旧"我"完全一样的"我"又被复制出来继续存在于这个世界上，于是，"我"有了更多的时间去继续之前没有完成的事业。

然而，这样一幅"人类永生"的美好图景却充满了问题。首先是技术上的问题。通过克隆技术虽然可能复制出一个和过去的"我"拥有完全一样的基因的新的"我"，但从已有的克隆技术成果来看，被克隆出来的生物或多或少都存在一些缺陷。那么，如果被克隆出来的人先天就有某种缺陷，那不是给他乃至整个社会造成许多痛苦吗？

其次，克隆人存在着许多科技伦理方面的问题。一方面，人是有思想、有情感的存在，他不仅仅是一个独立的生物体。人具有丰富而复杂的社会关系和属性，克隆技术可以复制人的基因，但不能复制人的记忆、经历等，所以即使能够克隆一个"我"，这个"我"也与原先的那个"我"有极大的不同，其未来的人生发展也与"我"所预想的不同。另一方面，一旦克隆人的技术被允许广泛使用，那我们的世界可能会因为滥用这种技术而造成人间悲剧。试想，如果一个克隆人被复制出来的目的就是充当人肉炸弹，那他的人生将是多么悲哀，而我们的世界又将陷入怎样的境地；又或者，有的克隆人存在先天缺陷，他的创造者可能会像抛弃一个坏掉的玩具那样处置他。在这个世界上，每个人都有自己的思想和尊严，被克隆出来的人也一样，这就会引发许多尖锐的伦理问题。因此，世界各国在是否要继续发展克隆技术这一问题上，始终无法达成共识。

能否复制出一个同样的"我"？这或许不仅仅是一个技术上的问题。善于思考的你也可以从道德、伦理等方面对这个问题进行更深入的探究。

166 规律和规则的区别是什么？

"规律"和"规则"是我们在日常生活和学习中使用频率较高的两个词，那么，大家有没有细想过它们的异同呢？从词义上看，两词都有"法规"的含义，然而仔细分析起来，它们却有很大的差别。

首先来看看什么是"规则"。所谓规则，就是由大家一起（或部分人）制定的并且经过一致（或部分人）同意的某些条例和章程，它一旦被制定出来，人们就必须要遵守它，否则就是违反规则。从这个定义中我们可以看出规则的两个特点。

第一，"规则"是由人制定的。这表明规则并不是先天地存在于人类社会之中，而是随着历史的发展逐步产生的。我们的日常生活中有很多规则：在学校里，我们要遵守校纪校规；在公共场所，我们要遵守一系列文明守则……有些规则是比较"弱"的，比如"不能乱扔垃圾"，我们若违反了它会受到一定程度的批评和惩罚；有些规则却比较"强"，比如"不能偷窃他人财物"，若违反，就会受到法律的制裁。当然，由于规则是人制定的，因此它具有相对性，会因时因地而异，并不是绝对的"铁律"。

第二，人们可以对规则进行价值评判。简单地说，就是我们可以说这个规则是好的，是合理、正义的，而那个规则是不好的，是邪恶、非正义的。从原则上来说，一个好的规则应该是在大家的商议下并经过大多数人的同意而制定出来的；但事实上，随着人类社会的发展和社会团体规模的壮大，能够依照如此严格的程序制定出来的规则并不多见，除了那些极小的社会团体的规则，大部分规则都是由部分人商议决定的。这样做虽然节约了时间，提高了做事情的效率，但也可能违背了另一部分人的意志，为规则的非正义性、不合理性埋下了种子。所以说，规则有好的也有坏的，有合理的也有不合理的，或可以被分为正义的和非正义的。

再来看看什么是"规律"。说到"规律"，你首先会想到什么呢？自然规律？的确，这点出了规律最重要的特点。

辞典上将"规律"解释为事物发展过程中的本质联系和必然趋势。和"规则"相比较，"规律"有它自己的特点。首先，规律不是人创造的。规则可以是一群人商量的结果，规律则不然，它是自然而然地存在着的。一位拥有至高权力的君王可以制定各种各样的规则，但他不能控制哪怕一条简单的规律。埃及的法老可以颁布各种法律条文来规范民众的生活，但他无论如何也阻止不了尼罗河每年定期的泛滥。规律这种不以人的意志为转移的特性，对我们的生活有利也有弊。因此，我们要认识自然、探索自然的规律，只有了解了自然规律，才可能把握它，学会恰当地与其相处，趋利避害。

其次，规律具有普遍性。或许你会问，规则不也具有普遍性吗？是的。以宪法为例，一个国家的宪法一般来说通行于这个国家每个角落，这个国家的每位公民都必须遵守它；然而，国土再辽阔也有边界，法律再完善也可能需要修改，可见，规则的普遍性是相对的。规律就不同了。拿自然规律来说，无论在地球的什么地方（实验室等特殊环境除外），水总是往下流的，苹果熟了总是要从树上掉下来的。因此，规律是放诸四海而皆准的。我们的科学研究探索的是自然的规律，而哲学、社会学等学科探索的则是思维的规律、社会的规律等。正是因为规律在相当大的程度上是绝对的，是普遍有效的，所以才有研究探索的必要。

了解什么是"规律"、什么是"规则"，是思考科学问题和哲学问题的重要基础。

167 "科学"和"技术"有什么不同？

我们平时谈论科学的时候，常常会在后面加上"技术"一词，有时也将其简称为"科技"。那么，"科学"和"技术"究竟是同一事物，还是不同的两个概念呢？

我们首先来看看什么是"技术"。一般的辞典上往往将"技术"定义为人类利用和改造自然的活动手段。比如：人们为了挡风遮雨，建造了房屋并逐渐改进了建房的技术；为了更便捷地行走，发明了越来越先进的交通工具。这些和我们的日常生活息息相关的事物都和"技术"有关。可以毫不夸张地说，人类文明的进步离不开技术水平的提高，现代社会更是技术飞速发展的产物。

那么，"科学"的定义又是什么呢？我们这里讲的科学主要指"自然科学"。按照一般的定义来说，所谓"科学"就是以自然界为研究对象，探索自然、发现自然规律的学科。与"技术"关注如何利用和改造自然不同，"科学"更关注对自然本身的理解。天空为什么是蓝色的？水为什么总是从高处往低处流？在自然界和我们的生活中，存在着千千万万个问题，它们都可以是科学研究的对象。

由此可见，"技术"主要是我们和自然界打交道的一种手段，"科学"显然更关注我们思想世界中的问题，它们之间有着千丝万缕的联系。一方面，科学与技术总是相互伴随着发展。试想，一位科学家有了一个很妙的实验构想，为了完成实验他就需要一些器材，采用一些实验方法，而这些都和技术密切相关。就拿现代的理论物理学研究来说，科学理论的创新和发展已经越来越依赖于技术的革新，正运行于欧洲大陆地底下的大型粒子对撞机便是一个很好的例子：科学家在通过这一巨大实验设备的运转来验证自己理论设想的同时，也寻找着理论的新突破。反过来说，科学思想的不断发展，也在促使技术不断进步。电子计算机的发明便是人们追求更高速、更精确运算的产物，而随着科学研究对计算机的计算速度、复杂度的要求日益提高，计算机也变得越来越强大。

另一方面，科学与技术虽然往往伴随着发生，却有着本质上的区别。一位技术精湛的木匠可以亲手打造出一把美观实用的椅子，但他可能并不懂得其中蕴含的人体工程学原理、力学原理等，而懂得这些原理的科学家，却未必能够制造出一把简单的椅子。"技术"更实际地关注我们的生活，带有很强的实践性、操作性，"科学"则更多地指向抽象的思想领域，带有很强的理论性。

科学哲学在关注科学的同时，也关注有关技术的哲学。进入20

世纪以来，有关技术的哲学一直是科学哲学关注的重点，许多哲学家对"技术"进行过深刻的追问，并不断反思日益发展的科学技术对现代生活的影响。"科学"与"技术"是一对紧密关联的概念，对它们有所了解是思考科学哲学问题的基础。

逻 辑 学 *

168 为什么逻辑是"不可战胜"的？

1974年，联合国教科文组织将七门学科定义为基础学科。它们是：数学、逻辑学、天文学和天体物理学、地理科学和空间科学、物理学、化学、生命科学——这七门学科共同构成了现代自然科学的基础，所有其他学科都是在此基础上建立和发展起来的。

为什么逻辑学这么重要呢？原因就在于它与我们的表达和判断密切相关。

我们知道，当一个人需要作出可靠的判断，以决定在复杂的情况下该如何采取行动，或者当他要从重重谜团当中揭示出事物的真相时，"理性"是最可信赖的工具。当然，一些非理性工具，比如我们通常所说的"第六感"，也常常会在生活中起到关键作用。但是无疑，每当事关重大或事关成败的时候，理性才是我们的首选；同时，将选择诉诸理性无疑也最容易获得成功。因此，我们的大部分判断都要诉诸理性，而任何严肃的理性诉求最终都要依赖推理。美国的

* 本篇最后六道题（第190—195题）由叶子撰写，其余均由孔庆典撰写。

开国元勋之一托马斯·杰弗逊曾经说过这样一句话：在一个共和国，由于公民所接受的是理性与说服力而不是暴力的引导，推理的艺术就是最重要的。

而逻辑学，简单地说就是研究如何推理的一门艺术。在英语中，"逻辑"一词是"logic"，它最早可以追溯到一个希腊词汇"逻各斯"（logos），而这个希腊词的本义是"说"或者"讲"。也就是说，"逻辑"一词的原始含义是"有条理地、清楚明确地表达和陈述"，后来才从这个原始含义中，衍生出了"理性"和"秩序"的含义——有秩序的、合乎规律的就是合乎理性的；而"推理"，就是按照"规律"进行有秩序的、有条理的思维。

因此，逻辑学是一门教人如何正确进行思维、识别论断中的逻辑谬误，以及准确有效地表达自己思想的学科。它是科学的基础，古往今来的学者无不认识到它的重要性。在古代，哲学家们曾经认为一个"合格的人"必须具有三种德性：精确的逻辑训练、高尚的道德修养和渊博的自然知识。他们曾把"知识"比喻成动物，逻辑学是筋骨，伦理学是肌肉，物理学是灵魂；还把"知识"比作肥沃的田地，逻辑学是保卫土地的篱笆，物理学是土壤或果树，伦理学是果实。而到了现代，人们对逻辑学的重视程度有增无减——数学家德·摩根说："数学和逻辑是精确科学的两只眼睛。"哲学家布特鲁则认为："逻辑是不可战胜的，因为反对逻辑也必须使用逻辑。"

169 为什么亚里士多德被称为"逻辑学之父"？

"逻辑"一词源于希腊文"逻各斯"，原意包含了思想、言辞、理性和规律；"逻辑学"则主要研究正确思维的形式结构、规律、方法，其特点是抽掉思维的具体内容，只考察思维的形式。通常我们视逻辑学为一个大的学科知识分类，它至少起源于三种知识：古希腊的形式逻辑、古印度的因明学和中国先秦的名学。后两种在历史的长河中都先后断流了，唯有古希腊的形式逻辑一路发展下来，成为今天逻辑学的主流。

古希腊哲学家亚里士多德创立了古希腊形式逻辑的大部分内容，被认为是形式逻辑的创始人。他认为，逻辑学的研究对象是语言，关注的重点是语言的形式而不是语言的内容。他依此建立起一种"大逻辑"框架，该框架成为其后一千多年里占统治地位的逻辑学教学体系：从概念（开始）——判断——推理——论证——（发现）谬误及其反驳——（最后得到）思维的基本规律。以今天的眼光来看，亚里士多德在逻辑学方面的主要成就，在于创立了以直言命题为对象、以三段论为核心的词项逻辑理论——这个理论在亚里士多德手上得到了高度发展，从那时到现在，它几乎没有什么实质性的变化。

亚里士多德将他的逻辑学理论写在《范畴篇》、《解释篇》、《前分析篇》、《后分析篇》、《论题篇》和《辩谬篇》中，后人将这些著作整理汇编成了《工具论》一书。有趣的是，尽管对逻辑学进行了这么多深入的研究，亚里士多德却认为逻辑学并非一种"知识"，而是获取知识的一种工具和手段。

在亚里士多德之后，经过莱布尼茨、布尔、德·摩根、弗雷格、罗素、怀特海等人的努力，源自古希腊的形式逻辑有了新的发展，诞生了用数学方法研究逻辑的新学科——数理逻辑。由此，人们又把"形式逻辑"分为两种：传统形式逻辑（或称传统逻辑）和现代形式逻辑（或称数理逻辑）。习惯上，传统的形式逻辑简称为"形式逻辑"——这个名称最早由康德在《纯粹理性批判》一书中提出，专指从亚里士多德到中世纪这一段时期内建立起来的逻辑学。

170 为什么逻辑学最早会被称为"名学"?

西方的逻辑学在明代时就已经传入中国。明朝末年，著名学者李之藻与人合作翻译了中国最早引进的一本西方逻辑学著作，并将书名译为《名理探》；清朝末年，严复又翻译了英国著名哲学家穆勒的逻辑学专著，并将书名译为《穆勒名学》。为什么来自西方的"逻辑学"最早会被翻译成"名学"呢？原来，早在先秦时代——与古希腊亚里士多德创立形式逻辑几乎同时——中国的思想家就已经发展出了一套逻辑学体系，这套体系通常被称为"先秦名学"。它以名、辞、说、辩为主要研究对象，代表人物有邓析、惠施、公孙龙、墨子等。

邓析是春秋末期的郑国人，他类似于一个职业律师，喜欢帮人打官司，还很喜欢教人法律知识，甚至开办了民间法律培训班；他对逻辑学也很有研究，当时的人说他"操两可之说，设无穷之词"。古书中记载了这样一个故事，说的是有一个富人落水淹死了，尸体被人打捞起来后，他的家人要求取回尸体，然而对方要价太高，死者家人不愿接受，于是便找到邓析帮忙。邓析说："不用急，除你之外，他还会卖给谁？"捞到尸体的人等得急了，也去找邓析出主意，邓析却回答："不要急，他不从你这里买，还能从谁那里买？"

惠施是战国中期的宋国人，其著作已经失传，但在《庄子》一书中记载有他提出的十个命题以及他与庄子的一次辩论。十个命题体现了他对概念内涵和外延的深刻理解；辩论则说明他能娴熟地运用逻辑类比。一天，他和庄子在濠水的桥上游玩，庄子说：你看，小鱼在悠闲地游戏，多么快乐啊！惠子反问：你不是鱼，怎么知道鱼是快乐的？庄子回答：你不是我，怎么知道我不晓得鱼的快乐？惠施于是利用庄子的逻辑继续反驳：我不是你，当然不知道你是否晓得鱼的快乐；但是依此类推，既然你不是鱼，那么你也就不知道鱼的快乐。

公孙龙是战国时期的赵国人，他强调概念的逻辑分析，提出过著名的"白马非马"逻辑命题。

墨子流传下来的著作较多，因而我们对他相对比较熟悉，他和弟子所形成的墨家学派，在逻辑学上有较高的成就。墨家学派的逻辑学主要见载于《墨经》，其内容可分为"名"、"辞"和"辩"。"名"相当于概念，作用是"以名举实"，其种类有"达名"、"类名"、"私名"，"兼名"、"体名"，"形貌之名"和"非形貌之名"；"辞"相当于命题，作用是"以辞抒意"，其种类有"合"（直言命题）、"假"（假言命题）、"尽"（全称命题）、"或"（特称命题、选言命题）、"必"（必然命题）、"且"（可能命题）等；"辩"相当于论证，主要是一些论证方法和原则。这些分别对应了今天逻辑学里推理、论证和反驳的理论方法。

由于"名学"是中国古代逻辑学的传统，因此当西方逻辑学传入中国时，人们便很自然地使用了这个词作为对"逻辑学"的翻译。然而，西方逻辑学毕竟与中国传统名学不同，到了 20 世纪 30 年代以后，作为学科名称的"逻辑学"的叫法便逐渐取代了"名学"的叫法。

171 一个人究竟掉多少根头发才算秃头？

在生活中，我们每天都会掉一些头发。可是，你是否想过这样一个问题：如果掉一根头发、两根头发、三根头发……都不会使人变成秃头，那么，一个人究竟要掉多少根头发才会变成秃头呢？

假设某人头发很多，那么他显然不会因为掉了一根头发而变成一个秃顶的人；掉了两根头发，他也还不是一个秃顶的人……依此类推，当他掉了 n 根头发之后，他仍然不是一个秃顶的人。然而，如果 n 等于这个人的全部头发，那么就意味着他的全部头发都掉光了，此时再说他不是秃顶的人显然很荒唐。

问题究竟出在哪里？原来，我们的分析是在传统逻辑的框架下进行的，传统逻辑是以精确的概念、命题为研究对象的，一个命题只有真假两个值：或者为真，或者为假，非此即彼，界限分明。那些模糊、含混、有歧义的句子是被排除在研究对象之外的。然而事实上，在自然界、人类社会和人的思维中，存在着无数模糊的现象。简单的如生活中经常使用的"高矮"、"胖瘦"、"快慢"、"轻重"等概念，复杂的如人工智能等包含大量错综关系的系统。"一口吃不成胖子"，一个人由瘦子变成胖子，要经历一个过程，我们无法精确地说出他是哪一天变胖的；而模拟人脑的人工智能系统更是需要灵活地处理各种模糊的、似是而非的对象和事件——这些都是传统形式逻辑，甚至是数理逻辑解决不了的。为了解决这些问题，模糊逻辑应运而生。

模糊逻辑建立在模糊集合的概念之上。在模糊集合中，任何一个元素都不是简单地"属于"或者"不属于"这个集合，而是"在某种程度上"属于这个集合。如果用"0"表示"不属于"，用"1"表示"属于"，那么这种隶属度可以是 0—1 之间的任何值。

让我们回到开始的问题上。由秃顶的人组成的集合可以被看作是一个模糊集合，任何一个人对这个集合的隶属度可以是 0 或 1，也可以是 0—1 之间的任意值。显然，掉 n 根头发的人和掉 $n+1$ 根头发的人对于这个集合的隶属度是不同的，后者要比前者大一点。当 n 逐渐增大时，隶属度也会相应增大，我们完全不必等到隶属度变成 1，就可认定这个人已经属于"秃顶的人"这个集合。

172 为什么一只"无毛鸡"会改变古希腊哲学家对"人"的定义？

什么是"人"？相信不同的人会给出不同的答案。相传在古希腊，著名哲学家柏拉图去世后，他的继承者曾经这样定义"人"：人是一种"无羽毛的两足动物"。这个答案引起了当时另一位哲学家第欧根尼的不满，他把一只拔光了毛的鸡当作"人"送给这位继承者，后者只有哭笑不得地接纳了这个"人"。

为什么一只"无毛鸡"就能推翻这位继承者对"人"的定义？原因就在于他在对"人"这个概念下定义时犯了逻辑上的错误。在逻辑论述中，定义概念是避免语义不清和模棱两可最有效的方法。定义概念，其实就是通过把握事物的本质、特性来把握概念所代表的客观事物。在定义一个概念的过程中，我们应尽可能严格地界定它所代表的事物，这会带来两个立竿见影的好处：首先是理清了自己的思路；其次是在思路清晰后，能更有效地和其他人进行沟通。

那么，该如何有效地定义概念呢？在逻辑学中最常用的方法是"属加种差法"。这种方法一般分为两步：第一步，将要定义的概念放入最相近的类别（也就是"属"）中；第二步，确定它与同类中其他事物不同的特性（也就是"种差"）。所谓"最相近的类别"，是指与概念所指事物在某方面有共同点的众多事物的集合体；而所谓"特性"，则是指将概念所指事物与其他事物区分开来的不同点。例如，同样是柏拉图学生的亚里士多德，也有一个关于"人"的定义："人是理性的动物。"在这个定义中，亚里士多德没有选择诸如"有机物"、"自然物"、"事物"等类别，因为这些类别所包括的范围太广了，相比之下"动物"才是与人最贴近的类；而在这个类别中，虽然人与其他成员一样都具有动物的属性，但"理性"是除了人之外的其他成员所不具有的，因而它是将人与其他动物区分开来的"特性"。

亚里士多德关于人的定义已经成为永恒的经典。类似的还有对"正义"的定义。什么是"正义"？第一步，我们需要确定"正义"所属的最相近的类别——诸如"矿藏"、"协会"、"活动"等类显然是错误的，而"概念"、"现象"、"事件"等类又太过于宽泛，相对而言"社会美德"才是理想的类别。第二步，如何将"正义"同别的诸如"礼貌"、"慷慨"、"宽容"等社会美德区分开来呢？在定义中，我们可以指出其作为社会美德的独一无二的特性："通过正义，每个社会成员得到其所应得的一切。"

逻辑定义的独特价值在于它揭示了所定义事物的本质。当我们对一个事物没有足够深入的了解，不能抓住其本质时，往往难以作出明确的定义。在这种情况下，我们只能通过描述的办法来说明事物。比如，如果要定义"移动电话"，第一步可以将其归入类别"通信器材"，然后，也许就要通过描述来强调它的几个特殊点，以此来区分它与其他的通信器材。

开头的故事还有一个尾巴。据说，在遭到"无毛鸡"的打击后，柏拉图的继承者修改了关于"人"的定义，把"无羽毛的两足动物"改成了"无羽毛的长有宽指甲的两足动物"。尽管这种描述依旧没能精确地定义"人"这个概念，但毕竟通过增加概念内涵的方法，成功地在"人"的外延中把"无毛鸡"排除了。

173 为什么14周岁的病人去医院却看不成病？

某家医院为了明确分工，制定了一个门诊制度，其中规定：儿科只收14周岁以下的病人；超过14周岁的病人，则根据病情，分别到内科、外科和五官科等科室就诊。一天，来了一个正好是14周岁的心脏病人。他首先到内科就诊，内科的医生对他说："我们这里只收14周岁以上的病人，你该到儿科去。"于是病人又来到儿科，没想到儿科的医生也拒绝为他看病，理由是："我们这里只收14周岁以下的病人，你该到内科去。"

为什么这位病人在这家医院会看不成病呢？从逻辑学的角度看，原因就在于这家医院在制定门诊制度时犯了概念划分不全的逻辑错误。

所谓"概念划分"，是指按照一定标准，把一个"属概念"（外延较大的概念）分解为一些"种概念"（外延较小的概念）的逻辑方法。任何一个划分，都由三个要素组成，即母项（被划分的概念）、子项（划分后所得的概念）、划分的根据（进行划分时所采用的标准）。因此，更具体地说，所谓"划分"，就是按照一定的划分根据，将母项分解为一些并列的子项，从而揭示出母项概念外延的一种逻辑方法。

概念的划分必须遵守一定的规则，其中重要的一条就是：各个子项的外延之和必须等于母项的外延。如果子项外延之和大于母项的外延，就表明在划分时把某些不属于母项外延的对象当成了子项，逻辑学上称这样的错误为"多出子项"；如果子项外延之和小于母项的外延，则表明有一些属于母项外延的对象被遗漏了，逻辑学上称这样的错误为"划分不全"。

可以看到，这家医院在制定门诊制度时正是犯了"划分不全"的逻辑错误。这一制度以病人的年龄为标准进行划分，本该将所有病人分为三类：超过 14 周岁的、14 周岁的、不到 14 周岁的，而实际上，它却只列出了"超过 14 周岁的"和"不到 14 周岁的"两类，遗漏了"14 周岁的"病人，从而导致这类病人到了医院却看不成病的后果。

174 为什么科学家赫胥黎会说自己"并不以认猿作祖先为耻"？

1860 年 6 月的一天，英国牛津大学的一间礼堂里挤满了兴奋的

人们，一场科学史上著名的辩论正在激烈地进行着——正方是著名生物学家赫胥黎，他自称"达尔文的斗犬"，是一位进化论学说的坚定支持者；反方是牛津大主教威尔伯福斯，人称"油腔滑调的萨姆"，他相信是上帝创造了人类。此时，威尔伯福斯正试图利用自己的地位和口才来驳倒进化论。

在发表了一番长篇大论后，大主教撇开了科学的论据，向对手展开了人身攻击："此刻赫胥黎教授就坐在我的旁边，他是想等我一坐下就把我撕成碎片，因为照他的信仰，人是由猿变的嘛！不过，我倒要问问，他的这个猴子子孙的资格，到底是从祖母那里还是从祖父那里得来的？"

　　面对对手的发难，赫胥黎首先沉着地重申了进化论的科学性，随后以坚定的口吻反击道："我要再一次重申，说我起源于弯腰走路且智力不发达的可怜动物，我并不觉得羞耻；那些自认为很有才智、富有影响力，却胡乱干涉自己茫然无知的事物、任意抹杀真理的人，才是真正的可耻！"话音刚落，全场掌声雷动。一旁的大主教灰溜溜地坐着，一句话也说不出来。

　　平素能言善辩的大主教，究竟在这场辩论中犯了什么错误呢？从逻辑学的角度看，他除了进行了不恰当的人身攻击之外，还混淆了两种不同的概念：集合概念和非集合概念。

　　辨明概念的种类有助于我们准确地理解和运用概念。根据概念反映的对象是不是一个不可分割的整体，可以将概念分为集合概念和非集合概念。"集合概念"是将对象作为一个不可分割的整体（集合体）来加以反映，这个整体所具有的属性，它所包含的个体未必具有；同样，个体所具有的属性，集合体也未必具有。而非集合概念反映的对象不是一个不可分割的整体。以前面提到的辩论为例，对于"人是由猿变的"这个命题，其中的"人"不是指某一个具体的个人，"猿"也不是指某一只具体的猿，生物的进化是一个长期积累的过程，其中间的过渡物种常常很难区分是人还是猿。因此，"人是由猿变的"这个命题，指的是人类从总体上来说，是由古猿进化而来的。这里的"人"和"猿"都是集合概念，它们所具有的属性是某个或某些具体的"人"或"猿"所不具有的，我们决不能说某一个人是由某一个猿变来的，也不能说某一个猿会变成人。大主教有意混淆"人类"这个集合概念和"赫胥黎的祖父母"这个非集合概念，企图以此羞辱赫胥黎的祖父母是猿。然而，赫胥黎识破了这个企图，机智沉着地予以反击，从而漂亮地赢得了这场辩论的胜利。

175　为什么《水浒传》中武大郎卖的不是烧饼？

　　《水浒传》中武大郎卖的是什么？也许很多人会不假思索地回答：烧饼！然而很遗憾，这个回答是错误的。翻开《水浒传》你就会发现，武大郎卖的是"炊饼"而非"烧饼"。有人作过考证，明朝的面食按照烹饪方法可以分为三种：煮的面食叫作汤饼，类似今天的切面；蒸的面食叫作炊饼或笼饼，类似今天的馒头；炉子上烤出来的面食才叫烧饼或胡饼。由此可见，武大郎卖的"炊饼"其实就是今天所说的馒头。

　　为什么人们会弄错"炊饼"和"烧饼"？原因就在于没有正确地理解"炊饼"这个概念。在日常生活中，我们要准确使用一个概念，首先必须正确地认识这个概念：它有哪些含义，适用于哪些对象，从逻辑学上来说，就是要掌握这个概念的内涵和外延。

　　所谓"概念的内涵"，就是概念所指事物的特性或本质；而"概念的外延"，则是概念所指事物的范围。比如"摩天大楼"这个概念，它的内涵是指超过一定高度的建筑物；它的外延则是一个集合，这个集合包括了迪拜哈利法塔、芝加哥西尔斯大厦、上海中心大厦、吉隆坡石油双塔，还有台北 101 大楼等。

　　概念的内涵和外延之间存在一种反变关系：一个概念的内涵越多，这个概念的外延就越小；一个概念的内涵越少，则其外延就越大。比如下面的一组概念："人"，"活着的人"，"活着的 20 岁左右的人"，"活着的 20 岁左右黑头发的人"。在这个序列里，后一概念的内涵都比前一概念的多，其外延则都比前一概念的小，如"活着的人"的内涵比"人"多，但其外延比"人"要小，这就是反变规律。

　　此外，有些概念的外延也有可能是空的，比如"独角兽"。认识到这一点，并运用对内涵和外延的区分，我们就可以分辨一些带有

"意义"歧义的谬误论证。比如，下面这段论证：

"上帝"这个词不是无意义的，因此它有意义。但是按照定义，"上帝"这个词的意思是全能的至善的存在。因此，全能的至善的存在，即上帝，必然存在。

这段论证中的歧义在于"意义"和"无意义"这两个词。聪明的你也许已经注意到了，前一个"意义"指的是内涵，而后一个"意义"指的却是外延。"上帝"这个词不是无意义的，因此它存在一个内涵；然而，一个具有内涵的概念，其外延却可能是空的，因而此段论证并不能得出"上帝"一词必定指向一个存在物的结论。

176 "苏东坡不应该是聪明人"这一表述有错吗？

宋代王巩的《随手杂录》一书中记载了两位古人的一段对话：

甲："你认为苏东坡这个人怎么样？"

乙："绝对是个聪明人。"

甲听后很不以为然，大声嚷道："如果苏东坡是聪明人，那么上古的圣贤怎么办？苏轼有尧那么聪明吗？有舜那么聪明吗？有禹那么聪明吗？"

乙不慌不忙地回答："也许是不如这三位那么聪明，但仍然可以是聪明人呀！"

我们都知道，苏东坡是我国北宋时期著名的文学家，在当时是名闻全国的大才子。那么，为什么前一位古人会认为苏东坡不应该是个聪明人呢？从逻辑学的角度来看，问题出在他没有准确地理解直言命题中词项的周延性。

一个标准直言命题的主项和谓项都是关于对象的类，但是我们在命题中对这些类的断定方式不尽相同，其中可能谈到这个类的全部元素，也可能只谈及这个类的一部分元素。比如，"所有的圣贤都是聪明人"这个命题谈到了全部圣贤，但没有涉及所有的聪明人。具体地说，它断定的是"圣贤"这个类的每一个元素都是聪明人，但并没有就所有聪明人作出判断。因此，就这个例子所属的命题而言，"所有 S 是 P"，谈到了主项 S 指称的类的全部元素，但并没有涉及谓项 P 指称的类的全部元素。为了体现这种区别，逻辑学引入了"周延"这个术语：如果一个命题涉及了某个词项所指称的类的全部元素，则称该词项在这个命题中是周延的。或者换一种说法，词项的周延性就是对直言命题的主项或谓项的外延的断定情况：断定了全部外延就是"周延"的；没有断定全部外延就是"不周延"的。

下面我们就来具体考察以下四种标准直言命题，看看其中的词项哪些周延，哪些不周延：

首先是全称肯定命题（SAP）。其一般表达形式为"所有 S 都是 P"，主项 S 在命题中周延，谓项 P 不周延。

其次是全称否定命题（SEP）。其一般表达形式为"所有 S 都不是 P"，其中断定了任何一个主项 S 都不是谓项 P，即整个 S 的类都被排除在 P 的类之外，因此主项 S 是周延的；同时，既然整个 S 的类都被排除在 P 的类之外，那么整个 P 的类也就同时被排除在 S 的类之外了，因此谓项 P 也是周延的。这样一来，在 SEP 命题中，主项 S 和谓项 P 都是周延的。

第三是特称肯定命题（SIP）。其一般表达形式为"有的 S 是 P"，其中既没有对所有 S 进行断定，也没有对所有 P 进行断定，因此，在 SIP 命题中，主项 S 和谓项 P 都是不周延的。

最后是特称否定命题（SOP）。其一般表达形式为"有的 S 不是 P"。说某个事物被排除在一个类之外，也就相当于谈到了这个类的全部元素，就像一个人被排除在某个群体之外，就等于说这个群体的每个成员都不接纳这个人。因此，特称否定命题的主项不周延，谓项却是周延的。

根据以上分析，我们可以看到：在全称直言命题中，不管是肯定的还是否定的，其主项都是周延的；在特称直言命题中，不管是肯定的还是否定的，其主项都是不周延的；在肯定直言命题中，无论是全称还是特称，其谓项都是不周延的；在否定直言命题中，无论是全称还是特称，其谓项都是周延的。

让我们回到开始的对话。那位古人是根据"尧、舜、禹等圣贤是聪明人"这样一个特称肯定命题而得出"苏东坡不应该是个聪明人"这一结论的。然而，特称肯定命题的主项和谓项都是不周延的，这就意味着"尧、舜、禹等圣贤是聪明人"这个命题并没有对"聪明人"这个概念的所有外延作出断定，也就没有排除苏东坡也是聪明人的可能性。因此，正如另一个古人所反驳的那样，尽管苏东坡可能不如尧、舜、禹聪明，但是他仍然可以是聪明人。

177 为什么公孙龙会认为白马不是马？

说"白马是马"，就好像说"男人是人"一样，恐怕大家都不会对此产生疑义。但是，战国时期的逻辑学家公孙龙，却别出心裁地提出"白马非马"。

相传有一天，孔子的六世孙孔穿找到公孙龙，想通过辩论，使他放弃"白马非马"的观点。公孙龙不慌不忙地接受了挑战。

公孙龙先是从概念的内涵和外延两方面解释了"马"和"白马"的不同：从内涵来看，"白马"比"马"多了一项颜色的限定，因此"白马"的内涵大于"马"的内涵，两者的内涵并不等同；从外延来看，如果要得到一匹"马"，黄马和黑马都可以算数，而要得到一匹

"白马"，则黄马和黑马就不能拿来充数了，因此两者的外延也是不相同的——既然这两个概念的内涵和外延都不相同，那么显然就不能将这两个概念等同起来。

公孙龙接着又讲述了一个关于孔子的故事。有一次楚王在打猎时丢了弓，随从请命要去寻找，楚王拒绝说：不用找了。楚国人丢了弓，楚国人拾了去，又何必寻找呢？孔子听说了这件事后，对弟子们说："楚王的仁义还没有做到家啊。他应该说'人丢了弓，人拾了去'，又何必加上个'楚国'呢？"公孙龙对此评论道："从这个故事看，孔子是认为'楚人非人'的，这与我说的'白马非马'又有什么区别呢？"

孔穿听后，无言以对，只得狼狈地离开了。

178 为什么黄州的菊花会让苏东坡感到羞愧？

明代冯梦龙所编《警世通言》一书收录了一篇《王安石三难苏学士》，其中讲述了一则小故事：

有一天，苏东坡访王安石不遇，在王安石的书桌上看到了一首未完成的咏菊诗，头两句这样写道："西风昨夜过园林，吹落黄花满地金。"

"西风"就是秋风，"黄花"即是菊花。苏东坡心想：菊花素能欺霜斗雪，花朵都是只枯萎不落瓣的，怎么会被秋风吹得花瓣满地呢？一定是作者想当然了。于是，他也不顾王安石是他的师辈和上级，提起笔就在纸上续了两句："秋花不比春花落，说与诗人仔细吟。"

不久，苏东坡因"谤讪朝廷"罪被贬到黄州当"团练副使"。转眼重阳已到，一日大风乍停，他邀请好友到花园赏菊，刚走入园中，便看到不少菊花因风凋零，黄色的花瓣铺了一地，他顿时满脸愧色。

为什么苏东坡会顿生愧色呢？显然是黄州当地的菊花因风落瓣的景象，令他认识到了自己所持的"秋花不比春花落"观点的错误。而从逻辑学角度讲，这正好涉及了四种主要性质判断（又叫直言命题）之间的关系问题。

我们已经知道，在形式逻辑中有四种主要的性质判断，分别是"全称肯定命题"、"全称否定命题"、"特称肯定命题"和"特称否定命题"（参见前文"'苏东坡不应该是聪明人'这一表述有错吗"一题）。当这四种判断（命题）的主项和谓项相同时，其在真或假的方面存在着一定的相互制约关系。逻辑学上常用一个四方图形来表示这些制约关系，称为"逻辑方阵"；而由这个逻辑方阵所表示的命题之间的真假关系，就称为命题间的"对当关系"。

如图所示，我们把四种命题分列四个角，再用直线把它们两两连接起来，就构成了逻辑方阵。其中：全称肯定命题和特称否定命题、全称否定命题和特称肯定命题之间是矛盾关系，这种关系的特点是，如果一方为真，那么另一方就为假，或者一方为假，另一方就为真；全称肯定命题和全称否定命题之间是反对关系，这种关系的特点是，如果一方为真，那么另一方就为假，或者一方为假，另一方真假不定（可以为真，也可以为假）；特称肯定命题和特称否定命题之间是下反对关系，这种关系的特点是，如果一方为假，那么另一方就为真，或者一方为真，另一方真假不定；全称肯定命题和特称肯定命题、全称否定命题和特称否定命题之间是差等关系，这种关系的特点是，如果全称命题为真，那么特称命题为真，或者特称命题为假，那么全称命题为假。

在这则小故事中，苏东坡的"成见"和黄州的菊花，正好分别代表了一个全称否定命题（"所有的菊花都是不会落瓣的"）和一个特称肯定命题（"有的菊花是会落瓣的"），两者共同构成"逻辑方阵"中的矛盾关系。既然苏东坡已经亲眼目睹了黄州因风而落瓣的菊花，即"有的菊花会落瓣"这一特称肯定命题是真的，那么，同其矛盾的全称否定命题"所有的菊花都是不会落瓣的"当然就不能成立了。苏东坡显然是了解这种逻辑关系的，他意识到自己先前擅续人诗的错误，因而为自己的冒失行为感到羞愧和不安。

179 为什么马克·吐温的道歉让对方更加愤怒？

1870 年的一天，美国《纽约时报》刊登了著名作家马克·吐温写的一则道歉启事：

日前鄙人在酒席上发言，说美国国会中有些议员是狗娘养的。事后有人向我兴师问罪。我考虑再三，觉得此话不恰当，而且也不符合事实，故特此登报声明，把我的话修改如下："美国国会中有些议员不是狗娘养的。"

然而，马克·吐温的这则道歉启事，却使某些国会议员更加愤怒了。这是怎么一回事呢？原来，从逻辑学的角度看，马克·吐温在酒席上的那句"美国国会中有些议员是狗娘养的"，是一个具有"有的 S 是 P"结构的特称肯定命题；而后来道歉启事中的那句"美国国会中有些议员不是狗娘养的"，则是一个具有"有的 S 不是 P"结构的特称否定命题。在性质判断的逻辑方阵（参见上文"为什么黄州的菊花会让苏东坡感到羞愧"一题）中，这两种命题具有下反对关系，即它们不能同假但却可以同真——也就是说，即使马克·吐温在道歉时所说的"美国国会中有些议员不是狗娘养的"这个命题是真的，也并不意味着他在酒席上讲的"美国国会中有些议员是狗娘养的"这个命题就是假的。因此，马克·吐温其实是在所谓的"道歉启事"中，以巧妙的方法再一次地表达了自己对华盛顿议员们的轻蔑。

180 为什么说充分条件假言命题破解了 "尼罗河上的惨案"？

英国作家阿加莎·克里斯蒂在小说《尼罗河上的惨案》中，讲述了一个扑朔迷离的侦探故事。

一艘游船上接连发生了几起谋杀案，先是女富翁林内特被害，接着遇害的是她的女仆路易丝和作家奥特伯恩太太。究竟谁是凶手呢？大侦探波洛对此展开了调查。在调查陷入困境时，波洛突然想起了路易丝在被杀前说过的一句话："假如我睡不着觉，假如我在甲板上，也许我会看见那个凶手进出我太太的客舱。"尽管这句话是用虚拟语气说出的，但波洛却认为这是非常重要的一句话。

为什么用虚拟语气说出的话却能够为破案提供线索？从逻辑学的角度来看，这与这句话所属的假言命题及其性质有关。

所谓"假言命题"，是一种复合命题，它断定某一种情况的存在是另一情况存在的条件。比如，"如果物体相互摩擦，那么物体就会发热"就是一个假言命题，它断定了"物体相互摩擦"是"物体发热"的条件。其中，表示条件的"物体相互摩擦"被称为前件，表示依赖条件而成立的"物体发热"被称为后件，"如果……那么……"则被称为这个假言命题的联结词。

根据前后件之间的性质关系，假言命题可以分为充分条件假言命题、必要条件假言命题和充分必要条件假言命题。而在这个故事中，路易丝所说的话就属于充分条件假言命题。

　　所谓充分条件是指：有了 p，就必然有 q；但没有 p 时，是否有 q 不能确定；这时，我们就认为 p 是 q 的充分条件。在逻辑学中，我们一般把充分条件假言命题表达为：如果 p，那么 q。其中 p 和 q 分别表示前件和后件，"如果……那么……"是联结词。在日常生活中，我们还可以用"只要……就……"、"倘若……则……"等关联词来表达充分条件假言命题。

　　让我们回到前面的故事。路易丝用虚拟语气说出的话，实际上表达了一个充分条件假言命题："如果我睡不着觉并且又在甲板上，那么，我可以看见凶手进入被害人的客舱。"她就是用这个充分条件假言命题来向凶手表明，在凶手作案的当晚，她睡不着觉待在甲板上时；目睹了凶手的行动，并以此向凶手进行要挟。凶手自然听懂了她的这种要挟，为了避免事情败露，索性把她也杀害了。

　　大侦探波洛自然也理解了这句话。从逻辑学的角度看，他也得出了一个充分条件假言命题：如果路易丝没有看见凶手，那么她就不敢也没有必要说出这句话，而既然她说出了这句话，根据逻辑，她肯定看见了凶手。于是他以这一线索为突破口继续展开调查，终于找出了真正的凶手。

181　为什么一只白猫就能够证明"天下乌鸦一般黑"？

　　有一句话叫作"天下乌鸦一般黑"，我们姑且不去探究它的引申含义，仅仅将其看作一个逻辑学上的归纳命题。那么，要如何证明这一命题为真呢？显然，根据归纳法的性质，除非我们把所有的乌鸦都抓来看过，否则要完全证明这个命题为真是不可能的；而且，我们也不能保证已经抓尽了天下所有的乌鸦。不过我们还是能够提高这个命题的可靠性，也就是增加它的可信度。最容易想到的办法就是去大自然中寻找乌鸦，每多找到一只黑色的乌鸦，该命题的可信度就增加一分。然而，我们也大可不必如此辛苦地去寻找乌鸦，因为从逻辑学上讲，一只白猫也能证明"天下乌鸦一般黑"！

我们已经知道，可以判断真假的语句叫作命题。如果有两个命题，其中一个命题的条件和结论分别是另一个命题的结论和条件的否定，那么这两个命题就互为"逆否命题"。在逻辑学上，原命题和其逆否命题为等价命题，即如果原命题成立，则其逆否命题也成立。

比如"天下乌鸦一般黑"这个命题，按照定义，它的逆否命题是"凡是不黑的东西都不是乌鸦"。这两个命题是一对等价命题。也就是说，如果"天下乌鸦一般黑"为真，那么"凡是不黑的东西都不是乌鸦"也为真，反之亦然。这就意味着，如果我们要证明"天下乌鸦一般黑"为真，那么去证明"凡是不黑的东西都不是乌鸦"也能达到同样的目的。如何证明"凡是不黑的东西都不是乌鸦"呢？显然，如果我们遇见一只白猫，无疑就能够增加这个命题为真的概率，同时也就增加了"天下乌鸦一般黑"这个原命题为真的概率。

所以，从逻辑学的角度来看，遇见一只白猫就能够略微增加"天下乌鸦一般黑"这一命题为真的可能性。这听起来很有趣吧？

182　为什么"长着蹄子的怪物"并不可怕？

相传有一天，法国生物学家居维叶在睡午觉时，突然被一阵奇怪的声音吵醒了。他睁开眼，发现窗台上站着一只他从未见过的怪物。这怪物面目狰狞，头上长角，脚上长着蹄子。在打量了一番后，居维

叶笑了笑说："这个怪物并不可怕嘛。"于是他闭上眼再一次进入了梦乡，而窗外装扮成怪物的调皮学生却郁闷极了：老师为什么不怕这个怪物呢？

原来，根据居维叶的比较解剖学，凡是有蹄子的动物大都是草食动物并且性情温和，因此，在见到怪物后，居维叶很快就在头脑里形成了一个推理：

凡是有蹄子的动物都是不可怕的，　①

这个怪物是有蹄子的动物，　　　　②

因此，这个怪物是不可怕的。　　　③

从逻辑学的角度来看，居维叶的这个推理就是一个典型的三段论。所谓"三段论"，简单地说，就是从两个前提推得一个结论的演绎推理，此两个前提又可以分为"大前提"和"小前提"，它们与"结论"共同构成了"三段"。

三段论是传统形式逻辑中的一类主要推理，古希腊哲学家亚里士多德首先提出了关于它的系统理论。根据他的定义，结论中的主项称为"小项"，谓项称为"大项"，在结论中不出现、在前提中出现两次的项，称为"中项"，包含了大项的前提称为"大前提"，包含了小项的前提称为"小前提"。以前述居维叶所构建的"三段论"为例，③是结论，其主项是"这个怪物"，谓项是"不可怕的（动物）"，因此整个三段论的小项就是"这个怪物"，大项就是"不可怕的（动物）"，而包含了"不可怕的（动物）"的前提①就是这个三段论的大前提，包含了"这个怪物"的前提②就是这个三段论的小前提；而在结论中没有出现的词项"有蹄子的动物"，则是这个三段论的"中项"，它串联起了"小项"和"大项"，使两者有了结论中所体现出来的联系。

另外，由于两个前提和结论的命题类型不同（称为三段论的"式"），以及"大项"、"小项"和"中项"在前提中的位置不同（称为三段论的格，共有四种组合），三段论也相应有着各种不同的类型。比如全部由标准直言命题（A、E、I、O）组成的三段论，一共就有256种不同的类型。然而，在这么多不同类型的三段论中，只有15种能够依据两个前提"有效"地推理出结论，其余都是无效的。比如，下面这个改写后的居维叶式三段论，其所得到的结论就是无效的：

凡是有蹄子的动物都是不可怕的，（大前提）

这个怪物是不可怕的，　　　　　（小前提）

因此，这个怪物是有蹄子的。　　（结　论）

183 为什么"你的头上会有角"?

一天，古希腊的诡辩家欧布利德对另一个人说："你没有失掉的东西，就意味着你有这东西，对吗？"

那人回答道："没错！"

欧布利德又说："你没有失掉头上的角吧？那么你的头上就有角了。"

我们可以把以上这段推理整理为如下的三段论：

凡是你没有失掉的东西就是你有的，

角是你没有失掉的东西，

所以，你有角。

显然这个结论是荒谬的，可是问题出在什么地方呢？

我们已经知道，三段论由三个命题（大前提、小前提、结论）组成，其中包含了三个概念（大项、小项、中项）。按照规定，每一个三段论只能有三个概念（名词），既不能多，也不能少。少于三个概念，就无法组成两个判断；多于三个概念，就会出现另一种情况：没有一个共同概念把其他概念联系起来，三段论也就不能成立。

让我们来具体分析一下这个例子。表面上，在这个三段论中，"大项"是"你有的（东西）"，小项是"角"，中项是"你没有失掉的东西"，然而，如果仔细分析就会发现，中项在大、小前提中是有歧义的：在大前提中，"你没有失掉的东西"是指"你原来有的东西"；而在小前提中，"你没有失掉的东西"则是指"你原来没有的东西"。同样一个词，在两个前提中的内涵不同，就应当被视为两个不同的概念；而这样一来，这段推理中就出现了大项、小项和中项之外的第四个"项"，因此，这段推理已经不能够再被称为"三段论"了。

上述这个错误，在逻辑学中被称为"四概念"谬误。在我们的实际运用中，经常会碰到这样的错误。比如下面的这个"三段论"：

中国人是勤劳勇敢的，

我是中国人，

所以，我是勤劳勇敢的。

仔细分析就会发现，大前提中的"中国人"是反映整体的集合概念，小前提中的"中国人"则是非集合概念，两者不是一个相同的概念，因此"中国人"并不能起到中项的作用，这个三段论也存在"四概念"谬误。

184 为什么"逻辑学家是共产党人 = 参议员是鹅"？

我们已经知道，"三段论"是传统形式逻辑中的一类主要推理，如果运用得当，它会使我们的推理既清晰又具有说服力，但是，如果运用不当，则会使我们得出令人啼笑皆非的结论。

一次，一个美国参议员对逻辑学家贝尔克里说："所有的共产党人都是攻击我的人，你也是攻击我的人，所以，你是共产党人。"

逻辑学家当即反驳道："你的这个推论实在妙极了！从逻辑上看，它同这样一个推论是一回事：所有的鹅都是吃白菜的动物，参议员先生也是吃白菜的动物，所以，参议员先生是鹅。"

在这则小故事中，参议员试图运用三段论来"论证"贝尔克里是共产党人，却被对方运用相同的三段论结构推理出了一个极其荒谬的结论。这个"三段论"到底出了什么问题呢？

让我们来仔细分析一下。首先，可以将这两个三段论表达为以下的一般形式：

所有 P 都是 M，

S 是 M，

所以，S 是 P。

　　其中，"S"表示小项，"P"表示大项，"M"表示中项。在这个一般形式的三段论中，两个前提都是肯定判断，并且中项 M 在大小前提中都处在谓词的位置上。我们已经知道，肯定判断的谓词是"不周延"的，因此在这个三段论的大小前提中，中项的全部外延是不明确的；另一方面，大项和小项是靠着中项联系在一起的，如果中项的全部外延不明确，就意味着大项和小项可能只与中项的一部分外延发生联系，也就是说，有可能发生缺少一个共同的部分把两者联系起来的情况。具体来说，虽然"参议员"和"鹅"都包含在"吃白菜的动物"的外延中，但显然两者并不因此具有某种联系；同样，虽然"共产党人"和"逻辑学家"都包含在"攻击参议员的人"的外延中，但这两者也并不因此具有某种联系。

在三段论的有效性规则中，有一条是关于中项的规定：中项在前提中至少要周延一次。如果中项一次都不周延，结论就一定不合逻辑。上述那名参议员的推理之所以无效，正是由于他违反了这条"中项必须周延一次"的规则。

185 为什么有人说归纳法害死了弗朗西斯·培根？

弗朗西斯·培根是英国著名的思想家，他的名言"知识就是力量"家喻户晓。培根还是第一个提倡并详细论述归纳法的人，他甚至为实践归纳法付出了生命的代价。

人类的知识从何而来？与孟子同时代的古希腊哲学家亚里士多德认为有两个源头：一个是纯粹思辨，一个是感性认识，与之相对应的两种逻辑方法就是演绎法和归纳法。所谓演绎，就是一种从一般到个别的思维和论证过程；归纳则相反，是从个别到一般的思维和论证过程。尽管两者都能帮助人们获取知识，但在亚里士多德的心目中，两者的地位并不相同。他在《工具论》一书中极力推崇演绎法，仅把归纳法放在一个次要的地位。在其后的一千多年里，这种思维方式一直统治着人们的思想，直到培根《新工具》一书的问世。那么，与亚里士多德的"旧工具"相比，培根的"新工具"到底"新"在哪里呢？

首先，培根将归纳法提高到了与演绎法同等重要的地位。在他之前，演绎推理的前提主要来自直觉或权威（如上帝）；而培根则认为，这些前提需要证明，证明的方法就是对观察和实验的结果进行归纳推理。

其次，培根的归纳法与前人的归纳法在内容上也有所不同。具体来讲，亚里士多德的归纳法是一种简单的枚举法。有一则故事能够生动地说明这种方法：一位户籍官要登记某村全体户主的姓名，他询问的第一个户主叫作威廉·威廉斯，第二个户主也叫这个名字，第三个、第四个……依然不变，于是他归纳道："我不用再挨家挨户地询问了，这个村子的户主显然都叫威廉·威廉斯。"可以看到，简单枚举法是一种最简单的归纳法，通过它人们能够在事物之间建立起某种因果联系。然而，对这种因果关系我们却无法解释也无法论证，一个反例就足以推翻它。比如在上面的那个故事中，小村里就偏偏有一位名字叫作约翰·琼斯的人。与简单枚举法不同的是，培根提倡的归纳法在本质上是一种排除法：尽可能把所有的原因都罗列出来，然后一一排除不可靠的原因。例如，培根曾经通过这种归纳法来寻找"热"现象的本质：首先，列一个"存在表"，把与"热"有关的所有现象都罗列出来，比如阳光和火焰；其次，再开列一个"差异表"，把与上述现象有关却不产生热的现象罗列出来，比如月光不热等；接着，再开列第三个"比较表"，详尽地分析发热现象的不同程度的变化；最后，就可以归纳出产生热的原因了。

　　培根一生都对自己的"科学归纳法"抱有很大的信心。他曾经作过一个形象的比喻：演绎法是用自身的材料生产出长丝的蜘蛛，以简单枚举法为代表的旧归纳法是只知搬运和储存食物的蚂蚁，而"科学归纳法"则是采集花粉并酿出甜美蜂蜜的蜜蜂。由于培根用于归纳的证据主要来自观察，而观察需要通过感官来进行，因此，培根也被称为"经验主义之父"；今天基于观察和归纳的科学，也因此被称为"经验科学"或"归纳科学"。

　　1626年3月的一天，培根坐车经过伦敦北郊。当路过一片雪地时，他突然想做一个实验，于是他当场杀了一只鸡，把雪填进鸡的肚子里，以观察冷冻在防腐上的作用，并试图从中归纳出某种规律。然而他身体孱弱，经受不住风寒的侵袭，在做完这次实验的几天后便生病去世了。在他死后，科学在"实验"和"归纳法"的推动下，开始以前所未有的速度向前发展。

186 汽车为什么会对香草冰淇淋 "过敏"？

一天，一家汽车公司的售后服务部收到一封奇怪的投诉信，一名客户称每次开车去买冰淇淋的时候，如果买的是香草冰淇淋，汽车就发动不起来，而如果买的是其他种类的冰淇淋，则不会出现这种现象。

难道还会有对香草冰淇淋 "过敏" 的汽车吗？面对这个看起来非常荒谬的投诉，售后服务部并没有一笑置之，而是专门派出了一位工程师跟随这位客户去调查原因。工程师经过思考，决定采用逻辑学里归纳法中的求异法来解决这个问题。

所谓 "求异法"，就是通过比较几个事件的不同之处，找出某个现象发生的原因的方法。具体来说就是，如果在一个事例中被研究现象发生，而在另一个事例中该现象不发生，并且这两个事例中的事态除了一个事态不同外其他均相同，那么该事态便是该现象的原因。按照求异法的推理模式，我们可以把这种方法简单地表达成下面这种形式：

场合	先行或后行情况	被研究现象
（1）	A、B、C	a
（2）	B、C	

所以，A 是 a 的原因。

可以看到，求异法的特点是 "同中求异"。也就是说，在使用求异法时，可以利用实验的手段，先把通过求同法得到的某些先行情况消除掉，再进一步通过实验验证不同事态造成的影响。

那名工程师是如何通过 "求异法" 解决问题的呢？首先，他将该客户每次买冰淇淋的地点、所花费的时间、次数、冰淇淋品种，以及汽油型号等数据一一记录下来；然后，对这些数据进行对比，去除那些完全相同的情况，留下不同的情况；最后，对不同的情况进行分析，找出问题的原因。工程师经过一番调查分析后发现，在"买香草冰淇淋"和"买其他种类的冰淇淋"这两个事件中，唯一不同的"事态"就是两者所花费的时间不同，于是他作出如下归纳：

事　件	事件所包含的相关事态	被研究现象
买香草冰淇淋	地点（相同）、汽油（相同）、 次数（相同）、时间（短）	汽车发动不起来
买其他种类的 冰淇淋	地点（相同）、汽油（相同）、 次数（相同）、时间（长）	汽车正常

所以，时间长短是影响汽车发动的原因。

那么，买冰淇淋的时间长短又与汽车的故障有什么联系呢？原来，买冰淇淋的时间短也就意味着从停车到重新发动汽车之间的时间比较短，此时汽车引擎还比较热，车内的密闭管路容易产生空气形成"气阻"，导致汽车发动不起来。

如今，"求异法"已被广泛运用于科学研究中。由于用该方法得出的结论比较可靠，它常常被用来证明或验证用"求同法"得到的推测和假定。

187　名医孙思邈是怎样找到脚气病的病因的？

"脚气"和"脚气病"是两种不同的病。"脚气"又叫"足癣"或"香港脚"，是由真菌感染引起的一种常见皮肤病；而"脚气病"则是因为缺乏维生素 B_1 而引起的全身性疾病，通常表现为消化系统、神经系统或心血管系统方面的问题。历史上，第一个记录脚气病并找到其病因及治疗方法的人是中国唐代的名医孙思邈。

孙思邈发现，有钱人比较容易得脚气病，而穷人得此病的很少。这是为什么呢？他想，这很可能同饮食有关系：富人常吃荤腥细粮，而穷人吃的却是素食粗粮。他又将细粮和粗粮进行了比较，发现精米、白面虽然好吃，但是和粗粮相比却缺少了米糠和麸皮。于是，他试着用米糠和麸皮来治疗脚气病，取得了很好的效果。

可以看到，孙思邈之所以能够找到脚气病的病因及治疗方法，是因为他正确地运用了归纳思维中的求同求异并用法。

所谓"求同求异并用法"，可以看作是对"求同法"和"求异法"的联合运用：考察两组场合，如果在被研究现象出现的一组场合（正面场合）中，都有一个共同的先行情况，而在被研究现象不出现的一组场合（反面场合）中，都没有这个先行情况，那么，这个先行情况就是引起被研究现象的原因。

具体来说，孙思邈使用求同求异并用法的过程可以分为以下几个步骤：

第一步，先用求同法，从正面组各个场合的先行情况中找出共同的情况：富人生活习惯千差万别，但有一个共同点，那就是很少吃粗粮。由此确定不吃粗粮是患脚气病的原因。

第二步，再用求同法，从反面组各个场合的先行情况中找出共同的情况：穷人的生活习惯也不尽相同，但有一个共同点，那就是经常吃粗粮。由此确定吃粗粮是不得脚气病的原因。

第三步，使用求异法，对比正反两组场合，一组不吃粗粮，另一组吃粗粮，由此确定患脚气的原因是不吃粗粮。

国外医学家发现脚气病的致病原因及治疗方法，比孙思邈晚了一千多年，但推理方法大致相同。今天，求同求异并用法已经成了科学研究中经常用到的推理方法。

188 为什么增加一个前提，就能够得到"一加一不等于二"的结论？

一天，几个朋友聚在一起聊天。其中一位出了一道题让大家解答："在什么情况下，一加一不等于二？"

其他人听了都有些摸不着头脑："这是脑筋急转弯吗？比如把一只猫和一只老鼠关在一起，当猫吃掉老鼠后，结果就不等于二了。"

"不是脑筋急转弯，我问的是纯数学问题。"

大家议论纷纷，最后也没能给出一个合理的答案。

答案究竟是什么呢？从逻辑学的角度看，这个问题涉及充分条件假言命题的逻辑特性。

我们已经知道，在充分条件假言命题中，前件是后件的充分条件，这就意味着我们能够从前件为真直接推出后件也为真；所以，当前件为真、后件为假的时候，整个命题就必然是一个假命题。但是，当前件为假时，后件无论是真是假，整个命题都有可能是真的。也就是说，一个充分条件假言命题成立，当其前件为真时，后件必定为真；当其前件为假时，后件则可真可假。我们可以用下面的"真值表"来表示这种关系：

充分条件假言命题的真值表

p（前件）	q（后件）	p→q（如果 p，那么 q）
真	真	真
真	假	假
假	真	真
假	假	真

从表中可以看出，在后件为假的情况下，一个充分条件假言命题

要能够成立，其前件就必须也为假。就前面提到的问题而言，出题者实际上是在问：如何增加一个前件，使得以"一加一不等于二"为后件的充分条件假言命题为真？已知"一加一不等于二"是一个明显的假命题，为了使整个充分条件假言命题成立，我们只需要增加一个相关的假命题作为前件就可以了。

因此，我们可以这样来回答这个听上去有些让人摸不着头脑的问题："如果一加二不等于三，那么一加一就不等于二。"当然，正如我们前面所分析的，这个问题可以有很多种答案，你完全可以把前件改为"一加三不等于四"等其他的假命题。

189 "挑战者号"事故发生后，为什么费曼的指责让美国国家航空航天局无言以对？

1986 年，美国"挑战者号"航天飞机升空后不久就发生了爆炸，这是人类航天史上最严重的惨案之一。事后，著名物理学家理查德·费曼对美国国家航空航天局（NASA）这样指责道：

我们每次问起高层管理者，他们都会说，关于手下所做的事他们什么都不知道……如果他们确实不知道，那就是严重失职；如果他们知道，那他们就是在对我们说谎。他们或者知道，或者不知道。所以，对于这件事，他们都负有责任。

可以看到，费曼的指责包含了两个假言命题和一个选言命题：或者管理者知道手下所做的事，或者管理者不知道手下所做的事，但不管是知道还是不知道，结果都包含在两个假言命题当中，对管理者来说都是不利的，这就是逻辑学上的二难推理。所谓"二难推理"，顾名思义，就是让人必须在两种选项中作出决断，但无论选择哪一种，都会得出一个让人为难的结论。从逻辑学的角度来看，"二难推理"

是由两个假言命题和一个具有两个反命题的选言命题作为前提构成的推理，又称"假言选言推理"。

"二难推理"是我们日常生活中常见的一种论证，从古代沿用至今。如果单纯从逻辑学的角度来看，二难推理并没有什么特别重要的地方，但从修辞的角度来看，它却是一种用于反驳和说服的有力工具，美国总统林肯就曾经用它为废止黑奴制度的宣言作了有力的辩护：此宣言如同法律一样，或者有效或者无效。如果无效，就没必要取消；如果有效，就不能取消。任何人都明白。

然而，并非所有的二难推理都是无法反驳的。有这样一个学生和老师斗法的有趣例子。关于学校里给学生评分的制度，老师们认为好的分数能够激励学生更努力地学习，而学生却用这样一个二难推理来反驳：如果学生喜爱学习，那么就不需要激励；如果学生厌恶学习，那么激励也没有用。学生或者喜爱学习，或者厌恶学习。所以，分数激励是不需要的或者说是没有用处的。

该如何应对学生们的这一反驳呢？在仔细分析了这个二难推理后，老师们发现了两个问题：其一，这一推理中的选言前提是不完全的，因为学生们对学习的态度并不仅仅是喜爱或厌恶这两个极端状态，还存在其他的状态，而在这些状态下，分数激励是可以发挥作用的；其二，"如果学生喜爱学习，那么就不需要激励"这个假言前提也存在问题，因为即使一个学生喜爱学习，他也需要激励，好分数带来的激励甚至能让最勤奋的学生更认真地学习。这样一来，学生们的二难推理就被一举攻破了。

还有一种更巧妙的反驳二难推理的方法。相传在古代雅典，有一位母亲劝儿子不要从政：

如果你主持公道，人们就会仇视你；如果你不主持公道，神灵们就会仇视你。你必定或者主持公道或者不主持公道，因此无论如何你都会被仇视。

儿子反驳道：

如果我主持公道，神灵们就会施爱于我；如果我不主持公道，人们就会施爱于我。我必定或者主持公道或者不主持公道，所以无论如何我都会被爱。

在这个故事中，儿子通过构造一个相反的二难推理有力地反驳了母亲的说法。不过，细心的读者也许会发现，尽管这对母子的说法看上去针锋相对，但是儿子会被仇视和会被施爱这两种情况完全是可以相容、同时存在的。这表明相反的二难推理实际上并没有实现真正的反驳，它只是将对方或是听众的注意力引向了问题的另外一个方面。当然，在激烈的辩论中并不需要这种细致的分析，听众大多会把这种反驳当成是对原论证的毁灭性打击。

190 居里夫妇是如何发现并提炼出镭的？

铀（Uranium）的名字来自天王星（Uranus）。今天，这种元素因为被用于制造原子弹而广为人知，但在它被发现之初，人们并不知道它具有放射性。19世纪末，法国物理学家贝克勒尔发现了铀的放射性，掀起了科学界一场研究物质放射性的热潮。

同是法国物理学家的居里夫妇也投入到这场热潮中。他们先是对一些铀矿石和铀化物进行了详细考察，随后又将实验样品换成了沥青铀矿。不料此时，意外的结果出现了：新样品的放射性强度竟然比预估值高出了4倍！

到底是什么原因引起了这种巨大的差异呢？居里夫妇使用归纳原理中的剩余法来进行推理，终于找到了答案。

所谓"剩余法"，就是在对复合现象与事件之间的因果联系进行分析时，从一个复合现象中减去已知被认为是某个先行事件的结果的部分，那么该复合现象的剩余部分就是剩余的先行事件的结果。比如，已知货车的重量（已知的先行事件），假设我们要称出货车上货物的重量（剩余的先行事件），那么就可以先称出货物与货车的总重量，然后再减去货车的重量，其结果就是货物的重量。我们可以把这种方法用公式表达为：

已知：由 a、b、c、d 构成的被研究现象是复合情况 A、B、C、D 作用的结果，

现象 a 是情况 A 作用的结果；

现象 b 是情况 B 作用的结果；

现象 c 是情况 C 作用的结果；

可知：现象 d 是情况 D 作用的结果。

居里夫妇经过分析后认为，既然目前已知元素中只有铀具有放射性，而实验样品的放射性强度却远远超出其所含铀元素的放射性强度，那么很可能，这种沥青铀矿里还含有一种放射性比铀更强的新元素。为了提炼出这种新元素，居里夫妇仍然采用了"剩余法"：一点点地去除掉其中的已知元素，最后剩下的就是这种未知的新元素。

接下来就是科学史上著名的艰苦实验。居里夫妇为了证实他们的推理，买来了几吨沥青铀矿，在一个简陋的木棚子里进行着常人难以想象的艰苦劳作：把容器搬来搬去，将液体倒来倒去，用一根铁棒在散发着刺鼻气味的生铁盆里不停地搅拌几个小时，直到筋疲力尽……就这样前前后后忙了 4 年，居里夫妇终于从几吨矿物中得到了大约 100 毫克的新物质，其中所含的新元素被命名为"镭"。镭的放射性强度是铀的几百万倍，夫妇俩的假设得到了完全的证实！

191 为什么历史学家会认定李白的出生地在国外？

李白出生在国外？是的，按照历史学家的考证，这位中国唐代著名的大诗人出生在今天吉尔吉斯斯坦共和国境内一个叫作托克马克的地方。原来，根据李白墓碑碑文的记载，李白的祖先是陇西（甘肃）人，在隋朝末年的时候避难到了一个叫碎叶的地方并定居下来，李白就是在这个地方出生的。碑文还提到，李白出生在碎叶的说法来自李白的儿子伯禽，他曾经写过一些关于父亲的文字，这些文字在他死后被其女儿整理出来，并为李白碑文的作者所知。因此，李白出生在碎叶的说法是比较可靠的。然而，根据史书记载，在唐代叫作碎叶的地方有两处，一处是位于中亚的碎叶，另一处是位于焉耆（新疆）的碎叶。那么，李白究竟出生在哪一个碎叶呢？

面对这个疑问，历史学家是用选言推理得出结论的。

所谓选言推理，就是前提中有一个选言命题，并根据选言命题的逻辑性质进行判断的推理。选言命题是断定事物若干种可能情况的命题。选言命题有相容和不相容之分，其中相容选言命题是指所断定的事物可以并存有若干种可能的情况；不相容选言命题是指所断定的事物不能并存有若干种可能情况。由此，选言推理也可以相应地分为两种主要的形式：一种是不相容的选言推理，由于支命题之间是不相容的，因此在推理时，肯定了一部分选言支，就要否定另一部分选言支，或者否定了一部分选言支，就要肯定另一部分选言支；另一种是相容的选言推理，由于支命题之间是能够共存的，因此不能够通过肯定其中的一部分选言支来否定其他的选言支，但却可以通过否定一部分选言支来肯定其他的选言支。

让我们一起来看一看历史学家的推理过程。已知李白出生在唐代的碎叶，而当时有两个叫碎叶的地方，这就构成了一个不相容的选言命题：李白或者出生在中亚的碎叶，或者出生在焉耆的碎叶。但是，从历史文献来看，焉耆碎叶初建于唐高宗时期，李白的先祖不可能在隋朝末年时就到此居住，因此根据选言推理，李白应该是出生在位于中亚的碎叶。我们可以把上述推理写成如下的形式：

李白或者出生在中亚的碎叶，或者出生在焉耆的碎叶；

李白不可能出生在焉耆的碎叶；

所以，李白出生在中亚的碎叶。

当然，"李白出生在外国"的说法严格来说是不准确的。因为在唐代前期和中期，中亚的碎叶处在唐王朝安西都护府的管辖之下，自然也是中国疆域的一部分。

192 为什么人们会相信有火星人存在？

1938年10月30日晚，一个声音在美国大地回荡："火星人入侵地球了！"顿时，成千上万的人弃家而逃，社会陷入一片混乱。事后人们才知道，这其实是电台一个名为《火星人入侵地球》的广播剧搞的噱头，没想到节目的效果太过逼真，导致上百万美国人陷入极度的恐慌之中。

为什么人们会相信有火星人存在呢？原来，早在1877年，就有一位意大利天文学家将火星表面的痕迹视为"运河"；其后，又不断有人声称火星上存在水；于是，人们就结合自身对地球的认识，作出了如下推理：

地球是行星，绕轴自转，有昼夜，被大气包围，有水，有人类生存；

火星是行星，绕轴自转，有昼夜，被大气包围，有水；

所以，火星上也应该有人类这样的生命体存在。

上述这种推理，就是逻辑学中的"类比推理"。具体来说，所谓

"类比推理"，就是根据两个或两类事物在某些属性上相同，从而推出它们在另外一些属性上也相同的推理。其结构可以表达成下面的形式：

A 对象具有属性 a、b、c、d，

B 对象具有属性 a、b、c，

所以，B 对象也具有属性 d。

可以看到，类比推理具有两个特点：首先，在思维过程上，它是从个别到个别或者从一般到一般的推理；其次，它的结论所涉及的范围超出了前提所断定的范围，因此它仅仅具有"或然性"，而并不具有"必然性"。

既然结论不是"必然"的，那么该如何提高类比推理的可靠性呢？一般来说有三种方法：一是尽量增加类比事物之间相似属性的数量；二是提高已知相似属性和推出属性之间的相关性；三是尽量从事物之间的本质方面进行比较。忽略了这几个方面，就容易使类比表面化和肤浅化，从而犯所谓"机械类比"的错误。例如，曾经有人对人脑和人工智能进行过这样一个"机械类比"：

人不可能制造出人工的人类心灵，因为人工智能研究建立在发达的固体物理学之上，而高级的人类大脑则是一个活动的半流体系统。

针对这个说法，有人这样反驳：

这等于是说，汽车绝不可能代替马，因为汽车是由金属制造而成的，而高级的马则是一个活动的带有腿的有机系统，它是有血有肉的。

类比除了是一种启发思维、用于认识新事物的思维工具外，还是一种很有用的修辞手法，在反驳和辩论中用处也很大。有这样一个例子：

在一次电视辩论中，一位美国州长说："美国是一个基督教国家，这是一个简单的事实，因为在美国，基督教是主要的宗教。"

一位记者运用类比这样反驳道："本国妇女占大多数，这能够说明我国是女性国家吗？再者，我们能够因为我国的大多数人是白人，而得出我国是一个白人国家的结论吗？"

当然，尽管类比的结论超出了前提所断定的范围，并且其结论仅仅具有或然性，但是在很多情况下，类比推理仍然是我们认识世界的一种重要的思维方法。2007年，欧洲天文学家宣布首次在太阳系之外发现了一颗可能适合人类居住的行星，他们给出的理由与当初人们相信有火星人存在的理由一样，即这颗行星与地球具有很多相似的地方！

193　为什么苏格拉底的教学法被人们称为
　　　"精神助产术"？

　　当中国处在春秋战国之交时，古希腊人正处于他们的"黄金时代"。几乎与墨子同时，古希腊出现了第一位大哲学家苏格拉底。与孔子相似，苏格拉底本人也是"述而不作"，其言论由他的学生们（如柏拉图）以对话的形式记录下来。就是在这些"苏格拉底论语"中，后人发现了所谓的"苏格拉底方法"。

　　一天，苏格拉底像往常一样来到广场。溜达了一阵后，他拉住一个路人问道："我有一个问题弄不明白，想向您请教。人人都说要做一个有道德的人，但道德究竟是什么？"

　　那人回答："忠诚老实，不欺骗人，这就是公认的道德行为。"

　　苏格拉底又问："你说道德就是不欺骗别人，但和敌人交战的时候，我军将领却千方百计地去欺骗敌人，那我们能说他不道德吗？"

　　"欺骗敌人是符合道德的，但欺骗自己人就不道德了。"那人回答。

　　"和敌人作战时，我军被包围了，处境困难，为了鼓舞士气，将领就欺骗士兵说，我们的援军到了，大家奋力突围出去。结果成功了。这种欺骗能说是不道德的吗？"苏格拉底问道。

　　那人回答说："那是在战争中出于无奈才这样做的，我们日常生活中就不能这样。"

　　"我们常常会遇到这样的问题，"苏格拉底停顿了一下继续问道："儿子生病了，却又不肯吃药，父亲骗儿子说，这不是药，而是一种好吃的东西。请问这也不道德吗？"

　　那人只好承认："这种欺骗是符合道德的。"

　　苏格拉底又问："不骗人是道德的，骗人也可以说是道德的，也就是说，道德不能用骗不骗人来说明。那究竟该用什么来说明呢？还是请你告诉我吧!"

那人被问得无可奈何，只好说："不知道道德就不能做到道德，知道了道德就是道德。"

苏格拉底听了十分高兴，拉住那人的手说："您真是一位伟大的哲学家，您告诉了我道德就是关于道德的知识，使我弄明白了一个长期困扰着我的问题，我衷心地感谢您!"

传说苏格拉底的母亲是一个助产婆，她自己虽已年老不能再生育，却能给人接生；而苏格拉底虽一贯自称无知，却能帮助别人产生知识，因此人们把他这种通过不断发问，从辩论中弄清问题的方法称作"精神助产术"。可以看到，这种"精神助产术"既是一种用于辩论的方法，也是一种通过理性获得知识的方法：通过和对方交谈，在谈话的过程中不断发问，发现并揭示对方话语中自相矛盾的地方，从而使对事物的认识，逐步从个别的感性认识上升到普遍的理性认识，继而形成概念，求得真正的知识。如果要将这种方法进一步细化的话，其内容大致可以划分为以下四个环节：

① 提出问题；

② 给出问题的可能答案（假设）；

③ 用演绎逻辑来检验这个答案；

④ 接纳或者拒绝这个答案。

这四个环节的中间两个环节，就是后世"科学方法"的核心元件——假说演绎法，著名哲学家罗素说它是"所有科学论争的框架"。

194 为什么李白被"骗"后还说"桃花潭水深千尺，不及汪伦送我情"?

我们都知道大诗人李白有首诗叫《赠汪伦》，其中"桃花潭水深千尺，不及汪伦送我情"一句，表达了他对汪伦的感念之情。可是，你或许不知道，李白最初是被汪伦"骗"去桃花潭的。

清代诗人袁枚在《随园诗话补遗》里详细记载了李白被"骗"的经过。汪伦是唐代泾川的一名豪士，非常敬仰李白却苦于无缘结识。为了能够将李白请到家里做客，他给酷爱游览和饮酒的李白写了一封信：先生喜欢游览吗？我这里有十里桃花；先生喜欢饮酒吗？我这里有万家酒店。李白收到信后非常高兴，立即动身前往。然而到达泾州后，他发现所谓的"十里桃花"其实只是一处水潭，名为"桃花潭"；而所谓的"万家酒店"也只是一家万姓老板所开的小酒馆。

为什么李白会被"骗"呢？从逻辑学的角度看，是因为汪伦巧妙地利用了"同一律"。

所谓"同一律"是逻辑学中的三大基本规律之一。一些早期的哲学家曾经把逻辑学定义为"关于思想法则的科学"，并进一步断言：其中刚好有三个基本的思想法则，我们只要遵从这三个法则，就能够正确地思维。这三大基本法则就是同一律、矛盾律和排中律，它们分别保证了我们思维的确定性、无矛盾性和明确性，而这三者恰恰是对正确思维最起码的要求，也是所有推理的基石。前面谈到的各种具体的逻辑规则和规律，都是直接或间接地源于这三条基本规律的。

"同一律"的内容是：一个思想（概念或判断）与其自身是等同的。同一律的逻辑要求是：在同一思维过程中，一个概念或判断必须保持它的确定和同一。这里的"同一思维过程"包含了同一对象、同一时期和同一方面。具体来说就是：在同一思维过程中，每一个概念或判断都必须是确定的、没有歧义的；在同一思维过程中，每一个概念或判断必须前后保持一致。

相应地，如果违反了同一律的要求，就会出现两类错误。第一类错误是概念运用上的错误，表现为"混淆概念"或"偷换概念"。所谓"混淆概念"，是把不同的概念当作相同的概念；而"偷换概念"则是用实质上不同的概念去替换正在使用的概念。第二类错误是命题运用上的错误，表现为"转移论题"或"偷换论题"。"转移论题"是指在同一思维中改变已提出的论题（判断或命题）；"偷换论题"是指用一个相似但实际上不同的论题代替原先的论题。

在前面的故事里，汪伦正是使用了"混淆概念"（十里桃花、万家酒店）的方法"骗"来了不知情的李白；两人也由此结下了深厚的友谊，成就了一段传诵千古的佳话。

195 为什么爱迪生会认为"万能溶液"不存在？

据说，有一个年轻人想到发明家爱迪生的实验室工作，爱迪生接见了他。这个年轻人满怀信心地说："我想发明一种万能溶液，它可以溶解一切物品。"爱迪生听罢，当场拒绝了这个年轻人的请求。

爱迪生为什么会拒绝这个有抱负的年轻人呢？原因在于，爱迪生发现这年轻人的想法存在不可克服的逻辑矛盾。具体来说，就是年轻人的话违反了形式逻辑中三大基本规律之一的矛盾律。

所谓"矛盾律"，指的是在同一思维过程中，两个互相矛盾的思想不能同时为真。它要求我们在思维过程中，对同一对象不能同时作出两个相反的判断，否则就会犯自相矛盾的逻辑错误。"自相矛盾"这个词，出自我国战国时代著名的思想家韩非子讲过的一个小故事：一个卖矛和盾的人，一边吹嘘他的盾极其坚固，什么东西都刺不穿，一边又吹嘘他的矛非常锋利，什么东西都可以刺穿。于是有人问他，如果用你的矛刺你的盾，那将会如何呢？这位古代的"军火商"顿时哑口无言。

从逻辑学的角度来看，想发明"万能溶液"的这位年轻人同那位中国古代的"军火商"一样，也犯了"自相矛盾"的错误。具体来说，他断定了两个相互矛盾的判断同时为真，违反了矛盾律的要求：一方面，他承认"万能溶液可以溶解一切物品"；而另一方面，"万能溶液"作为一种溶液，必须要有盛放的器皿，因此至少需要有一种物品不能被这种溶液所溶解，这也就等于是承认了"万能溶液并不能溶解一切物品"。在爱迪生看来，这种矛盾暴露了这个年轻人思维上的缺陷。

听听爱迪生最后反驳年轻人的话吧——"那么，你想用什么器皿来盛放这种万能溶液呢？它不是可以溶解一切物品吗？"年轻人听罢，自然无言以对。

196　为什么懂得排中律就能娶到莎士比亚名剧中的美丽姑娘？

英国著名的剧作家莎士比亚在《威尼斯商人》里讲了一个有趣的故事：有一位品貌出众的富家姑娘叫鲍西霞，许多王孙公子为之倾倒，纷纷向她求婚，然而根据她已故父亲的遗嘱，求婚者必须猜匣为婚；鲍西霞身边有金、银、铅三只匣子，每只匣子上面各刻着一句话：金匣子上刻着"肖像不在此匣中"，银匣子上刻着"肖像在金匣中"，铅匣子上刻着"肖像不在此匣中"；这三句话中只有一句是真话，并且只有一只匣子里放着肖像，谁能根据这些提示猜中肖像放在哪只匣子里，鲍西霞就嫁给谁。

其实，在这个故事中，如果有人能够准确地运用排中律，那么他就可以娶到漂亮贤淑的鲍西霞。排中律是逻辑三大基本规律之一，其内容是：在同一个思维过程中，两个相互矛盾的思想不能同时都是假的，其中必定有一个是真的。比如，有人说"明天会下雨"，还有人说"明天不会下雨"，这两种说法相互矛盾，其中必然有一个是真的。假使有人说，既不赞成前一种说法，也不赞成后一种说法，那么我们便可以断定这个人违反了排中律，犯了"模棱两可"或者"两不可"的错误。

也许有朋友要问，该如何运用排中律选中《威尼斯商人》中放有姑娘肖像的匣子呢？让我们来分析一下：已知金匣上刻的话等同于"肖像不在金匣中"，这与银匣上刻的"肖像在金匣中"正好构成矛盾关系，根据排中律，两者必有一真；而为了确保只有一句真话，铅匣上的"肖像不在此匣中"就必然是假话，由此便可以断定姑娘的肖像在铅匣中。

197 莱布尼茨为什么提出不同国家的人用"人工语言"也可以进行交流？

大家都知道，语言是我们交流的主要工具。无论是要就某个问题进行讨论，还是要表达自己的某些观点，最直接有效的方法就是把自己的想法"说出来"。那么，为什么德国哲学家、逻辑学家和数学家莱布尼茨认为，我们可以抛掉说话的方式，而改用纸笔来进行交流呢？这与他关于人工语言的想法有关。

莱布尼茨认为，世界上各个国家的人们说着不同的语言，语言不通为人们的交流带来了许多障碍。如果能够发明一种由符号组成的"人工语言"，那么，哪怕人们讲的是不同的语言，但凭借"人工语言"，他们不也能用纸和笔顺畅地进行交流了吗？本着这样的愿望，莱布尼茨和当时的一些思想家们致力于发明这种通用的人工语言。这种语言应该由符号和一套推演规则组成，人们要表达观点或者进行争论的时候，只要根据那些规定好的"公式"拿出纸笔进行一番演算就行了。人工语言的好处在于，人们可以借此更为清晰准确地表达想法，避免了在使用自然语言（即我们平时所说的日常语言）的过程中可能造成的各种误解。也就是说，说话这样一件日常普通的事情，可以变得像数学计算那样精准。

哲学家的想法最终有没有实现呢？虽然不能说已完全实现，但是，莱布尼茨的想法极大地促进了之后现代数理逻辑的发展。在随后不到100年的时间里，英国数学家布尔用数学方式首倡了第一个逻辑演算系统——布尔代数；而后，经过德·摩根、弗雷格等人的努力，到20世纪初，罗素和怀特海合著的《数学原理》一书标志着数理逻辑的独立与成熟，这也可以说是对莱布尼茨构想的一种实现。尽管对于我们来说，能否真的仅凭纸笔运用人工语言实现交流，以及是否有必要舍弃方便、丰富的日常会话而选择用纸笔来进行交流，是值得进一步探讨的问题，但是哲学家的构想能够使我们从哲学的角度，对语言问题进行更为丰富的思考。

198 地湿一定是下雨的结果吗？

天下雨，地面就会湿，这是常识。在这个情境中，"天下雨"是造成"地面湿"的原因，前者是后者的"充分条件"。所谓充分条件指的是，只要具备这个条件，就一定会出现相应的结果，比如天下雨，地面就会湿。然而我们也会发现，要出现"地面湿"的结果，未必一定需要"天下雨"这个条件。比如用洒水车往地面洒水，地面也会变湿。让地面变湿的方法有很多，"天下雨"只是其中的一种，所以这里的充分条件，更具体地来说也叫作"充分不必要条件"，意思是这个条件会导致这样的结果，但是这个条件并非导致这个结果的唯一条件，还有其他的一些条件也可以使这个结果出现。

那么，什么又是"必要条件"呢？所谓必要条件指的是，如果这个条件不出现，那么相应的结果也必然不会出现。比如只有心脏保持跳动，人才能活着。前者就是后者的必要条件。人要活着当然需要很多条件，比如喝水、吃饭、运动等，然而最必要的条件是心脏跳动，一旦心脏停止跳动，人很快就会死亡。因此，必要条件虽然不是唯一能够使结果出现的条件，但只要必要条件不出现，结果必然也不会出现。

如果将充分条件与必要条件结合起来，我们就会得到"充分必要条件"，简称"充要条件"。顾名思义，充要条件就是这样的一种条件：这个条件能够导致这个结果，并且也只有这个条件才能导致这个结果。比如，"如果一个三角形三条边都相等，则其三个内角也相等"，即等边三角形都是等角三角形。并且"只有三条边都相等的三角形，其三个内角才相等"，即只有等边三角形才是等角三角形。

对充分条件与必要条件有了清晰的认识之后，我们在学习数学、物理等学科时就能保持更敏锐的头脑，平时在生活中处理问题时也能够有更加清晰的思路。

199 为什么感冒药能治好感冒呢？

如果有人问："为什么感冒药能治好感冒？"你将如何回答呢？或许你懂点儿医学，那么就可以从感冒药片的化学结构式入手，分析这些成分将如何作用于人们的身体，从而使人恢复健康。然而，除此之外，还有一种回答在生活中也常常出现，即"因为感冒药具有治疗感冒的功效"。这种回答乍听之下很有道理，而且万无一失，但总让人觉得似乎什么都没有回答。问题究竟出在哪里呢？这就要讲到逻辑学中"循环论证"的问题了。

什么是循环论证呢？顾名思义，就是在这类论证中发生了循环现象。循环发生在"用来证明论题的论据"与"论题"自身之间，而前者的真实性，竟然需要依靠后者来证明。拿之前的例子来讲，"为什么感冒药能治好感冒"就是论题，"因为感冒药具有治疗感冒的功效"就是"论据"。论据的作用是用来证明论题的，然而，在循环论证中，论据本身却需要靠它所要证明的论题来证明，因此，这是一个错误的循环。比如有人问："为什么鸦片能够麻痹人呢？"答曰："因为鸦片具有麻痹人的作用。"这类循环论证，有些能够被一眼识破，有些则不那么显山露水，需要仔细推敲才能发现。"为什么这是一个为国民服务的好政府？因为这个政府立志于为国民服务。"这类论调其实在许多场合都经常出现，比如在政客的宣讲辞里，在商店的广告中，等等。

在日常生活中，由于辞藻的渲染，或者整体对话环境的烘托，我们往往不易快速地分辨出循环论证，从而受到它们的鼓动或迷惑。那么，在明白了什么是循环论证后，我们就应该更善于辨别生活中那些不那么显而易见的错误论证了。

200 "金山不存在"这一命题中不存在的东西是什么？

"金山"、"圆的方"到底存不存在呢？在英国哲学家罗素提出著名的"摹状词理论"之前，许多哲学家、逻辑学家都认为，"金山"、"圆的方"等现实生活中并不存在，但又能在我们的脑海中被构造出来的概念，是具有一定的存在意义的，因为至少它们存在于我们的思想世界中。

然而罗素却认为，这类概念其实不具有存在的意义。他提出了一种方法，来避免这些其实不存在的概念具有存在的意义。罗素的方法就是巧妙地区分"专名"与"摹状词"。所谓"专名"，就是某一特定事物的名称，比如"上海"、"柏拉图"等。这些名称所指的特定事物都是真实存在的。而所谓"摹状词"，是指通过对某一特定事物某方面特征的描述来指称该事物的词，比如"中国东部沿海最大的城市"、"亚里士多德的老师"。摹状词具有描述的功能，当我们要说"上海"的时候，我们说"中国东部沿海最大的城市"也可以，因为后者（摹状词）是对于前者（相应的专名）所指特定事物的描述，两者可以相互替代。

既然如此，类似"金山"、"圆的方"这样的概念就很好分析了。所谓"金山"一词，在罗素看来，它实质上是一个摹状词，即"由黄金组成的山"，而在真实的生活中，并不存在这样一座由黄金组成的山，所以"金山"这个摹状词并不具有与之对应的"专名"，也没有一个特定对象满足这一描述，因此它不具有存在的意义。罗素的"摹状词理论"在逻辑哲学上十分重要，这一理论的提出为逻辑哲学和分析哲学的发展开辟了道路。

201 "负命题"与"否命题"是一回事吗？

在形式逻辑中，我们有时会遇到两种非常类似，但又不尽相同的否定性命题，它们分别是"负命题"与"否命题"。

命题是表达判断的语句，判断是对事物情况的断定。否命题是对事物相反情况的断定；负命题从字面上来解释的话，就是通过否定一个命题（可以称为原命题）而得到的命题。比如原命题是"所有乌鸦都是黑色的"，那么这个命题的负命题就是"并非所有乌鸦都是黑色的"，相当于"有些乌鸦不是黑色的"；而其否命题是"所有乌鸦都不是黑色的"。可见以上两者的意思是不同的。另外从形式上来看，如果原命题是 P，负命题就是"非 P"，即它是通过将原命题

P 作为一个整体来加以否定而得到的复合命题。而否命题则仍是一个简单命题。

再来看一个例子。假设原命题是"如果我们认真读书，就会获得好成绩"，那么这个命题的否命题表述起来就是"如果我们不认真读书，那就不会获得好成绩（获得不好的成绩）"；而它的负命题是"并非'如果我们认真读书，就会获得好成绩'"。通过这个例子我们可以体会到，就充分条件假言命题而言，与负命题相比，否命题与原命题的对应关系似乎更高一些，即否命题是针对原命题的条件和结论分别进行否定，而不是单纯地对整个命题进行直接否定。若是从形式逻辑的角度来进行表述，则原命题"如果 p，则 q"，它的否命题就应该表述为"如果非 p，则非 q"。

"负命题"与"否命题"无论是在形式上还是在表达的内容上，往往都容易混淆，原因在于：纯粹地从逻辑上来讲，虽然这两种否定性命题的形式不完全相同，但对其表达的内容往往可以有多种理解。比如"我每天早晨都喝牛奶"，若将否定性加之于这个命题，就可以得到负命题"我并非每天早晨都喝牛奶"和否命题"我每天早上都不喝牛奶"。而对于这一负命题的理解又可以是多种多样的。比如可以理解成"我并非每天都喝牛奶，只是偶尔喝，没有规律而已"，也可以理解成"虽然我每天早晨都喝点什么，但未必是牛奶，也可以是茶或者咖啡"等，甚至可以理解成"我每天早晨都不喝牛奶"。在最后一种理解中，负命题和否命题所表达的意思一致，这就是我们会将二者混淆的原因。但实际上，在前两种理解中，负命题与否命题所表达的意思并不一致。

对我们来说，理解否定性命题的意义在于，它能帮助我们在日常生活中既精确又丰富地理解他人说的话，而这也是我们学习逻辑学对日常生活的意义所在。

202 逻辑上是真的，事实上就必然也是真的吗？

"真善美"是人类永恒的追求。而对于逻辑学来讲，"真"又是尤为重要的内容。逻辑学对于"真"的探讨是非常丰富和深奥的，在此我们就来区分两种"真"：逻辑真和事实真。

一般认为，命题是有真假的语句，真假是一个命题的值，通称为逻辑值。传统逻辑只取真假两个值，称为二值逻辑，以区别于三值逻辑或多值逻辑。如何确定一个命题的真值，既是逻辑问题，也是哲学和具体科学的问题。有些命题的真假判定是一个事实与经验的问题，比如，"今天下雨"这一命题若符合事实，就是事实真的命题，反之，就是事实假的命题。而像"今天下雨或者今天不下雨"这样的命题，则无须借助经验事实，仅从其逻辑结构就可以断定其为真。这种仅凭逻辑分析就可以确定的命题的真，就称为逻辑真。再比如，"在自然数中，如果有 $a > b$ 并且 $b > c$，那么 $a > c$"，这在逻辑上是真的，同时，在事实上也是真的。在现实生活中，如果篮子 A 里的苹果个数大于篮子 B 里的苹果个数，篮子 B 里的苹果个数又大于篮子 C 里的苹果个数，那么篮子 A 里的苹果个数一定大于篮子 C 里的苹果个数。在这样的例子中，逻辑真与事实真是一致的，即在逻辑上为真的，在事实上也为真。

那么，事实真是否一定是逻辑真呢？这也未必。比如我们常说："因为我们是好朋友，所以大家互相帮助。"这个命题在事实上可以说是真的，因为既然是好朋友，就会在生活工作中互相帮助；如果做不到这一点，也就不会成为好朋友。然而，这个在现实生活中为真的命题，在逻辑上却不是真的。因为，从逻辑学的角度来讲，"好朋友"与"互相帮助"这两者之间并不构成必然的因果关系。

逻辑真与事实真是我们常常遇到的两类关于"真"的问题。在思维过程中，我们会不自觉地运用逻辑来思考问题；而在日常生活中，我们遇到的更多的则是各种各样的事实。有些事实具有迷惑性和欺骗性，这就需要我们用逻辑的眼光来分辨它们；而有些事实看似没有逻辑可循，其实是非常真实和可贵的，比如情感、态度等。因此，我们要结合实际情况灵活地对遇到的事物作出判断。